T5-BPZ-993

LA ESOTERIA EN LA NARRATIVA HISPANOAMERICANA

SALLY ORTIZ APONTE

La esoteria en la narrativa hispanoamericana

EDITORIAL UNIVERSITARIA
UNIVERSIDAD DE PUERTO RICO
1977

Primera Edición, 1977

Tesis doctoral presentada a la Facultad de Filosofía, Sección de Filología Hispánica de la Universidad Complutense de Madrid, con el título: "Los Elementos Esotéricos en la Narrativa hispanoamericana", en 1974.

Portada: Alberto Ortiz Collazo

Catalogación de la Biblioteca del Congreso
Library of Congress Cataloging in Publication Data
Ortiz Aponte, Sally.
La esoteria en la narrativa hispanoamericana.
Originally presented as the author's thesis, Universidad Complutense de Madrid, 1974, under title: Los elementos esotéricos en la narrativa hispanoamericana.
Bibliography: p.
1. Latin American literature-History and criticism. 2. Supernatural in literature. 3. Occult in literature. I. Title.
PQ7081.076 1976 863'.009 76-48278

ISBN 0-8477-3171-5 E
ISBN 0-8477-3172-3 R

Depósito Legal: B. 33.511 - 1977

Printed in Spain Impreso en España

Imprime: Manuel Pareja - Montaña, 16 - Barcelona

Dedicada a mi madre
Dalila Aponte Pratts

INDICE

AGRADECIMIENTO

Queremos dejar constancia de nuestro agradecimiento al Dr. Francisco Sánchez-Castañer por acceder a servirnos como director de Tesis y al Dr. Luis Saínz de Medrano Arce por sus acertados consejos; al Tribunal Calificador de la Universidad Complutense de Madrid constituido por el Dr. Francisco Ynduraín, Dr. Francisco Sánchez-Castañer, Dr. Rafael de Balbín Lucas, Dr. Alonso Zamora Vicente y el Dr. Simón Díaz, al Dr. Manuel Ballesteros Gaibrois, Sr. Manuel Calvo Hernando, Dra. Lydia Cabrera, Sr. Julio Caro Baroja y Sr. Helio Seraffini por su orientación precisa y generosa, a Cristina Lamboglia y Concepción Lafuente, por su valiosa ayuda, a Angeles Rodríguez Ovelleiro y las colegialas del Juan XXIII de Madrid por su generosa cooperación, a mis amigos de Cultura Hispánica y a todos los que en una forma u otra me ayudaron desinteresadamente.

I. PLANTEAMIENTOS ESOTÉRICOS

1. ESOTERIA

En la nueva estética del siglo XX, no resulta difícil hablar o pensar en la infinita variedad de teorías, historias, o hechos esotéricos que oscilan entre la magia, la hechicería, la brujería y ocultismo. Todo dentro de una excitante amalgama y en gran paradoja con el adelanto tecnológico, las computadoras electrónicas, los super vuelos espaciales a la luna y las grandes superestructuras socio-económicas creadas por el hombre para su obvio progreso. No obstante, paralelo a ese movimiento dinámico y esencial, asistimos a un movimiento de reanimación del viejo aquelarre, de los antiguos hechizos y bebedizos de la vieja y antigua brujería y magia. La reaparición de brujas, hechiceras, magos, «meigas», «santos», y «padrinos», pululan en el espacio de nuestro tiempo.

La proliferación de estas esoterias en algunos países, tienen ya visos de religiones populares, con millones de adeptos. El agravante es mayor porque estos misterios no suelen esconderse ya tras el velo de la noche, ni se envuelven entre los ropajes del cuento de hada o la historia de «brujas viejas montadas en escobas»; para terror de niños y adultos. Hoy se cree y se perjura, que sí, que hay brujas que vuelan y, sobre todo que hay, sin lugar a dudas, una serie de hombres y mujeres con grandes poderes misteriosos, dadores del mal y del bien, portadores de la buena nueva y la vieja, dueños del tiempo y del espacio. La liberalidad de nuestra época, el desmedido y excesivo afán por ir más allá de lo común y lo rutinario, el afán por el poder, la ambición y el egoísmo aglutinante, la lucha por sobrevivir al presente; ha hecho que el hombre actual, igual que el de ayer, torne sus ojos a los mismos hechos extraordinarios o sobrenaturales que llamaron su atención y a la vez conmovieron sus ansias de ilusión y esperanza desde tiempos inmemoriales. Lo que sigue siendo paradójico es el hecho de que persista este deseo en el hombre de hoy, que en líneas generales, ha llegado a dominar un caudal de conocimientos que le permiten objetivar, a la luz del rigor científico, los hechos más sencillos y aún los más complejos. Aquellos hombres de nuestras épocas anteriores empezaban a balbucear cosmogonías y teogonías, y buscaron en la adivinación, en la brujería y en las «artes ocultas», la explicación de un hecho desconocido para ellos. La mayoría de las veces se enfrentaban al poder destructor de la naturaleza y el hombre, sin entrever apenas sus razonamientos lógicos. Su circunstancia vital se les escapaba y la magia y la brujería vinieron a ser los resortes, el modo, la manera de entender lo vital de la todavía desconocida circunstancia.

Hoy, el hombre sujeto al rigor y a la verificación científica, afirma y acepta una serie de hechos que van más allá de la realidad y que son percibidos a través de lo extrasensorial. Esta realidad se debe en gran parte a la liberación civil y religiosa contra la más antigua de las religiones del mundo: la brujería. El hombre vive y convive a la luz de preceptos y principios que a veces profesa desde afuera o sencillamente ignora. Su inhabilidad para vivir de acuerdo con la palabra de Dios, que sólo aparentemente rige su patrón de cultura o su método de comportamiento moral-religioso, se convierte a veces en burla y antítesis de lo que cree y practica o sencillamente predica a otros. En lugar de vivir a la luz de la verdad, de esa verdad que por acuerdo colectivo-social ha sido la esencia de su cultura y de su supervivencia espiritual, el hombre, instigado por otras razones, sociales o económicas, morales o inmorales, se ha entregado al odio, a la ambición y a la violencia, viejos también como la magia y la brujería; trayendo consigo al desamor, a la desunión, al engaño y decepción.

El lector escéptico, el burlón, el serio inclusive, desconocedores a veces de estas fuerzas ocultas e imperceptibles de la naturaleza y del infinito poder mental del ser humano, insistirán y reiterarán afirmativamente el primitivo y oscuro hecho de continuar viendo a la brujería, a la santería, a la magia, a las «artes ocultas», como una aberración de los sentidos o como una manifestación de la fuerza de la ignorancia en las masas ignorantes e incultas; o como una fuente de poderes extrasensoriales, subconscientes o sencillamente atávicos que se apoderan caprichosamente de entes y cosas Y, he aquí la primera e interesante paradoja: ¿A qué se debe, que haya sido precisamente la gente culta, la que ha militado entre sus adeptos? ¿A qué se debe que hoy por hoy, igual que ayer, el hombre recurra al oráculo, o la profecía, a la hechicería o a la brujería para conseguir el éxito amoroso, o en el negocio, o en los estudios; o a veces se valga de ello para aplastar y aniquilar al competidor o al enemigo? ¿Por qué los movimientos esotéricos han resurgido siempre y han ganado adeptos y fanáticos en casi todas las capas sociales? ¿Por qué se parangonan, hombro a hombro, con casi todas las religiones vitales de hoy y de ayer? ¿No será acaso una eterna e incontrolable supervivencia del paganismo pasado y casi olvidado en teoría?

El auge que han tomado estos hechos de índole esotérica en Europa, Asia, América, no se han registrado sólo en países subdesarrollados exclusivamente. En estos países, la miseria, la injusticia social y las posibilidades socio-económicas y educativas, se apartan del progreso real que se les pueda ofrecer, en negro contraste con las riquezas y las posibilidades que ofrecen los países desarrollados. En estos países míseros y hambrientos, repito, la brujería y la hechicería ha sido un móvil de la esperanza, un resorte de poder oscuro, un remanso del espíritu que se adormece para soñar con la opulencia que nunca llegará, o una pausa del alma acorralada entre la inseguridad social y económica del hombre desposeído de lo más elemental.

Lo asombroso es el signo de incredulidad y deshumanización del otro, del instruido, del capaz, que vive en los grandes centros cosmopolitas como Nueva York, Londres, Roma, París, Los Ángeles, Chicago, Berlín Occidental y en donde la «brujería», las «botánicas» y todo ese mundo de «magia negra» prevalece como una fuerza brutal y violenta que aparece verificada a través de la prensa y la televisión. Inclusive, hoy sabemos cómo las dos grandes potencias, Rusia y Estados Unidos, gastan fantásticas sumas de dinero en sus investigaciones a nivel de laboratorio, con sus experimentos en experiencias extrasensoriales y, en donde la clarividencia, la telepatía, la psicocinesia, son ya otros métodos de averiguar la realidad oculta.

La especulación que motiva mi explicación se ha salido quizá del tema que me propongo destacar y es, antes de seguir adelante: Los elementos esotéricos en la narrativa hispanoamericana. Mi objetivo es claro y evidente, parto de la premisa de que la literatura ha sido y será siempre manifestación de vida, y esto no es nuevo; creo además, que la literatura es el pórtico trascendente de la problemática humana en una forma total y arquitectónica. Si el escritor o el creador es bueno, nada de su circunstancia vital le habrá escapado. El autor no sólo expone en su obra, sino que provoca, a la luz de su engranaje intelectual-emotivo, una problemática externa e interna; pero la recoge en forma escueta a través de su inspiración vital, que a su vez es su circunstancia vital. La cosmovisión de su obra parte de su mismidad y por eso la obra se hace cápsula viviente entre el pasado y el futuro; ella, la obra, será siempre presente en el tiempo y en el espacio. El autor trabaja en su presente, pero su mirada, transida de vivencias, recoge en un instante el crisol de cultura, acultura, y transculturación que hace la obra un ente viviente, con luz y calor propio. Así he de ver, y de hecho veo mi tema.

La literatura hispanoamericana está llena de esoteria; de toda una gama de esoteria que no es sólo «realismo mágico» o «magia del realismo». La literatura hispanoamericana es algo más, y es eso también. El hecho que yo pretendo destacar en nuestra literatura no es exactamente ese realismo mágico del que tanto se habla hoy y, que en mi opinión, ha existido siempre, pero que hoy se refiere a esa frase acuñada por el crítico alemán Franz Roh en su estudio sobre una fase del arte contemporáneo y en donde dice que, el «realismo mágico» parte de esos objetos comunes de la vida diaria que aparecen envueltos dentro de una extraña atmósfera que, aunque reconocible, nos choca como si fuese algo fantástico.[1] Jorge Luis Borges en su obra el *Libro de los seres imaginarios,* revela el mundo de los «seres imaginarios», que ha engendrado a lo largo del tiempo y del espacio la fantasía de los hombres. Entre ese mundo extraordinario se encuentran arpías, lamias, lemures, hadas, elfos, silfos, grifos gnomos, sirenas, ninfas, wufniks, nornas, valquirias, sílfides, que merodean dentro del mundo sensitivo y fantástico del hombre, dando lugar a la fábula y a la anécdota.

La capacidad del hombre para crear y afirmar lo extraordinario no tiene fin. Nuestra literatura tiene autores tan destacados como Jorge Luis Borges, Adolfo Bioy Casares y Julio Cortázar, los más grandes exponentes de la sinfonía de lo fantástico, que genera en lo raro, en lo espeluznante y lo desconcertante; y que asombra por su carácter irreal que puede ser el retrato del espanto, o la evidencia de la existencia de otro mundo u otros mundos.

Sin embargo, esa vertiente literaria que recoge la nueva modalidad realista, se sintetiza en los principios esbozados en *La antología de la literatura fantástica* (1940), compilada por Jorge Luis Borges, Bioy Casares y Silvina Ocampo y que tiene el valor de ser el primer catálogo exitoso de la literatura fantástica en Hispanoamérica. Este movimiento tiene sus raíces cimentadas en Europa y Estados Unidos y los escritores más representativos de ésta son creadores como G. K. Chesterton, Kafta, Kipling, Leopoldo Lugones, Ramón del Valle Inclán, Ramón Gómez de la Serna, H. G. Wells, Edgar Allan Poe.

La literatura fantástica supone lo quimérico, lo onírico, lo órfico, lo sobrenatural y lo espantoso; fundido dentro de una cápsula verbal que revela la angustia y el terror de la existencia humana, consumida en unas guerras inhumanas, donde el campo de

---

1. Véase la trayectoria de esta idea en Anderson Imbert, Enrique, *Método de crítica literaria,* Edición de la Revista de Occidente, Madrid, 1969, Cap. I-II.

concentración y el horno nazi recuerda el infierno satánico o el averno catastrófico. Las torturas de la imaginación se revelan dentro de ese nuevo realismo órfico y apocalíptico.

Junto a esta literatura se ha ido creando la ciencia-ficción y cuyo antecedente genial es Julio Verne. La ciencia-ficción parte del futuro tecnológico y de la conquista del mundo sideral y espacial. Su temario se dirige hacia lo ignoto, pero sus vehículos son las cápsulas espaciales, los laboratorios flotantes, los robots, las cosmonaves, o las guerras interplanetarias.

En el realismo fantástico, el hombre y las cosas adquieren nuevas dimensiones y ya puede el hombre ser tragado por un «chac-mol», o perseguido por un «troll» o un gnomo. Una «estrellamar» puede ser un talismán y una «migala» puede ser el símbolo de la muerte. ¿Cuántas veces hay que morir para morir? No lo sabemos. ¿Es el tiempo una falacia? Sí, seguramente dentro de la magia del realismo, todo puede suceder. Lo verosímil es la mentira y lo inverosímil la verdad a veces a medias. En ese sentido hay un grupo de creadores hispanoamericanos, que merecen un crédito especial por la manera particular en que han develado un trozo de esa existencia oscura y densa de lo irreal-real. Escritores tales como Rafael Arévalo Martínez, Horacio Quiroga, Juan José Arreola, José Lezama Lima, Juan Rulfo y Carlos Fuentes, ofrecen otra vertiente, que en ellos se convierte en un realismo mítico con rasgos órficos y escatológicos y en donde la belleza de sus obras radica en la transparencia verbal, hija de la densidad y la hondura intelectual de sus interpretaciones.

La literatura hispanoamericana ha conseguido incorporarse a los ideales de universalidad a que aspira toda literatura. Sus temas plantean y dilucidan las eternas dudas del hombre ante la comunicación y la soledad, la vida y la muerte, el bien y el mal, lo divino y lo diabólico. Su proyección puede ser social, artística o utópica, pero el fin supremo es el hombre. Alfonso Reyes es quizás el primer escritor que manifiesta la idea de que América será el futuro laboratorio del mundo y la llamada a realizar la utopía soñada.[2]

Otro rasgo interesante de la literatura americana es el que recoge las distintas variantes de movimientos religiosos populares, doctrina, supersticiones y esoterias que al calor de la transculturación y la idiosincrasia de un pueblo revelan su carácter propio. El espiritismo en América ofrece una amplia divergencia y a la vez contiene un elemento unificador en la obra *El evangelio según el espiritismo* de Allan Kardec.

---

2. Véase la trayectoria de esta idea en «El presagio de América», *Ultima Tule*, México, 1942.

Estas divergencias que recogen la esoteria y el fervor popular aparecen recogidas en algunas obras hispanoamericanas como *Doña Bárbara* de Rómulo Gallegos, *El Señor Presidente* de Miguel Angel Asturias, *El reino de este mundo* de Alejo Carpentier, *El hombre que parecía un caballo* de Rafael Arévalo Martínez y otras.

Esta esoteria que emana de esta narrativa es la dimensión que destacaré en mi tesis, deteniéndome especialmente en los movimientos religiosos populares y espirituales, que vinculados con los contextos indígena-americano, europeos y africanos cobran carácter propio y se manifiestan como *Santería* en Cuba, *Vodú* en Haití y *Candomblé* en Brasil.

En dichos países, al igual que en Jamaica, Trinidad y Estados Unidos, el negro ha sido trasplantado del Dahomey, del Congo, o de la Guinea, para desempeñar el trabajo esclavo. Por razones que todos conocemos, la supervivencia de sus mitologías religiosas vitales y complejas fueron el único resorte de unidad y cohesión cultural espiritual. Lo interesante del caso es el sincretismo de estas manifestaciones africanas con la religión cristiana católica. Esta mezcla mental litúrgica ofrece un nuevo contexto rico y sugestivo, bello y poético, que pasa a nuestra literatura como fábulas, leyendas, cuentos, novelas y poemas. El impacto socio-cultural de esta esoteria popular en América es un asunto que no me compete señalar, no obstante conviene recordar que la fuerza y el impacto de la santería cubana, por ejemplo en Miami y según los datos de la escritora cubana Lydia Cabrera, alcanzan más de cuatrocientos mil adeptos y como nota curiosa señala que hay miles de «santeros» de la raza blanca, adulterando algunos la esencia de esta religión popular.

Unida a esta manifestación hemos de considerar otro fenómeno interesante y genuinamente americana en sus orígenes: el espiritismo, que se originó en 1847 en Hydesville, estado de Nueva York, en casa de la familia Fox, en donde las niñas Margaret y Katie, de quince y doce años respectivamente, descubrieron el principio del alfabeto espiritista y con ello la revolución de la comunicación con los espíritus. Su doctrina se funda en la existencia, las manifestaciones y las enseñanzas de los espíritus. Creamos o no y contando apenas con un siglo de existencia, el espiritismo es una realidad social, extendida en casi los cinco continentes y sus adeptos se cuentan por millones.

A esos movimientos hemos de añadir las supervivencias europeas de antiguos ritos y prácticas que perviven en América con carácter propio o mezclados con la brujería y que se pueden desglosar en cábalas, grimorios, enchiridiones, oraciones mágicas dedicadas a satanás, oraciones dedicadas a alejar los malos espíritus, o dedicadas a la Santa Compaña o la Santa Camisa. Igualmente se usa el coral y el azabache para evitar el «mal de ojo» o el «mal agüero».

Otro hecho significativo que se manifiesta en América es la presencia de varias religiones que con la inmigración se han transplantado a nuestra tierra pero han quedado restringidas a sus fieles y circunscritas a su propio terreno. Eso no impide, sin embargo, que se mantengan vivas y aunque su influencia al lado del cristianismo no sea tan perceptible, sí se notan sus vestigios esporádicos en nuestra literatura por lo menos. Me refiero específicamente al hinduísmo, al judaísmo y al islamismo.

Las corrientes teosóficas también han ocupado un sitial en América, donde la liberalidad de criterios ha permitido su libre expresión, dando lugar a que se le sumen millones de adeptos, cuya influencia se ha sentido luego en todos los aspectos de la convivencia social.

Nuestra literatura ha sido el recipiente de casi todas estas ideas, corrientes, doctrinas y movimientos que son ya un cimiento de nuestra cultura y no es raro, por ende, encontrar en la narrativa el fluir de ideas cristianas y paganas, ideas respecto a la preexistencia del alma, la reencarnación, la mediumnidad, o las diferentes doctrinas espíritas mezcladas con las doctrinas yogas o teosóficas. Estos hechos son comprensibles y naturales en un continente donde convergen todas las nacionalidades y en donde los núcleos de las inmigraciones se han hecho partícipes de la nacionalidad americana y en donde aunque se reconozca la ascendencia oriental o europea se sienten argentinos, mexicanos, puertorriqueños, pero, sobre todo americanos, término que se circunscribe erróneamente muchas veces a nuestros vecinos norteamericanos, olvidando que americanos somos todos los del Nuevo Mundo.

2. Planteamientos

Una vez trazada la versión general de la tesis en cuanto al planteamiento del tema fundamental he de añadir, que el propósito ulterior de la misma es destacar y objetivar esa dimensión de rica y exuberante belleza, que llamaremos lo esotérico, y que constituye por sí solo un estrato y un sustrato legítimo y trascendente dentro de los niveles históricos y culturales de nuestra narrativa. Esa revelación consciente y enriquecedora vincula y matiza la sensibilidad creadora de nuestros escritores en una forma vital. Por eso he seleccionado unas novelas y cuentos, que dentro de la panorámica del tema y por su calidad artística-expresiva, manifiestan y destacan diferentes niveles de expresión o ilustran determinadas facetas de estos movimientos, doctrinas, o religiones populares en una forma arquitectónica.

Otro hecho fundamental es que en estas obras el tratamiento del tema y el conflicto humano desencadenado es esencialmente dinámico y actual y permite el comentario crítico específico de la circunstancia vital, en una visión de conjunto artístico-literario que denominamos arte puro.

He de aclarar, además, que mi propósito no es defender ninguna de esas corrientes, sino exponer en forma concreta los elementos que prevalecen y que tienen un prestigio y un carácter propio en nuestra literatura porque proceden de un contexto cultural histórico claro y evidente. Por eso las obras y sus creadores serán enmarcados dentro del engranaje intuitivo intelectual que constituye la porción viviente y trascendente de nuestra literatura.

Las obras que me propongo destacar dentro de este marco son las siguientes: *Doña Bárbara* de Rómulo Gallegos, *Ecue-Yamba O* de Alejo Carpentier, *El reino de este mundo* de Alejo Carpentier, *La amortajada* de María Luisa Bombal y *La hojarasca* de Gabriel García Márquez como exponentes de la novela.

El arte del cuento estará representado por los siguientes: *Ella no creía en bilongos* de Gerardo Valle, *La virtud del árbol dagame* de Lydia Cabrera y *El «paye»* de Fernán Silva Valdés, cuentos de evidente raíz popular y diferente esoteria mágica; cerrando el análisis con dos cuentos que representan el realismo mágico y otro tipo de entelequia abstracta intelectual digna del mayor encomio y que destaca a los geniales creadores Jorge Luis Borges en *El milagro secreto* y Julio Cortázar en *Una flor amarilla.*

Hay también un grupo de escritoras hispanoamericanas que al igual que otros escritores han hecho un intento por cambiar el mundo, aunque sea a través de la exposición de la violencia cruda. Ellas abren una nueva tendencia en la narrativa moderna hispanoamericana, que en mi opinión, había sido pudibunda e hipócrita. Entre ellas incluyo a Luisa Josefina Hernández creadora de *El lugar donde crece la yerba,* Rosario Castellanos autora de *Balún-Canán* y *Oficio de tinieblas,* Margarita Aguirre con *El huésped,* Mercedes Valdivieso y *La brecha,* culminando con María Luisa Bombal en *La amortajada.* Estas escritoras se vinculan entre sí porque todas en general hacen un tipo de literatura confesional, en donde la expresión sexual, la tensión pasional y la total ausencia de pudibundez moral, religiosa o social dentro de las doctrinas casi paganas se hace evidente en el tratamiento de temas amorosos. Ejemplo de esta ingerencia femenina original y novedosa es el caso de Armonía Somers, escritora uruguaya, autora de la rara obra

Historias frenéticas. Esta tensión espiritual-emocional se revela poéticamente.

María Luisa Bombal y su obra *La amortajada* es un magnífico ejemplo que manifiesta encontradas versiones y diferentes idearios religiosos en casi violento contraste y lucha. Esto nos lleva al hecho de que lo importante en las obras destacadas no es su solución, sino su planteamiento porque la calidad máxima de su valor desprende de su intención en una doble vertiente: artística e ideológica.

Al juzgar una obra en donde convergen diferentes ideas religiosas o esotéricas, no podemos asirnos a definiciones literarias o de diccionarios, simplemente debemos atenermos al hecho en sí, ya sea sincretismo, espiritismo o reencarnación, comprendiendo que esa designación expresa un cuadro híbrido. Igualmente no debemos confundir dos términos que aparentemente se usan con gran facilidad para denotar y connotar todo aquello que no sea cristiano y que generalmente se confunden: fetichismo e idolatría. Por eso, la idea del sociólogo mexicano Carlos A. Echánove es muy clara cuando dice:

> «Hay en el sector religioso, dos clases de objetos materiales que se adoran: ídolos y fetiches. Conviene... dejar el nombre de ídolo para los objetos naturales, es decir, no fabricados especialmente para ese objeto, ya que los de esta última clase pueden y deben recibir con exclusividad el nombre de fetiches».[3]

Es interesante observar en esta mitología africana y dentro de las mismas corrientes espíritas, hay una actuación cósmica de los «santos», de los «dioses», de las «deidades», de los «espíritus», que al bajar a la tierra, revelan y reparten poderes o «aché». Ellos son los que gobiernan tanto el cosmos extrahumano como la vida de los hombres y éstos a su vez se desbordan en sus anhelos a través de sus fantasías oníricas, que le mueven a conseguir una relativa felicidad que oscila entre el ensueño y la realidad. Todo esto recuerda las creaciones mitológicas griegas, latinas y orientales. Esa infinita gama humana todavía permea nuestras vidas y se mueve entre la ilusión y el sortilegio ensoñador, evocador de un encanto casi hechicero. Esa capacidad soñadora, probablemente se inicia, como muy bien destaca Don Gregorio Marañón, en el prólogo al *Diario de Colón* con la hazaña colombina y así señala:

3. Echanovet, Carlos A., *La «Santería» cubana*, Habana, 1969 (Universidad de La Habana), p. 20.

«El prodigio de Cristóbal no fue llegar hasta las tierras del confín oscuro, casi a tientas en la soledad inmedible...
El prodigio fue conducir, a través de sus sueños, durante tantos meses a hombres incapaces de soñar».[4]

Ese rasgo que él señala en Cristóbal Colón, es la porción más hermosa del hombre. Su infatigable capacidad de transformar la realidad viviente al calor de la ilusión y el ensueño, es la encantadora distorsión que hermosea toda la manifestación humana. Y en eso radica su inigualada bondad, en ese peculiar matiz, que nos hace desprender una cálida emoción al comunicarnos con una mirada, una sonrisa, el croar de una rana, el parpadeo de un cucubano, el mar, o una rosa.

Si el soñar es todavía una constante de nuestra alma, podremos pues entender todo lo externo-interno a pesar de las diferencias sociales, religiosas o culturales. Lograremos así nuestro propósito inmediato, que es salvar todos aquellos prejuicios que nos impidan comprender lo bello, lo expresivo y lo artístico que cada una de estas obras revele como expresión de la esencialidad humana.

---

4. **Marañón**, Gregorio, prólogo al *Diario de Colón*, Madrid, Ed. Cultura **Hispánica**, 1972, p. XIII.

II. MITOS PREHISPÁNICOS Y LA ESOTERIA EN EL TIEMPO

1. Literatura y mitos prehispánicos

Si las crónicas de Indias son los documentos que mejor revelan la panorámica americana vista y sentida por los historiadores europeos, las literaturas prehispánicas contornan el sustrato fundamental que destaca el caudal artístico-espiritual de las culturas americanas desde su particular cosmovisión. ¿Cómo sentían nuestros americanos? ¿Cómo interpretaron el mundo? Esas manifestaciones literarias vinculan al hombre americano con su quehacer histórico, su estirpe heroica y sus elaboraciones religiosas. La expresividad de sus creaciones queda en sus cosmogonías, en sus teogonías, en sus relatos y poemas sagrados y profanos. En ella se hallan también las fórmulas mágicas para invocar a sus dioses, las evocaciones de sus héroes, las descripciones líricas de la fauna y la flora americana, prevaleciendo en todo ello un fino calado que transparenta la búsqueda de un mundo superior espiritual. Esa riqueza espiritual se refleja en el *Popol-Vuh* joya de la cultura maya-quiché.

Sabemos que hubo una gran divergencia en el nivel cultural de América. No es posible comparar la excelencia cultural de las culturas maya, inca y azteca con las chibchas o arawacas, no obstante, los descubridores y los conquistadores se enfrentaron a culturas más o menos complejas, depositarias de una tradición y de unas estructuras, que destacaron a través de la arquitectura, la cerámica, la orfebrería, la botánica, la matemática, la plumería. Esas manifestaciones todavía quedan en los templos, las pirámides y los palacios americanos. La tradición literaria de estas grandes culturas como la maya, la inca y la azteca, es el mejor antecedente de la literatura posterior americana y fuente de inspiración de nuestros creadores hispanoamericanos. El impacto mayor de estas creaciones literarias prehispánicas emana de la nota poética y esotérica reveladora de la interioridad expresiva del alma indígena, mezcla de tristeza y fatalismo. La cosmovisión indígena destaca una simbología telúrica y espiritual. Ese carácter misterioso y simbólico del indio lo destaca muy bien el escritor venezolano Mariano Picón Salas cuando escribe:

«Simbólico y a la vez poético, es todo el sistema mental del aborigen. Frente a la lógica, el realismo y el sentido antropocéntrico de la cultura de Occidente, el indio erige su mundo de afinidades misteriosas. Son precisamente esos símbolos cuya clave se han roto para nosotros y cuyas sutilezas religiosas y cosmológicas sólo podían interpretar pequeños círculos de iniciados, lo que ya nos hace tan ajeno (aparte de la mera valoración de las formas) el arte monumental prehispánico».[5]

La trayectoria literaria artística indígena se circunscribe a los tres grandes núcleos culturales americanos: maya, inca y azteca. Aunque el cuadro mental americano ofrece una gran variedad interpretativa, las interpolaciones culturales y sociales promovieron cierta afinidad unificadora que procede de un temario general que muy bien puede desglosarse en obras de fondo histórico, heroico y religioso.

La trilogía cultural literaria azteca, maya e inca representativa del mejor desarrollo civilizador prehispánico es fuente igualmente de la superstición mística que rodea al hombre y a las cosas.

La simbología indígena vincula al hombre con el objeto y la vida en forma dinámica. Los dioses supremos Viracocha para los incas, Kukulcán-Gucumatz para los mayas, Quetzalcóatl para los aztecas son los elementos unificadores ante la creación del hombre. El punto de afinidad entre estos pueblos de Mesoamérica es el mito de la serpiente emplumada, creación de Teotihuacan y elemento sustentador de la religiosidad mesoamericana; que para los maya-quiché o maya-toltecas es Gucumatz y para los nahuas es Quetzalcóatl.

a. Mayas

La cultura maya fue una de las más desarrolladas de América. De todos es conocida su organización social, la creatividad de sus artífices, el signo pictográfico de sus poemas-pinturas y la magnificencia del Petén y Yucatán con las grandes metrópolis de Chichen-Itzá, Uxmal y Mayapán. Existía entre los mayas un sistema de escritura jeroglífica de carácter esotérico que sólo conocía la clase sacerdotal. Cuando los españoles llegaron a Yucatán y Guatemala, vivían varias tribus descendientes de los mayas. Los principales eran los quiché y los cakchiqueles. La primera fuente de documentación maya se halla en los tres códices jeroglíficos que aún se conservan: el *Codex Dresdenses,* de la Biblioteca de Dresde, el *Codex Tro-Cortesianus* del Museo de América de Madrid y el *Co-*

5. Picón Salas, Mariano, *De la conquista a la independencia,* Fondo de Cultura Económica (Colección Popular), México, 1965, pp. 21-41.

dex Peresianus, de la Biblioteca Nacional de París. Las obras literarias mayas principales derivan de los quichés y los cakchiqueles. Las más significativas son los *Libros* de *Chilam Balam,* los *Anales de los Cakchiqueles,* la tragedia danzada llamada *Rabinal Achi* y el libro sagrado maya-quiché el *Popol Vuh* o *Libro de los Quichés,* llamado también *Libro del Consejo* o *Manuscrito de Chichicastenango* y escrito en quiché.

Los *Libros de Chilam Balam,* fueron escritos después de la conquista española, en lengua maya. Se conocen doce y se refieren a temas de hechicería, mitos, profecías, usos y costumbres varias. Se han conservado varias versiones del *Chilam Balam* con los nombres de los diferentes lugares en que se encontraron. El *Chilam Balam de Chumayel* procede de este pueblo de Yucatán. Su primera traducción completa al castellano fue hecha por el costarricense Antonio Mediz Bolio en 1930. Los mayistas Alfredo Vásquez y Silvia Rendón hicieron una traducción de los textos paralelos de estas principales versiones en la edición titulada *El libro de los libros de Chilam Balam* y según ellos el nombre de *Chilam Balam* significa:

> «Balam es un nombre de familia, pero significa jaguar o brujo en un sentido figurado.
> Chilam (o Chilán) es el título que se daba a la clase sacerdotal que interpretaba los libros y la voluntad de los dioses. La palabra significaba «el que es boca»... Chilam Balam predijo el advenimiento de una nueva religión y de ahí su fama. Vivió en Mani en la época de Machan Xui poco antes de la conquista española».[6]

En el *Chilam Balam* se vinculan los textos históricos con los proféticos. Ese elemento misterioso profético destila un sutil encanto en un fragmento de la «Profecía llamada de las flores»:

> «El II Ahau será el tiempo del poder de Ah Bolom Dzacab, El-Nueve-Fecundador el sabio (...) Cuando baje, del Corazón del Cielo sacará su consagración, su nueva vida, su renacer, ... Dulces son sus bocas, dulces las puntas de sus lenguas y dulces tienen los sesos estos dos grandes y nefastos murciélagos que vienen a chupar la miel de las Flores; la roja de hondo cáliz, la blanca de hondo cáliz, la oscura de hondo cáliz, la amarilla de hondo cáliz, la inclinada, la vuelta hacia arriba, el capullo, la marchita, la campánula recostada de lado, la mordisqueada del cacao (...) a todas éstas vinieron los Ah Con Mayeles, Los-ofrecedores-de-perfumes.[7]

Los *Anales de Cakchiqueles,* conocidos como el «*Memorial de Sololá*» o *Memorial de Tecpan Atitlán,* recogen los hechos históricos

6. Vásquez, Alfredo y Rendón, Silvia. *El libro de los libros de Chilam Balam,* Fondo de Cultura Económica, México, 1963, p. 9.
7. *Ibid.,* p. 87.

sobre la invasión tolteca que procedente del norte y de la región de Tula, ocurrió alrededor del siglo X. Los *Anales* son fuente directa de la historia tolteca y de estas emigraciones, incluso después de la conquista española.

Manuel Galich explica cómo los mitos toltecas se mezclan con los mayas, sobre todo el culto de Quetzacóatl, la serpiente emplumada llamada Kukulman o Gugumatz por los mayas:

> Toda la primera parte del *Memorial de Sololá,* de igual manera que el *Popol Vuh* narra esta invasión mezclando los mitos importados de origen tolteca, con los viejos mitos mayas y menciona los lugares de tránsito, según aquellas mitologías, por lo cual no siempre es fácil ubicarlos geográficamente.»[8]

El mayista Sylvanus Morley dice respecto a los *Anales de Cakchiqueles*:

> «... como indica su nombre, tratan más de la historia del pueblo cakchiquel y menos de su cosmogonía, mitología y religión que el libro quiché del *Popol Vuh.* Abarcan una extensión mayor de tiempo que éste, describiendo acontecimientos de la conquista española, y hasta del período posterior de ella.»[9]

La obra más importante y trascendente de la cultura maya-quiché es el *Popol Vuh.* Se conserva la copia y traducción que hiciera Fray Francisco Ximénez a principio del siglo XVIII. El texto original quiché (perdido) debió escribirse entre 1550 ó 1555. Aunque tiene influencias cristianas, su contenido ideológico es maya-quiché. Su valor irradia de la vitalidad de sus elaboraciones religiosas, de la riqueza de las tradiciones populares y de las explicaciones mitológicas que revelan el eterno afán de buscar los orígenes, la identidad y la esencialidad del pueblo quiché.

En el preámbulo del *Popol Vuh* se observa que el copista ha recibido la fe cristiana y que ella influye en su interpretación:

> «Este es el principio de las antiguas historias de este lugar llamado Quiché. Aquí escribiremos y comenzaremos las antiguas historias, el principio y el origen de todo lo que se hizo en la ciudad de Quiché por las Tribus de la nación Quiché ... Esto lo escribiremos ya dentro de la ley de Dios, en el Cristianismo; lo sacaremos a la luz porque ya no se ve el Popol Vuh, así llamado, donde se veía claramente la venida del otro lado del mar, la narración de nuestra

8. Hernández Arana, Francisco y Díaz, Francisco, *Anales de los Cakchiqueles,* Prólogo y notas de Manuel Galich. Traducción de Adrián Recinos, Habana, Casa de las Américas, 1967, p. XV.

9. Morley, Sylvanus G., *La civilización maya,* versión española de Adrián Recinos, Fondo de Cultura Económica, México, 1935.

oscuridad, y se veía claramente la vida. Existía el libro original, escrito antiguamente, pero su vista está oculta al investigador y el pensador». [10]

La primera parte destaca cómo se creó y se formó el mundo y cómo aparecieron los animales y el hombre:

> «Esta es la relación de cómo todo estaba en suspenso, todo en calma, en silencio, todo inmóvil, callada y vacía la extensión del cielo. Esta es la primera relación, el primer discurso. No había todavía un hombre, ni un animal, pájaros, cangrejos, árboles, piedras, cuevas, barrancas, hierbas, ni bosques; sólo el cielo existía ... Solamente había inmovilidad y silencio en la oscuridad, en la noche. Sólo el Creador, el Formador, Tepeu, Gucumatz, los Progenitores, estaban en el agua rodeados de claridad. Estaban ocultos bajo plumas verdes y azules, por eso se les llama Gucumatz. De grandes sabios, de grandes pensadores es su naturaleza. De esta manera existía el cielo y también el Corazón de Cielo, que este es el nombre de Dios. Así contaban». [11]

El hombre es creado de barro como Adán, pero esta creación no agradó al dios quiché. El hombre de barro en contacto con el agua se deshace. Después le hace de madera y a la mujer de junco. Este hombre de palo también es destruido y al fin Gucumatz decide hacer al hombre de maíz. En el capítulo primero de la tercera parte del *Popol Vuh* se describe cómo los «Progenitores», divinidad suprema, deciden la creación final del hombre:

> «... y dijeron los Progenitores, los Creadores y Formadores, que se llaman Tepeu y Gucumatz: "Ha llegado el tiempo del amanecer, de que se termine la obra y que aparezcan los que nos han de sustentar y nutrir, los hijos esclarecidos, los vasallos civilizados; que aparezca el hombre, la humanidad, sobre la superficie de la tierra". Así dijeron. "... De Paxil, de Cayala, así llamados, vinieron las mazorcas amarillas y las mazorcas blancas. Estos son los nombres de los animales que trajeron la comida: Yac (el gato del monte). Utuí (el coyote). Quel (una cotorra conocida popularmente como chocoyol) y Hoh (el cuervo). Estos cuatro animales les dieron la noticia de las mazorcas amarillas y las mazorcas blancas, les dijeron que fueran a Paxil y les enseñaron el camino de Paxil, y así encontraron la comida y ésta fue la que entró en la carne del hombre creado, del hombre formado; ésta fue su sangre, de ésta se hizo la sangre del hombre. Así entró el maíz (en la formación del hombre) por obra de los Progenitores".» [12]

---

10. *Popol Vuh*, Fondo de Cultura Económica, México, 1947. Tomo I
11. *Ibid.*
12. Recinos, Adrián, *Popol Vuh*, traducido del texto original, México, 1953, Tomo I.

Y continúa más adelante:

«Estos son los nombres de los primeros hombres que fueron creados y formados: el primer hombre fue Balam-Quitzé, el segundo Balam Acam Acab, el tercero Manucutah y el cuarto Iqui-Balam. Estos son los nombres de nuestras primeras madres y padres. Se dice que ellos sólo fueron hechos y formados, no tuvieron madre, no tuvieron padre. Solamente se les llama varones. No nacieron de mujer, ni fueron engendrados por el Creador y el Formador, por los Progenitores. Sólo por un prodigio, por obra de encantamiento fueron creados y formados por el Creador, los Progenitores, Tepeu y Gucumatz.» [13]

Como vemos Brujo del Envoltorio, Brujo Nocturno, Guarda Botín y Brujo Lunar fueron obra del poder mágico y de la ciencia mágica y en su creación se pone de manifiesto el gran significado que el maíz ha de tener para los mayas que pasan a la historia como «El Pueblo del Maíz». En la obra de Sylvanus Morley, *La civilización de los mayas,* dice el autor:

«Jamás se podrá insistir demasiado al tratar de valorar la civilización maya, en el hecho de que todo lo que realizaron los antiguos mayas se debió principalmente al maíz. Casi todos sus pensamientos iban a parar de una y otra forma al maiz. Su religión primitiva fue concebida alrededor de su cultivo y de las deidades que gobernaban su crecimiento; los dioses de la lluvia, los dioses del viento, los dioses del sol; guardianes de la milpa y del crecimiento de esta planta, forman un panteón completo del maíz, que más tarde habría de encerrar a los dioses más abstractos del tiempo y de los cuerpos celestes.» [14]

El maíz no es solamente venerado como elemento sustentador y dador de vida sino que alrededor de él se crea toda una literatura esotérica que muy bien describe el Padre Bernardino de Sahagún que si no atañe sólo a los mayas, sí da una idea de este fervor popular:

«...Todas las muchachas llevaban a cuestas mazorcas de maíz del año pasado e iban en procesión a presentarlas a la diosa Chicomecoatl, y tornábanlas otra vez a su casa, "como cosa bendita"; y de allí tomaban la semilla para sembrar el año venidero, y también poníanlo por corazón de los trajes, por estar benditos.» [15]

Luego afirma respecto al elemento supersticioso y el maíz:

13. *Ibíd.*
14. Morley C., Sylvanus, *La civilización maya,* México, 1964, Tomo I, p. 484.
15. Sahagún, Bernardino de, *Historia general de las cosas de Nueva España,* Biblioteca Porrúa, México, Tomo II, p. 30.

«Decían también los supersticiosos antiguos y algunos aún ahora lo usan, que el maíz antes que lo echen a la olla para cocerse, han de resollar sobre él dándole ánimo para que no tema la cochura. También decían que cuando estaba derramado algún maíz por el suelo, el que lo veía era obligado a cogerlo, y el que no lo cogía hacía injuria al maíz.»[16]

Como indiqué antes, el *Popol Vuh* es un compendio de tradiciones y mitos espirituales en donde los dioses y semidioses se unen para enhebrar las vidas de los hombres en su historia. La creación del hombre es obra de la divinidad suprema y la humanidad es el resultado de un proceso de perfeccionamiento; pues antes de ella fueron creadas y destruídas dos humanidades anteriores por no haber sido capaces de alabar y sustentar a los dioses. La creación de su mundo espiritual es mágica. *Popol* significa en maya «junta, consejo o reunión...»; *Vuh* es «libro, papel o trapo». De ahí su nombre: «Libro del Consejo». Este libro revela el todo quiché en su humana y poética savia transfiguradora y viviente. El *Popol Vuh* vincula además la historia y el mito, la magia y la realidad. Las hazañas de los semidioses Junajup e Izbalamqué enviados por los dioses para derrotar a Gakup Cakix, la lucha de los Ajup en la tierra de los señores de Xibalba, recuerda a las hazañas homéricas. La eternidad de la magia primigenia alcanza lumbre propía en esta obra y sus vestigios mágicos y simbólicos de la raza maya-quiché aún palpitan a través de la obra de innumerables escritores hispanoamericanos que todavía se nutren del sortilegio vivificante que de ella irradia; entre ellos destacan por señeros, Miguel Angel Asturias y Rafael Arévalo Martínez. El *Popol Vuh* es el canto a la trascendencia humana en su más alta vertiente: la poesía, y por eso quedará.

b. Aztecas

La poderosa cultura náhuatl es la culminación de la coexistencia y la interacción que se desarrolló en lo que es México y parte de Centro América. Los aztecas lograron la hegemonía política y económica de los pueblos vecinos y supieron reconocer la superioridad cultural de grupos más cultos como los toltecas y los teotihuacanos. Esa admisión de superioridad cultural les hizo asimilar mitos vecinos como el de la serpiente emplumada. El patrimonio cultural azteca se conoce a través de los testimonios de los conquistadores y los cronistas; destaca a una cultura rica y exuberante, con una lengua viva y unificadora como el náhuatl, que como el quéchua en Tiahuantisuyo sirvió de vínculo cultural y político. Los nahuas

16. *Ibíd.*

poseían un sistema de escritura pictográfica de la que aún quedan huellas.

Otra de las principales fuentes la encontramos en los códices, testimonio permanente del enorme caudal cultural azteca. Entre los más famosos destacamos: el Borbónico (1507) conocido como *Tonalamatl* o libro adivinatorio, de origen prehispánico; el *Vaticano* (conocido como Códice Ríos) y el *Tellerano Remensis,* que contienen datos mitológicos y calendáricos; el *Borgia,* que contiene pinturas y el *Mendocino* que recopila datos de 1541 por indicación del primer Virrey de la Nueva España.

Otros textos nahuas son los conocidos *Anales de Cuauhtitlán* y *Leyendas de los soles,* escritos después de la conquista española.

Como dije antes los cronistas fueron la primera fuente de testimonio e inspiración que salvaguardó el patrimonio cultural literario americano. Los orígenes literarios hispanoamericanos se inician desde el 1492 y la crónica es el género literario que mejor funde la historia, la aventura y la poesía dentro de nuevos cánones.

Nuestros cronistas continúan siendo fuente de inspiración vital. La influencia de Bernal Díaz del Castillo se manifiesta en escritores como la cubana Gertrudis Gómez de Avellaneda y su novela romántica, *Guatimozín* (1847) relato sobre Cuathémoc, último gran señor azteca, prisionero de Cortés y muerto a los 23 años. Ese personaje fue tratado con simpatía por Bernal Díaz del Castillo quien le llamó Guatimozín en vez de Cuathémoc. Alfonso Reyes igualmente recrea aquella primera visión de Hernán Cortés, según el juicio de Bernal Díaz en su ensayo *Visión de Anahuac.* Archibald Mac Leish también se inspira en Bernal Díaz en su obra *Mi Conquistador.* Igualmente influye el Padre Las Casas, Fray Bernardino de Sahagún en otros escritores como Gabriela Mistral, José Martí, Rubén Darío y otros.

Las fuentes principales para el conocimiento de la literatura náhuatl es evidente, añadiendo a las señaladas, el estudio investigativo de Fray Bernardino de Sahagún en la *Historia general de las cosas de la Nueva España* obra que incluye los textos de sus sujetos informantes indígenas. Los aztecas lograron un alto nivel cultural y su organización de la enseñanza a través de escuelas conservó el legado de la historia, de la religión, de la música y de la astronomía.

La escritura consistía en signos pictográficos pintados sobre un papel hecho de hojas de maguey, maceradas, llamado «amatle». Respecto a la pictografía azteca dice José Alcina Franch:

> «La pictografía, la figuración o el ideograma no podían servir de otra cosa, y éste era su auténtico valor, que como recordatorio

de los largos poemas religiosos, anales históricos o canciones litúrgicas.»[17]

En general la literatura azteca o náhuatl recoge cánticos, poemas y rituales dedicados a sus dioses Tláloc, Quetzacoalt y Huizilopochtli. Los temas preferidos son la fugacidad de la vida, el sentimiento trágico de la vida y la muerte, la amistad. Angel María Garibay, creador de *Historia de la literatura Náhuatl* y su colega Miguel León Portilla han destacado nuevos trazados de la poesía náhuatl. Antes se solía considerar anónima toda la literatura náhualt salvo al rey poeta Nezahualcóyotl. León Portilla ha logrado identificar a trece poetas, que aparecen en su obra titulada *Trece poetas del mundo azteca* (1967). No obtante este valioso estudio revelador de otros creadores aztecas, ninguno es tan elocuente como Nezahualcóyotl de Texcoco, el Rey Poeta que reinó más de cuarenta años. Bajo su égida florecieron templos, palacios y jardines. Actualmente se conservan treinta poemas de Nezahualcóyotl. Respecto a la calidad de su obra dice Miguel León Portilla:

> «Entre los grandes temas sobre los que discurrió el pensamiento de Nezahualcóyotl están el del tiempo a fugacidad de cuanto existe, la muerte inevitable, la posibilidad de decir palabras verdaderas, el más allá y la región de los descarnados, el sentido de «flor y canto», el enigma del hombre frente al Dador de la vida, la posibilidad de vislumbrar algo acerca del «inventor de sí mismo» y en resumen, los problemas de un pensamiento metafísico por instinto que ha vivido la vida y la angustia como atributos de la propia existencia.»[18]

La huella poética de Nezahualcóyotl perdura en sus originales conceptos respecto a la supervivencia del alma después de la muerte. Nuestro destino, nuestra vida, nuestro tiempo para morir está trazado. ¿Qué posibilidad tenemos pues, de liberarnos después de la muerte? ¿Qué nos ofrece el Dador de Vida? Esta incógnita ante el devenir del hombre, palpita densamente en el siguiente poema:

> «No en parte alguna puede estar la casa del inventor
>   de sí mismo.
> Dios, el señor nuestro, por todas partes es invocado,
> por todas partes es también venerado.
> Se busca su gloria, su fama en la tierra.
> El es quien inventa las cosas.
> él es quien se inventa a sí mismo: Dios.

---

17. Alcina Franch, José, *Floresta literaria de la América indígena,* Ediciones Aguilar, Madrid, 1957, p. 59.

18. León Portilla, Miguel, *Trece poetas del mundo azteca,* Instituto de Investigaciones Históricas, Universidad Nacional Autónoma, México, 1967, p. 64.

Por todas partes es invocado,
por todas partes es también venerado.
Se busca su gloria, su fama en la tierra.

Nadie puede aquí
nadie puede ser amigo
del Dador de la vida;
sólo es invocado,
a su lado,
junto a él,
se puede vivir en la tierra.

El que lo encuentra,
tan sólo sabe bien esto: él es invocado,
a su lado, junto a él,
se puede vivir en la tierra.

Nadie en verdad
es tu amigo,
¡oh Dador de la vida!
Sólo como si entre las flores
buscáramos a alguien,
así te buscamos,
nosotros que vivimos en la tierra,
mientras estamos a tu lado.

Se hastiará tu corazón,
sólo por poco tiempo
estaremos junto a ti y a tu lado.

Nos enloquece el Dador de la vida,
nos embriaga aquí.

Nadie puede estar acaso a su lado,
tener éxito, reinar en la tierra.

Sólo tú alteras las cosas,
como lo sabe nuestro corazón:
nadie puede estar acaso a su lado,
tener éxito, reinar en la tierra. [19]

Respecto a las creencias mitológicas del mundo azteca hemos dicho que los aztecas nómadas y guerreros son recipientes culturales de otros pueblos mucho más civilizados que ellos, especialmen-

19. *Ibid.*, pp. 72-74.

te los toltecas, aunque luego al constituirse herederos espirituales de este pueblo, dan su peculiar ribete a su cultura, cobrando una luz propia y evidente en su mitología y en su cosmogonía. Según la mitología azteca, los cuatro hijos Ometéotl, «Dios de la Dualidad», llamados: Tezcatlipoca Negro, Tezcatlipoca Rojo, Quetzalcóatl y Huitzilopochtli, crearon el fuego, el sol (medio sol), los hombres, el maíz, los días, meses y años, el lugar de los muertos con sus dioses Mictlate Cuhtli y Mictecacihuatl, los cielos y el agua, en ésta pusieron un gran pez y con éste formaron la tierra.

Del conjunto de relatos sobre la creación del hombre azteca se infiere que, ya sea bajo la forma de Ometecuhtli «Señor de la Dualidad» o por medio del sol o los cuatro dioses creadores, siempre es la divinidad la que genera el hombre. La primera creación no conlleva dolor o mortificación, sin embargo, la creación del hombre en el Quinto Sol exige dolor y sacrificio como sustento del acto creador. Quetzalcóatl, hijo o «concreción» de Ometéotl, creó al hombre definitivo mezclando dos elementos: los huesos pulverizados de los antepasados y su propia sangre sacrificial, mezcla de lo humano y lo divino. La creación del hombre en el Quinto Sol sólo fue posible con el sacrificio de los dioses:

> «...Quetzaltcóatl ... se puso a llorar. Dijo entonces a su doble: ¡Mi doble! ¿Cómo será esto? ¿Cómo será? ¡Sea como fuere, cierto que así será! Se puso a juntar los huesos, los fue recogiendo del suelo, hizo de nuevo su lío. Luego los llevó a Tamoanchan (Tierra de la vida naciente), y cuando allá hubo llegado, la que fomenta las plantas (Quilaztli), que es la misma Cihuacóatl, los remolió y los puso en rico lebrillo y sobre ellos Quetzalcóatl se sangró el miembro viril, tras el baño en agua caliente que la diosa les había dado. Y todos aquellos dioses que arriba se mencionaron hicieron igual forma de sacrificio...
>
> Dijeron entonces los dioses:
>
> ——— ¡Dioses nacieron: son los hombres!
>
> Y es que por nosotros hicieron ellos merecimientos».[20]

El mito en la cultura azteca alcanza proporciones trascendentes, Quetzalcóalt igual que Viracocha en el Imperio Inca es símbolo de lo divino y lo humano y así proyectan sus mágicas figuras en función de dioses creadores y héroes culturales. El impacto de su poderío se refleja con carácter único en todas las manifestaciones religiosas, culturales y artísticas. La concepción espiritual-plástica de estos dos pueblos es una verdadera proliferación constante de esa magia que permea hasta el más mínimo detalle de su engra-

---

20. Garibay, Angel, *La literatura de los aztecas*, México, 1964, Tomo I, pp. 18-20.

naje cultural-espiritual-conceptual, reflejando con gran perfección sus planteamientos filosóficos que como búsqueda del conocimiento humano y divino queda a lo largo de su historia.

c. Incas

Si los conquistadores se maravillaron ante las creaciones culturales mayas y aztecas, se maravillan igualmente ante el fabuloso imperio de Tahuantisuyo que constituye la más refinada creación cultural de América. El Imperio Inca se apoya en sólidas estructuras sociales, políticas y económicas. El orden social estaba reglamentado rigurosamente y apoyado por la religión y el lenguaje, elementos de coherencia y convivencia. El culto a Inti, protector del Ayllu real se esparció por el Tahuantisuyo equiparándolos con los aztecas como «Hijos del sol». Sus tradiciones culturales muchas veces se perdieron porque no tuvieron un sistema gráfico como el de los mayas y los aztecas. Su tradición oral se apoyó en el procedimiento mnemotécnico de los «quipus» y aunque la tradición oral se conserva a través de este sistema, no es suficiente para conocer con objetividad la tradición cultural incaica. Por ende hay que recurrir a la crónica como el mejor testimomino, aunque sus versiones sean a veces unilaterales, como en el caso de los misioneros-cronistas, los Padres Avila y Arriaga, quienes se concretan en relatar hechos que ellos llaman idolatrías. Otros cronistas como el Padre Bernabé Cobo, Pedro Cieza de León, Fernando de Montesinos, el Virrey Francisco de Toledo, Garcilaso de la Vega el Inca, Cristóbal de Molina, Huamán Poma de Ayala, Fray Martín de Morúa, Juan de Santacruz de Pachacuti, españoles unos y mestizos otros defienden o atacan respectivamente la conquista española o la cultura incaica. No me atañe entrar en la aclaración de estos juicios porque su importancia radica en la reconstrucción de esa porción cultural e histórica del pueblo incaico y que estos cronistas describen notablemente.

Otro hecho que contribuye a notables variaciones interpretativas de la historia incaica son las luchas iniciadas por el último señor de los incas, Huayna Capac, quien al dividir el reino, con su hijo legítimo Huascar, a quien le deja el Cuzco (Perú); y al ilegítimo Atahualpa, Quito (Ecuador); da lugar a la guerra civil que luego favorece la conquista europea.

En contraste con las culturas mayas y aztecas los mitos incaicos son muy confusos. Respecto a ese hecho, dice el Padre Cobo:

> «Conformaban todas las naciones deste reino del Perú en confesar que tuvieron principio los hombres, y que hubo un Diluvio general

en que todos perecieron, excepto algunos pocos que, por especial providencia del Criador se salvaron para restaurar el Mundo. En lo cual hablan muy confusamente, no distinguiendo la creación del mundo, de su reparación después de pasado el Diluvio».[21]

La tradición del Diluvio, llamado pachacuti, o sea «agua que trastornó la tierra», es muy común entre todos los pueblos andinos, en diferencia a los aztecas y los mayas, quienes admitieron sucesivas destrucciones de la humanidad sin la idea del Diluvio. Igualmente los incas admiten la presencia previa de una población primitiva de gigantes que vivía en la oscuridad; algunos cronistas como Cobo, Sarmiento de Gamboa, Zárate, recogen estas referencias a estos mitos mesoamericanos de carácter mágico. Pedro Sarmiento de Gamboa dice, respecto a estos gigantes:

> «...después de criado el mundo formó un género de gigantes disformes en grandeza pintados o esculpidos, para ver si sería bueno hacer los hombres de aquel tamaño. Y como le pareciesen de muy mayor proporción que la suya, dijo: "no es bien que las gentes sean tan crecidas, mejor será que sean de mi tamaño". Y así creó los hombres a su semejanza, como los que agora son. Y vivían en oscuridad».[22]

Estas tradiciones no están tan claras como en el mundo maya, donde el *Popol Vuh* destaca las sucesivas etapas de perfeccionamiento humano a través del barro, palo y maíz. En el caso incaico no podemos remitirnos a una creación definitiva del hombre; sino a la creación del polifacético dios creador Viracocha, el «Hacedor del Mundo», quien como Quetzalcóatl asume diferentes facetas religiosas y culturales. Viracocha es un dios indescriptible, indefinible e invisible. Respecto a ese carácter de dios único, nos dice el sacerdote Blas Valera:

> «También dijeron que el gran Illa Tecce Viracocha tenía criados invisibles, porque al Invisible le habían de servir invisibles. Dijeron que estos criados fueron hechos de nada por la mano del gran Dios Illa Tecce...».[23]

La divinidad de Viracocha se conoció por varias denominaciones, que tanto el Padre Cobo, como el Padre Blas Valera y Fernando de Montesinos reiteran. El Padre Blas Valera reafirma estas variantes diciendo, que los incas:

---

21. Cobo, Bernabé, *Historia del Nuevo Mundo,* Sevilla, 1890, Tomo III, p. 309.
22. Sarmiento de Gamboa, Pedro, *Historia de los incas,* Edit. Emecé, Buenos Aires, 1943, p. 35.
23. Valera, Blas, *Las costumbres antiguas del Perú,* Lima, 1945, Tomo I, p. 5.

«Creyeron y dijeron que el mundo, cielo y tierra, y sol y tierra, fueron criados por otro mayor que ellos: a éste llamaron Illa Tecce, que quiere decir "Luz Eterna". Los modernos añadieron otro nombre que es Viracocha, que significa Dios inmenso de Pirúa, esto es a quien Pirúa, el primer poblador destas provincias, adoró, y de quien toda la tierra e imperio tomó nombre de Pirúa, que los españoles corruptamente dicen Perú o Pirú».[24]

La poesía y la religión recogen diversas variantes para denominar a Viracocha y se le llama indistintamente «Señor del Universo», «Hacedor del Hombre», «Creador del Mundo», «Señor de todos los Señores». Hay distintas opiniones respecto al culto a Viracocha; unos dicen que era un culto restringido a minorías, porque el culto a los huacas constituyó la verdadera religión popular que persistió y aún perdura sobre los cultos a Inti y Viracocha; otros dicen que Pachacamac es el verdadero y único dios de los incas. A pesar de estas versiones diversas que suscitan los mitos incaicos se pueden resumir varios conceptos generales respecto a su particular cosmogonía, entre los cuales cito: la creación del hombre como obra de la divinidad suprema y la restauración de la humanidad incaica por el Hacedor después de un Diluvio que le envió como castigo. El elemento sustentador con el cual el Hacedor realizó personalmente la creación del hombre fue la piedra o el barro, dándole vida por su mandato. Según otros mitos, los hermanos Ayar, originadores de la raza incaica, fueron creados por Viracocha para volver a poblar la tierra después del Diluvio. El elemento sagrado para los incas es la piedra, así como el maíz es el de los mayas y la sangre sacrificial es el de los aztecas. Estas creaciones religiosas-filosóficas son reveladoras de todo el caudal mítico americano. Como hemos visto, estas tres culturas se asimilan unas a otras en sus concepciones espirituales del hombre y del cosmos. Si comparamos el mito de Quetzalcóatl con el de Viracocha observamos que, además de ser los dioses creadores y los héroes que vitalizan y civilizan a sus pueblos, son también símbolos de la esperanza y de la poesía, al perderse ambos caminando sobre las aguas del mar. Viracocha y Quetzalcóatl prometieron regresar; he aquí cómo el mito se hace proyección ilusoria en los indios que creyeron ver como emisario de Quetzalcóatl a Hernán Cortés y a Pizarro como el de Viracocha.

La literatura incaica ofrece una valiosa aportación a través de la poesía quéchua. Sus poemas calibran casi todas las vertientes del arte. Los poemas cantados se conocen como el jailli, el arawi, el taki y el wawaki. Los poemas con danza y canto se conocen como

24. *Ibíd.*

el wayñu, la ghashwa, el samak, wika y el ghaluiyu. Por último están los poemas recitados sin música: el aránway y el wanka. El jailli se considera como un himno que puede ser religioso y heroico. Gran parte de estos poemas han sido recogidos por Cristóbal de Molina y Juan de Santacruz Pachacuti. El jailli. religioso era el himno religioso que los incas dirigían a sus dioses. En esos poemas invocaban a Viracocha, al Sol, a la Luna y a los ídolos del Tahuantisuyu. Estas formas poemáticas laten en la obra de José María Arguedas, *Los ríos profundos.*

El Inca Garcilaso, es símbolo vehemente del mestizaje vital, signo y huella de América. En él se polarizan la lengua y la cultura quechua y española. Su obra es hija de la transculturación, por eso matiza con gran densidad el glorioso pasado imperial de los Incas del Perú con el vitalismo del guerrero español. *Comentarios reales* (1609) es la obra que mejor sintetiza los valores culturales e históricos del pueblo incaico. La visión que de ella se desprende, nos permite visualizar como si aún existiese, el valioso contenido vital de la ciudad sagrada del Cuzco, con sus templos y sus vírgenes dedicadas a la deidad suprema: el Sol. Igualmente describe el orden social y político de las estructuras incas en sus tres clases importantes: real, sacerdotal y militar. Respecto a la divinidad del Viracocha, el Inca Garcilaso nos ofrece una versión en donde niega su denominación como divinidad, y sostiene que no hay otro nombre que Pachacámac, para nombrar a dios. Por eso dice en su obra:

> «... Pachacámac es nombre compuesto de Pachá, que es mundo universo, y de Cámac, participio de presente del verbo Cama, que es animar el cual verbo se deduze del nombre cama, que es ánima. Pachacámac quiere dezir el que da ánima al mundo universo, y en toda su propia y entera significación quiere dezir que haze con el universo lo que el ánima con el cuerpo».[25]

El valor de los *Comentarios reales* radica pues en la visión vívida y arquitectónica, que como cinta cinematográfica recoge toda la idiosincrasia de un pueblo. Su proyección es americana, aunque la obra haya sido escrita en España.

Hasta aquí podemos observar cómo las creencias espirituales-religiosas, culturales y literarias son las más hermosas estructuras mentales, que al sintetizar los ideales de un pueblo no sólo ofrecen los sustratos y estratos del alma de un pueblo, sino que a través de ellos quedan sus supervivencias, sus latidos, que aún repercuten en las elaboraciones literarias de innumerables escritores hispano-

---

25. Garcilaso de la Vega, el Inca, *Comentarios reales,* Buenos Aires, 1943, Libro II, Cap. II, p. 66.

americanos, redescubridores y continuadores de esa herencia histórica, espiritual y universal americana.

2. Orígenes y presencias de la esoteria en el tiempo

El hombre a través de sus creaciones míticas, sus superticiones, sus cosmogonías y sus teogonías ofrece el mejor documento de su historia vital. La extraordinaria capacidad del hombre para conocer y explicar la realidad circundante y trashumante no tiene fin. Los fenómenos de la naturaleza, el desconocimiento de sí mismo, la incógnita a la finalidad del hombre después de la muerte, son un constante estímulo para la existencia de esa dimensión que llamamos magia y esoteria. Esta actitud de curiosidad inicial produce un intento de conocer la realidad a través de lo real-objetivo, a la vez que abre una brecha a lo sobrenatural o extrasensorial. Es por esto que los orígenes de la esoteria son ancestrales y sus primicias se diluyen en el tiempo. Casi todas las culturas conocidas revelan distintas acepciones pero el fin ulterior es el mismo: descubrir la realidad oculta y misteriosa.

La magia primigenia no fue sólo un intento de hacer cosas extraordinarias y admirables sino que fue el primer intento de comprender y dominar los secretos de la naturaleza. El conjuro, la profecía, el oráculo, fueron pues los medios para lograr una finalidad. Sólo anticipando el hecho podían sentirse seguros. Por ende, esa magia inicial se movió en dos planos: lo externo-real y lo interno-irreal. Una cosa fue lo que el hombre vio y otra lo que sintió. Su resorte de comunicación fue el sentido mágico que le imprimió a todo lo que vio en su raíz fundamental y de ahí sus iniciales y artísticas interpretaciones sobre la luna, el sol, la noche, el día. Esa cosmovisión primigenia es arte cisorio, en el sentido de que la realidad se fragmenta y se distorsiona para inferir una verdad material o abstracta. La vinculación del hombre con el todo se produce en síntesis espontánea y sencilla, casi siempre inverosímil para otras generaciones; no obstante esas formas interpretativas son las más bellas formas de la magia literaria que hoy conocemos como fábulas, ficciones, alegorías o poemas épicos.

Mágico es el acto por el cual el hombre infiere verdades relativas a su existencia, esencia e identidad. Mágico también es el acto mediante el cual el hombre se vale de la materia, de la forma, de la imagen y ya sea imitando o expresando lo que siente, lo hace trascendente al calor de su imaginación y su fantasía. El acto creador emana siempre de esa comunicación imperceptible que se produce ante lo real-externo y lo subjetivo-interno.

La otra vertiente de la magia es la que intenta dominar la naturaleza y al ser humano en un doble plano: lo benigno y lo maligno. En ese sentido si la intención es benigna será «magia blanca» porque por medio de causas naturales obra efectos extraordinarios que parecen sobrenaturales. La «magia negra» llama a la malignidad y conjura según el vulgo al demonio para lograr lo extraordinario.

La historia y la literatura han recogido una diversidad de hechos extraordinarios y prodigiosos y esos fenómenos aparecen como augurios, profecías, adivinaciones, sueños premonitorios, evocaciones de los muertos o comunicación con ellos, todo con el propósito de penetrar en la zona oscura humana.

Haciendo un recorrido rápido, sabemos que el tema de la magia se remonta a los pueblos más antiguos como los babilonios, caldeos, persas y etruscos que practicaban la adivinación y evocaban los espíritus de los muertos. El mundo egipcio revela su culto a los muertos en su ideario funerario: el *Libro de los muertos.* Las ideas del mundo egipcio respecto al alma, el soplo o aliento divino, son actual fuente de doctrinas herméticas como el espiritismo y la teosofía. El concepto del «doble», llamado *Kha* por los egipcios, es el elemento que los espiritistas llaman «periespíritu»; los teósofos, «cuerpo astral»; los ocultistas, «doble» o «cuerpo etéreo-fluídico» y los magnetizadores «magnetismo» o «energía».

El panteón mitológico griego nos lega todo un mundo de dioses, héroes y hechiceros en gran policromía y proliferación. Junto a las magas hermanas Circe y Medea, famosas por sus conjuros y sus hechizos en el mundo legendario homérico, conviven Selene y Hécate, quienes conjuran los poderes misteriosos de la luna, la muerte y la noche. La contribución esotérica más notable de los griegos reside en los oráculos, fuente de adivinación y premonición entre la pitonisa y el dios que se invocase. La pitonisa es el preludio antiguo de las modernas «mediums» espiritistas. El oráculo más famoso fue el del Templo de Delfos; aunque había otros como los de Tropocia, junto al río Aqueronte; la Sibila de Cumas en los márgenes del lago Averno; Figalia, en la Arcadia. Las evocaciones a los muertos se recogen en la literatura griega. Homero en la *Odisea* describe a Ulises «consultando a los muertos»[26] por instrucciones de la maga Circe.

El poeta Lucano describe evocaciones de los muertos para adivinaciones [27] y también nos deja una magnífica descripción de la maligna hechicera de Tesalia, Erichto, cuyos ritos criminales con los muertos para hacer hechizos amatorios son preludios de las

26. Homero, *Odisea,* X, pp. 517-632.
27. Lucano, *Farsalia,* VI, pp. 420-760.

brujas modernas. El sincretismo del panteón greco-latino produce en realidad toda una gama polifacética en cuanto a la magia se refiere y su órbita oscila en el bien, el mal, lo erótico, lo amatorio y la búsqueda del poder.

En los libros históricos de la Biblia hay muchas alusiones a hechos prodigiosos como las maravillas realizadas por los magos del Faraón en lucha con Moisés y Aarón,[28] hasta que aquellos se rindieron ante los jefes del pueblo hebreo diciendo: «el dedo de Dios está aquí».[29] En ella se refiere también a sueños premonitorios como el de José o a la interpretación de los sueños proféticos del Faraón.[30] Frente a la admisión de esos hechos, la Biblia condena también la adivinación, la hechicería y los augurios. En el Deuteronomio se lee por ejemplo:

> «No haya entre vosotros quien pretenda purificar a su hijo o a su hija haciéndole pasar por el fuego, quien consulte adivinos u observe sueños y augurios, ni quien sea hechicero o encantador, ni quien consulte a los pitones o adivinos, ni quien indague de los muertos la verdad. Porque todas esas cosas las abomina el Señor y por semejantes maldades exterminará El estos pueblos a tu entrada.»[31]

El cristianismo también condena desde el principio las prácticas supersticiosas, la hechicería y la brujería, pero tiene que luchar todavía con las supervivencias del mundo pagano, la demonología, y sus consecuentes elementos parasitorios: hechizos, filtros, amuletos, pociones y herbolarios mágicos, magias negras y blancas y cúmulos de oraciones, cábalas y enchiridiones.

La Edad Media como época de transición da lugar a toda una amalgama de brujas, magos y hechiceras. La alquimia, la astrología, la oniromancia, la cartomancia, están a la orden de la época y en todas las clases sociales. Se fundan nuevas órdenes religiosas; las artes florecen y se van instituyendo universidades por toda Europa dando lugar al humanismo. La literatura recoge todas las corrientes mágicas y religiosas. La obra que mejor sintetiza el espíritu de este momento de transición es *La Celestina* de Fernando de Rojas.

Lo que más conviene destacar, de la Inquisición en España en cuanto al tema de nuestra tesis se refiere, es aquella que corresponde a la prohibición de libros o escritos promiscuos o propagadores de herejías, trayendo consigo la correspondiente censura. Sin em-

---

28. Exodo, VII, 11, 22; VIII, 7.
29. Exodo, VIII, pp. 10-12.
30. Génesis, XXXVII, 5-11, XL.
31. Deuteronomio, XVIII, p. 10-12.

bargo, la discusión de temas brujeriles y ocultistas continuó a pesar de todo.

El ideario renacentista, originado en Italia, abre nuevas perspectivas con su novedosa valoración del hombre y del mundo. El humanismo iniciado por Petrarca, el advenimiento de la clase burguesa con su visión realista de la vida, los nuevos descubrimientos, e inventos, son una prueba evidente de este movimiento. La ciencia domina el panorama, y en ese sentido, debía ser destructora de lo mágico, pero no es así; lo racional se mueve junto a lo mágico. Conviene recordar que la Reforma, iniciada por Erasmo de Rotherdam y Martín Lutero, produjo un enfriamiento del fervor religioso. La valoración de lo terreno sobre lo sobrenatural y, el escepticismo general propició una oscilación continua en lo religioso. En la literatura se revitalizan los antiguos temas mitológicos y pastoriles grecolatinos. En Francia, el Renacimiento supone el olvido de las tradiciones medievales; en España, por el contrario, se funden los ideales del Renacimiento con la tradición nacional produciendo un sincero sentimiento de religiosidad que se manifiesta en la Mística.

Las tres actitudes del Renacimiento intelectual europeo: reforma religiosa, elogio y anhelo de la vida natural representada por el campo, y la exaltación y defensa de la lengua vulgar como expresión de lo espontáneo, hallan una gran resonancia en los prosistas de la época. El descubrimiento de América y la política imperial de Carlos V abren un sendero insospechado a la maravilla y a la magia. América fue símbolo de la utopía soñada y la tierra de promisión mesiánica. Las «Crónicas de Indias» ofrecen una palpitación vital en su doble vertiente: histórica y literaria. La visión de las maravillas naturales y humanas descubren una nueva fauna y flora exuberante, que unidas a las típicas costumbres de los indios, alcanzan una calidad poética bellísima. Los cronistas describen sus hazañas en los viejos modelos latinos pero el espíritu que los conmueve es nuevo y vibrante, contagiados ya por esa hebra finísima que hoy llamamos «realismo mágico». Las ideas milenarias de brujos, magos y hechiceros, cobran en América nuevos visos de realidad. Oriente y Occidente son cúmulos de fantasías que han sido llevadas a América. El paraíso, la fuente de la juventud, las siete ciudades encantadas, las Amazonas, El Dorado, son fantasías trasplantadas y que en América tuvieron visos de realidad.

Nuestra América, continúa siendo hoy emporio de lo extraordinario y lo mágico. Brasil, con sus misteriosas selvas y sus indios Tupi-guaraníes; Ecuador, con sus milenarios indios jíbaros, reducidores de cabezas; y los misteriosos zombies haitianos son, entre otros hechos, actual fuente de la esoteria. Estas antiguas fuentes de la esoteria americana son las crónicas de Fray Raymundo Pané,

Hernando Colón, el Padre Bartolomé de las Casas, Gonzalo Fernández de Oviedo, Bernal Díaz del Castillo, Fray Bernardino de Sahagún, Fray Toribio de Benavente conocido por Motolinía, Fray Jerónimo de Mendieta; éstos y otros, vierten sus ideas bajo aires medievales o renacentistas y sus juicios emanan a veces de conceptos europeos, pero el valor ulterior de su obra radica en la sencillez de sus descripciones, en la emotividad de sus vivencias sentidas al calor de la acción. Estos escritores sin educación algunos, cultos otros, se equiparan en el candor y la espontaneidad, la ilusión y la esperanza y así sus escritos logran una gran calidad humana. La variedad cultural del mundo nuevo aflora en bella eclosión y sus costumbres, sus creencias, sus supersticiones e idolatrías son pintadas con fidelidad. En este momento la realidad observada va más allá de lo imaginado. Nunca antes el hombre había atisbado la trascendencia de lo desconocido y maravilloso. A estas primeras crónicas se le debe el que haya quedado grabado para siempre ese sentido mágico-paradisíaco que aún perdura en los que nos recuerdan.

El primer cronista de América fue por supuesto Cristóbal Colón; sus narraciones ofrecen una efectiva descripción de aquel mundo soñado por los europeos, quienes imbuidos por las ideas renacentista anhelaban la vuelta a la naturaleza, el ideal del hombre puro y el paraíso soñado. Su gesta, como apunté antes, fue en gran medida avalada por su intensidad de soñar y hacer soñar.

Al Padre Bartolomé de las Casas, sus ideas, su valentía y su pasión en defender al indio, le produjeron las conocidas controversias, pero muchos convienen en admitir que el valor de su obra radica precisamente en ese ardor emotivo con que planteó los problemas de una realidad nueva. En su *Brevísima relación de la destrucción de Indias* publicada en 1522 y en argumento del epítome, dice respecto a la nota maravillosa de América:

> «Todas las cosas que han acaecido en las Indias; desde su maravilloso descubrimiento y del principio que a ellos fueron para estar tiempo alguno y después, en el proceso adelante hasta los días de agora, han sido tan admirables y tan no creibles que en todo género a quien no las vido, que parece haber añublado y puesto silencio y bastante a poner olvido a todas cuantas por hazañosas que fuesen en los siglos pasados se vieron y oyeron en el mundo».[32]

Gonzalo Fernández de Oviedo (1478-1557) se movió igual que el Padre Las Casas en el área del Caribe; sus crónicas se escriben a través de la acción. Su obra arremete contra los mismos problemas

32. Las Casas, Fray Bartolomé de, *Obras escogidas, opúsculos, cartas y memoriales*, Biblioteca de Autores Españoles, Madrid, 1958, p. 134.

que planteó Las Casas, aunque en él hay en ocasiones desprecio hacia el indio. Esto motivó luego sus conocidas disputas entre él y Las Casas. Fernández de Oviedo había comenzado a escribir su *Historia general y natural de las Indias desde 1492 hasta 1549.* En ella revela toda la naturaleza «novedosa» y en ese sentido es un verdadero descubridor de América. Sus observaciones parten de la realidad percibida y son expresadas en vívidas descripciones.

En el capítulo I de su *Historia de las Indias* alude a las imágenes del diablo que tenían los indios, sus ídolos y, respecto a eso dice:

> «Y no he hallado en esta generación cosa entre ellos más antiguamente pintada ni esculpida o de relieve entallada ni tan principalmente acatada e reverenciada, como la figura abominable e descomulgada del demonio ... al cual ellos llaman cemí y este tienen por su Dios, y a este poder el agua, o el sol o el pan, o la victoria contra todos sus enemigos, y todo lo que desean; y piensan ellos que el cemí se lo da cuando le place, e aparescíales hecho fantasma de noche.» [33]

De los adivinos dice en la misma obra:

> «E tenian ciertos hombres entre sí, que llaman buhiti, que servían de auríspices o agoreros adevinos. E aquestos les daban a entender que el cemí es señor del mundo e die cielo y de la tierra y de todo lo demás... y estos cemís o adivinos les decían muchas cosas que los indus tenían por ciertas, que venían en su favor o daño.» [34]

Luego añade respecto a sus sacerdotes:

> «Los buite conocian el herbolario y sanaban con tal arte, tenianles en gran veneración e acatamiento, como a sanctos los cuales eran tenidos entre esta gente como entre los cristianos los sacerdotes.» [35]

Continúa confundiendo el cemí con la idea que él tenía del diablo y así reitera:

> «En esta isla Española, cemí, como he dicho, es el mismo que nosotros llamamos diablo; e tales eran los que estos indios tenían figurados en sus joyas, en sus moscadores y en la frentes.» [36]

Vuelve luego a destacar las artes adivinatorias de los indios y dice:

33. Fernández de Oviedo, Gonzalo, *Historia general y natural de las Indias,* Libro V, Cap. I, pp. 112-113.
34. *Ibíd.*
35. *Ibíd.*
36. *Ibíd.*

«Una cosa he notado de lo que he dicho y pasaba entre esta gente, y es el arte de adivinar (o pronosticar las cosas por venir) y cuantas vanidades los cemís daban a entender a esta gente, andaba junto con la medicina e arte mágica.» [37]

Interesantemente y aludiendo a las ideas de Plinio en su *Natural historia* sobre la magia le cita diciendo:

«... bien que sea el arte más fraudulente o engañoso de todos, ha habido grandísima reputación en todo el mundo y en todos siglos.» [38]

Luego hace una interesante explicación sobre su propia idea del arte mágico y así la destaca:

«Ni se maraville alguno aquesta arte haber adquirido tan grandísima auctoridad, porque ella sola abraza en sí otras tres artes, los cuales sobre todos, tienen el imperio de la vida humana porque principalmente ninguna dubda de este arte haber venido de la medicina, como cosa más sancta e más excelente que la medicina, y en aquesta forma a sus promesas, muy deseadas y llenas de halago, haberse juntado la fuerza de la religión ... E después que aquesto le subcedió, juntóse con esto el arte matemática, la cual puede mucho en los hombres, porque cada uno es deseoso de saber las cosas futuras e por venir, e creen que verdaderamente se puedan entender del cielo. Así que tal arte habiendo atado los sentidos de los hombres con tres ñudos ha llegado a tanta sublimidad o altura que aún hoy ocupa la mayor parte de la gente, y en el oriente manda a rey de reyes. E sin dubda allí nasció, en la región de Persia, y fue el primero auctor deste arte Zoroastres en lo cual todos los escriptores concuerdan todo». [39]

El relaciona sus ideas sobre la magia con lo que ve y por eso concluye:

«Por manera que en estas partes de nuestras Indias muy extendida está tal vanidad e junto con la medicina la traen y ejercitan estos indios, pues sus médicos principales son sus sacerdotes adevinos, y estos sus religiosos les administran sus idolatrías y ceremonias nefandas y diabólicas». [40]

Su descripción sobre el areito y su acertada definición sobre esos cantares que «es su libro o memorial que de gente en gente queda»[41] se enriquece con la comparación que hace con los «bailes de la-

37. *Ibid.*, pp. 113 y ss.
38. *Ibid.*
39. *Ibid.*
40. *Ibid.*, p. 114.
41. *Ibid.*

bradores de España»[42] con atambor los indios y panderos los españoles. El areito es para él un «bailar cantando». El baile es el denominador común en casi todas estas actividades mítico-religiosas.

Una de las anécdotas más pintorescas es aquella que Fernández de Oviedo relata en relación al sueño premonitorio del soldado García de Montalvo. El tuvo tres sueños en el año 1540 en la Isla de Cubagua y en esos sueños le revelan que el polvo de solimán vivo curaba las heridas producidas por las flechas de los indios caribes. El soldado García decide poner esa revelación en práctica y se asombró con el buen resultado que obtuvo. Oviedo repite la historia que le ha contado Fray Andrés de Valdés de la Orden de Sanct Francisco.[43]

Hasta aquí cito algunos hechos que Oviedo nos transmite clara y detalladamente respecto a ritos, idolatrías y anécdotas que al conjugarse con sus ideas cristianas nos dejan un documento en donde queda «la novedad» americana, con caracteres propios.

Esa capacidad de soñar que nace de la búsqueda del sortilegio se advierte luego en el inigualado e inolvidable Bernal Díaz del Castillo (1492-?-1584). Aquel soldado que había nacido en Medina del Campo, que había presenciado la conquista de México y que vivió ochenta años en América, fue testigo fiel de una realidad fabulosa e incomparable. Aunque fuese dado poco a las letras, es, en mi opinión, el iniciador de ese «realismo mágico» o de esa «magia del realismo», que en América cobra un ribete propio, porque emana de esa belleza casi irreal de su naturaleza. Cuando Bernal Díaz se enfrenta a la realidad de aquella tierra mexicana, con sus flores y sus lagos rutilantes, busca entre los vericuetos de su alma, y emocionado no se le ocurre otra cosa que recordar a su famoso Amadís, símbolo del encanto, la aventura y la fantasía, y sus palabras aún repercuten cuando escribe en su obra *La verdadera historia de la conquista de la Nueva España* (1568):

> «Ibamos camino de Iztapalapa; y desde que vimos tantas ciudades y villas pobladas en el agua, y en tierra firme otras grandes poblaciones y aquella calzada tan derecha por nivel cómo iba a Méjico, nos quedamos admirados, y decíamos que parecía a las casas de encantamiento que cuentan en el libro de Amadís, por las grandes torres y cues y edificios quien tenían dentro en el agua, y todas de cal y canto; y aun algunos de nuestros soldados decían que si aquello que veían si era entre sueños. Y no es de maravillar que yo aquí lo escriba desta manera, porque hay que ponderar mucho en

42. *Ibid.*
43. Véase Cap. XLVII de la citada obra.

ello, que no sé como lo cuento, ver cosas nunca oídas ni vistas y aún soñadas, como vimos.»[44]

Otro detalle interesante es la descripción de Moctezuma, llena de colorido y encanto:

«Se apeó el gran Montezuma de las andas y traíanle del brazo aquellos grandes caciques debajo de un palio muy riquísimo á maravilla, y la color de plumas verdes con gran labores de oro, con mucha argentería y perlas y piedras chalchihuis, que colgaban de unas como bordaduras, que hubo mucho por mirar en ello; y el gran Montezuma venía muy ricamente ataviado...».[45]

El sentido profético de la llegada de los europeos a América fue recogido por varios cronistas y así Bernal Díaz alude a la profecía de Moctezuma en el capítulo XIII, y así dice:

«Y lo más cierto era según entendemos, que dicen que sus antepasados les habían dicho que habían de venir gentes de hacia donde sale el sol, que los habían de señorear.»[46]

La llegada a la isla de Sacrificios es oportuna para destacar alguno de los rituales indígenas:

«Fue el Capitán Grijalba con muchos de nosotros los soldados a ver la isleta y hallamos dos casas hechas de cal y canto y bien labrado y cada casa con unas gradas por donde subían á unos como altares, y en aquellos altares tenían unos ídolos de malas figuras que eran sus dioses, y allí estaban sacrificados de aquella noche cinco indios, y estaban abiertos por los pechos y cortados los brazos y los muslos y las paredes llenas de sangre. De todo lo cual nos admiramos y pusimos por nombre a esta isleta de isla de Sacrificios.»[47]

La obra de Bernal Díaz del Castillo es la del hombre de acción, fiel a la realidad y su reacción a la obra de Gómara, *Crónica de la conquista de la Nueva España,* la motiva el deseo de testificar una realidad auténtica y así desde su tranquila vida en Chamula, se levanta como el Quijote para corregir los errores y las inexactitudes de Gómara y en esa forma nos da esa otra vertiente de la magia humana, la encarnada por el caballero andante, que también defiende la parte activa y dinámica que muchos soldados tuvieron en la conquista del Imperio Mejicano. Prueba Bernal Díaz que el conocimiento te-

44. Díaz del Castillo, Bernal, *La verdadera historia de la conquista de la Nueva España,* Madrid, p. 82.
45. *Ibid.,* Cap. LXXXVII.
46. *Ibid.*
47. *Ibid.,* Cap. XIII, p. 12.

lúrico no sólo se fragua con la razón sino con la ilusión y la fantasía. Señala igualmente la autenticidad de un mundo nuevo y maravilloso y él es en cierto modo un hombre nuevo, cuando carga con la responsabilidad de hablar, de contar, de decir:

> «¿Habíanlo de parlar los pájaros en el tiempo que estábamos en las batallas, que iban volando, a las nubes que pasaban por alto, sino solamente los capitanes que ellas nos hallamos?.» [48]

El es un testigo de su tiempo, y su obra que no aspira a galardón alguno se constituye en el mejor testimonio de la gesta americana.

En la crónica de Fray Toribio Benavente (m. 1569), se nota ya otra sensibilidad motivada por la reciprocidad que se establece entre él y los indios, quienes al verle tan pobrecillo y tan humilde le bautizan «Motolinía», nombre que él acepta para siempre. Este hecho ya matiza con gran candor y ternura esta crónica.

> «Este es el primer vocablo que sé de esta lengua y, porque no se me olvide, éste será de aquí en adelante mi nombre.» [49]

El, como los frailes Bernardino de Sahagún, Jerónimo de Mendieta, Diego de Landa, Martín Ignacio de Loyola, Alonso de Fuenmayor, Domingo de Betanzos, son ejemplos del verdadero espíritu de la evangelización, al aprender las lenguas indígenas para mejor poder cristianizar. La simbiosis se produce en forma espontánea y aunque muchos de ellos difieren en su modo, consiguen su objeto. En este sentido la crónica adquiere una nueva dimensión espiritual, aquella que como dice José Ortega y Gasset, «recoge la idea de que el habla se compone de silencios» y en ese sentido las crónicas contienen ese silencio denso y profundo que sólo se adquiere cuando pensamos y describimos una realidad ajena a nosotros en su vernácula lengua. La obra de Motolinía, *Memoriales e historias de los indios de la Nueva España,* describe varias ceremonias, hechicerías y supersticiones:

> «No se contentaba el demonio enemigo antiguo, con el servicio que estos le hacían en los ídolos, adorándolos cuasi en todas las creaturas visibles y haciéndole de ellas ídolos, ansí de bulto como pintados; pero demás de esto los tenía ciegos de mil maneras de hechicerías e ceremonias supersticiosas.
> Creían en mil agüeros y señales ansí como aves nocturnas, e prencipalmente tenían mucho agüero en el buho, al cual llaman tecolut-

48. Díaz del Castillo, Bernal, *La verdadera historia de la conquista de la Nueva España,* México, Edit. Porrúa, S. A., 1955, Tomo II, Cap. CCXII, p. 377.

49. Benavente, Fray Toribio (de), «Motolinía», *Memoriales e historias de los indios de la Nueva España,* Madrid, 1970, Cap. 49.

colt (tlecolotutlcatl) que quiere decir «hombre» y en la composición pierde las dos letras postreras el primer nombre y llámalo tlacatecolutl que según su propia etimología quiere decir hombre que anda de noche gimiendo o espantando, hombre nocturno espantoso y si a este oyen, y también a los muchuelos é lechuzas, y sobre la casa que se asentaba y cantaba decian que era señal que luego había de morir o presto, alguno de aquella casa. Tambien se oian gañir un animalejo que se dice cuzatli, decían que alguno quería morir. Ansimesmo tenían agüeros en encuentros de culebras y de alacranes *et alia multa reptilia* y decían que era señal de morir el que estaba enfermo que tales encuentros le acontecía y si era sano; que había de morir su enfermo.» [50]

Para que una persona se librase de su enfermedad hacían lo siguiente:

«... tomaban por remedio hacer un perrillo de masa de maíz, y sacábanlo por la mañana al camino y decian que el primero que por allí pasase llevaría la enfermedad del pariente en los zancajos.» [51]

Señala que entre las ceremonias supersticiosas las que más fuerza tenían eran los agüeros y en especial:

«... los sueños, de los cuales tenian libro y lo que significaban esto por figuras y maestros que lo interpretaran cual sea su salud, y lo mesmo tenían de los casamientos, y que fin habian de haber, y cada día tenía su signo, unos buenos otros malos o diferentes.» [52]

Cuando alguien o un animal se perdía:

«... hacían ciertas hechicerías con unos maizes, y miraban en un lebrillo de agua y dizque allí veían el que lo tenía y la casa á do estaba y si era cosa viva, allí les hacían entender si era muerta o viva.» [53]

Para saber si un enfermo había de morir o sanar de la enfermedad en que estaban:

«... echaban un puñado de maiz, de lo más grueso que podía haber, e lanzábanlo siete ó ocho veces como lanzan los dados, y si algun grano quedaba enhiesto decían que era señal de muerte.» [54]

50. *Ibíd.*, p. 67.
51. *Ibíd.*
52. *Ibíd.*, pp. 67-68.
53. *Ibíd.*, p. 68.
54. *Ibíd.*

En el capítulo XX de la citada obra nos relata cómo se han acabado los ídolos y las fiestas que solían hacer los indios antes de aceptar la fe cristiana:

> «Las fiestas que los indios hacían, según que en la primera parte está dicho con sus ceremonias y solemnidades, desde el principio que los Españoles anduvieron de guerra todo cesó, porque los Indios tuvieron tanto que entender en sus duelos, que no se acordaban de sus dioses, ni aun de sí mismos, porque tuvieron tantos trabajos, que por acudir a remediarlos cesó todo lo principal.» [55]

Luego dice respecto a los ídolos:

> «En cada pueblo tenían un ídolo o demonio al cual principalmente como su abogado tenían y llamaban, y a éste honraban y ataviaban de muchas joyas y ropas y todo lo bueno que podían haber le ofrecían... luego los escondieron en cuevas, tierras o montes.» [56]

El Padre Motolinía al igual que el Padre Mendieta, hacen un trazado de la realidad observada, relatando con objetividad la situación imperante.

El Padre Jerónimo Mendieta (1528-1604) nació en Vitoria; murió a los noventa años y sesenta de ellos los vivió en las Indias. Solía dar sus sermones en lengua indígena y conoció a Fray Toribio Motolinía. Su principal obra, su *Historia eclesiástica indiana*, permaneció 274 años sin publicar y fue concluida en 1596. Enviada a España fue encontrada en el 1860 entre los papeles que dejó, al fallecer, el conocido don Bartolomé José Gallardo: dicha obra fue entregada en México por el señor José María Andrade a Joaquín García Icazbalceta, quien la publicó en 1870. Las diez estampas del códice que adornan el manuscrito original no fueron publicadas en dicha edición, pero aparecen en la segunda edición facsimilar publicada por la Editorial Porrúa de México de 1971.

La vida del Padre Mendieta fue tan pintoresca como la del Padre Las Casas. En carta escrita en 1562 y dirigida al Padre General Fr. Francisco de Bustamante, Padre Mendieta hace una relación cuya síntesis puede ser una vigorosa apología de los frailes, una defensa de la autoridad del virrey, una acusación contra la audiencia y de paso contra los empleados del gobierno en general, y hasta contra todos los españoles que no eran frailes. Esa carta está publicada en el tomo II de *La colección de documentos para la historia de México.*

La Historia eclesiástica indiana está dividida en cinco libros. El

---

55. *Ibíd*, p. 332.
56. *Ibíd.*

primero trata de la introducción del Evangelio y la fe cristiana en la isla Española y sus comarcas. El segundo trata de los ritos y costumbres de los indios mexicanos y lo que él llama sus infidelidades. El tercero de cómo fue llevada la fe de nuestro Señor Jesucristo entre los indios de tierra firme de la Nueva España. El cuarto aprovechamiento de los nuevos convertidos en las cosas de la fe y cristiandad. El quinto es un catálogo de los varones ilustres que como otros apóstoles hicieron esta obra del Señor.

En el libro I y en el capítulo VII habla de la idolatría indígena y de la profecía de Guarionex sobre la venida de otros hombres al continente:

> «No quiero detenerme en contar la manera de ídolos que estos indios tenían, ni las diferencias de sacrificios y ceremonias con que los adoraban, que todo era poco en respecto de lo que se halló en la tierra firme de la Nueva España; mas por poco que era, cotejado con lo de México y otras partes, basta decir y que se entienda, cómo el demonio estaba de ellos tan apoderado y hecho tan señor y servido cual plugiera a Cristo que su Divina Magistral lo estuviera de todas sus racionales creaturas...».[57]

Respecto a la profecía dice:

> «Los caciques que eran los señores y los bohiques (que llamaban los sacerdotes) en quien estaba la memoria de sus antigüedades, contaron por muy cierto á Cristóbal Colón y a los españoles que con él pasaron, que algunos años antes de su venida lo habían ellos sabido por oráculo de su Dios. Y fue de esta manera: que el padre del cacique Guarionex, que era de los que lo contaban, y otro reyezuelo con el, consultaron a su Zemi (que así llaman ellos al ídolo del diablo); y preguntándole qué es lo que había de ser de sus días, ayunaron para recibir la respuesta, cinco o seis días arreo, sin comer ni beber cosa alguna, salvo cierto zumo de yerbas, o de una yerba que bastaba para sustentarlo para que no falleciesen del todo; lloraron y disciplinaronse reciamente, y sahumaron mucho sus ídolos, como lo requería la ceremonia de su religión: finalmente, les fue respondido, que aunque los dioses esconden las cosas venideras á los hombres por su mejoría, agora las querian manifestar a ellos por ser buenos religiosos, y que supiesen cómo antes de muchos años vendrian en aquella isla unos hombres barbudos y vestidos todo el cuerpo, que hendiesen de un golpe un hombre por medio con las espadas relucientes que traerian ceñidas, los cuales hallarían los antiguos dioses de la tierra, destruyendo sus acostumbrados ritos, y derramarian la sangre de sus hijos o los llevarían captivos, haciéndose señores de ellos y de su tierra; y

57. Mendieta, Jerónimo de, *Historia eclesiástica indiana*, Segunda edición facsimilar y primera con la reproducción de los dibujos originales del códice. Edit. Porrúa (offset Universal), México, 1971, Cap. VII, p. 36.

> por memoria de tan espantosa respuesta, dijeron que habían compuesto un doloroso cantar ó endecha, los cuales después cantaban en sus bailes o areitos».[58]

En el capítulo XXIII de la citada obra dice respecto a la idolatría:

> «Ya que pensaban los religiosos que en estar quitada la idolatría de los templos principales del demonio, y con venir algunos a la doctrina y baptismo, estaba todo hecho, hallaron que era mucho más lo que les quedaba por hacer y vencer. Y era que de noche se ayuntaban y llamaban unos a otros, y hacían fiestas al demonio con muchos y diversos ritos que tenian antiguos, en especial cuando sembraban los maizales y cuando los cogían.»[59]

Casi todas las crónicas citan y relatan innumerables hechos que plantean con carácter definitivo el sentido mágico-maravilloso que permeó casi todas sus interpretaciones, y caballeros andantes fueron en cierto sentido los hombres que testimoniaron, ya como hombres de acción o evangelizadores, la epopeya americana.

Continuar los relatos de estos grandes historiadores es casi repetir lo fundamental y esencial de la hazaña en lo que tuvo de descriptiva y moralizadora. El hecho innegable para la tesis es, que de esas crónicas no quedan rastros de leyendas negras o blancas, porque el hecho escueto es la realidad de la vida con su eterna antinomia del bien y el mal, lo divino y lo diabólico, pero siempre humano y por tanto bello.

58. *Ibíd.*, p. 37.
59. *Ibíd.*, Cap. XXIII, p. 232.

III. INQUISICIÓN Y ESOTERIA

1. Fusión de los elementos esotéricos en la época virreinal

La búsqueda de hechos que sustenten nuestro tema nos mueve a destacar otros aspectos que consoliden el ideario general, base para entender los derroteros de la literatura esotérica en América. Hasta ahora hemos podido observar el valor de los mitos, las creencias religiosas y las manifestaciones literarias como un hecho consustancial de vida. Ese poder del hombre lo vincula al mundo de las cosas en la medida en que por la razón, el sentimiento y la emoción las percibe, dando lugar a creaciones espirituales fantásticas y poéticas. Hemos visto, además, que el verdadero valor de las crónicas ha sido producido por el choque de cuadros mentales y culturales, que al contacto de la efusión y la nueva sustancia americana han producido en la literatura novedosos e interesantes juegos interpretativos; comparaciones y analogías que no sólo reflejan la riqueza de la lengua, sino que también suponen un dinámico equilibrio entre sus viejos cánones lingüísticos, religiosos y culturales. Desde 1492 los cronistas escribieron constantemente, impulsados por el imperioso deseo de atesorar el caudal vivido. Agotada la producción de los cronistas, ésta se hace fría, como en el caso de Antonio de Herrera, quien escribe las *Décadas* por orden de Felipe II.

La conquista española da lugar a una colonización, que como todas exige cambios, ajustes y adaptaciones, tanto al foráneo como al natural. La convivencia y la interacción producen tres hechos fundamentales: la afirmación de la lengua castellana, la religión católica y el mestizaje. Casi todos convienen en admitir que el mestizaje fue la mejor aportación de la conquista española. Respecto a este hecho escribe el sociólogo nicaragüense Julio Icaza Tigerino:

> «España, con un alto espíritu religioso y con un profundo sentido humano, de humanismo cristiano, no vio en América únicamente un campo de explotación de riquezas como lo viera el genio mercantilista de Inglaterra... Esta política cristiana y antirracista de España determinó la conservación de grandes poblaciones indí-

genas y su mezcla con los españoles, dando lugar a la mestización en gran escala. España realizó una obra gigante en el proceso de incorporación de estas masas indígenas a la cultura de Occidente. Pero este proceso no es obra de tres siglos.»[60]

Luis Alberto Sánchez dice respecto a la colonia y el mestizaje español:

> «Queramos o no, sería absurdo negar que la colonización española imprimió carácter a nuestras colectividades nacionales y hasta provinciales; como sería igualmente necio pretender que el Virreinato logró borrar totalmente los restos de organización indígena y callar la voz de la sangre nativa. Por exagerar este último extremo, se ha dado vida al otro. Bueno será que el historiador empiece por entender que la vida de un pueblo, como la de un individuo no se debe sólo a la influencia procreadora del padre, sino por igual manera, a la de la madre. La colonia, por española que parezca, fue, en su esencia, mestiza, y cuando triunfó el criollaje, con su inevitable aleación, sobrevino, irremisiblemente la independencia.»[61]

Nadie niega hoy en América el valor del complejo «melting pot», que si no ha unido armoniosamente a estas diversas razas europeas, indígenas, negras y asiáticas, sí refleja el valor intrínseco del mestizaje en lo que a toma de conciencia americana se refiere. Esa transculturación dinámica que va más allá de tres siglos, marcó definitivamente el carácter nacional de las futuras repúblicas hispanoamericanas. Otro hecho importante fue el decisivo impacto que las desigualdades culturales y políticas de los virreinatos y las capitanías imprimieron en México y Perú con notable esplendor, mientras el Río de Plata, Paraguay y los Islas del Caribe, quedaban preteridas y al margen del progreso.

La sociedad americana ha cobrado un contorno propio que se ha ido forjando paulatinamente desde 1500 hasta el 1600 aproximadamente. En estos momentos la afluencia de los españoles es constante y continuará así hasta los siglos XVII y XVIII. El panorama cultural e intelectual americano de los virreinatos, que depende totalmente de España, revela gran riqueza que se destaca en el campo literario e ideológico, porque ya se han cimentado las siguientes instituciones: universidades, catedrales, conventos, iglesias, prensa, bibliotecas y librerías; en arquitectura, escultura y pintura se nota un gran florecimiento especialmente en los Virreinatos más impor-

---

60. Icaza Tigerino, Julio, *Perfil político y cultural de Hispanoamérica*, Madrid, 1971, pp. 101-102.
61. Sánchez, Luis Alberto, *Historia general de América*, 10a. Edic., Tomo I, Madrid, 1972, pp. 323-324.

tantes de América: México y Lima. Igual prosperidad se observa en Colombia y Argentina, menos en Venezuela y casi nada en las Antillas. Como tónica predominante de la época se destaca el fervor religioso.

Se han hecho muchos estudios sobre la historiografía de América que comprenden la conquista y la independencia, sin embargo no hay suficientes estudios, a mi juicio, sobre los virreinatos y la Inquisición, especialmente la Institución Inquisitorial que dentro de las estructuras españolas fue fundamental e importante para pulsar todas las supervivencias brujeriles europeas en América que persistieron a pesar del cristianismo. Como muy bien destaca el escritor Julio Caro Baroja, en cada Virreinato de América se dan evidentes divergencias esotéricas. Esas divergencias las hemos de ver luego en la literatura especialmente.

Como lo que nos interesa es el tema de la Inquisición como medio fundamental de investigar y destacar esta esoteria europea que fue traída a América, me circunscribo a los siguientes planteamientos:

¿Qué papel juega el Santo Oficio en América? ¿Por qué sus vestigios históricos-culturales apenas se describen en la historia de la colonización española? En la época del descubrimiento de América, existía ya en España el Tribunal del Santo Oficio de la Inquisición, apoyado por los Reyes Católicos y bajo el dominico Fray Juan de Torquemada como Inquisidor General. La primera noticia que se tiene de la Inquisición en América es la que se refiere al nombramiento que hace el Cardenal Jiménez de Cisneros en 1516 al obispo de Cuba, Juan Quevedo, como Inquisitor General. El 27 de junio de 1535, el Arzobispo de Toledo e Inquisidor General en España, don Alfonso Manrique, nombró a Fray Juan de Zumárraga, primer Obispo de México, Inquisidor de la Nueva España. Respecto a las funciones de este Inquisidor, sólo se conoce el proceso inquisitorial contra el Cacique principal Texcoco. La historia de este proceso se leyó como documento inédito en 1910, en el XVII Congreso Internacional de Americanistas reunido en México. En él consta cómo Zumárraga le hizo quemar vivo el 30 de noviembre de 1539. El documento contiene numerosas noticias sobre el culto a dioses indígenas con sus sacrificios y sus ofrendas florales, además de revelar las costumbres del siglo XVI. Las declaraciones de los numerosos testigos habían sido vertidas al castellano por intérpretes como Fray Alonso de Molina, Fray Bernardino de Sahagún y otros conocedores de la lengua nahuatl. Este hecho le costó una fuerte reprimenda a Zumárraga por parte de la corona de España, que no favorecía tal cosa, porque el 15 de octubre de 1538, Carlos V había decretado que sólo los colonos europeos serían sujetos a procesos inquisitoriales.

En 1541, Felipe II otorgó mayores poderes a los Inquisidores delegados, pero no fue realmente hasta el 25 de enero de 1569 cuando se instituyeron los Tribunales del Santo Oficio en Lima, México y Cartagena de Indias. El de la Nueva España se crea el 4 de noviembre de 1571, tomando posesión oficial Pedro Moya de Contreras.

La Inquisición Americana dependía totalmente de la española y tenía la misma organización que ésta, pero aquélla nunca consiguió la autonomía que España consiguió de Roma. Los hechos referentes a los procesos inquisitoriales de América se apoyan en la magnífica fuente recopilada por José Toribio Medina, quien en 1884 encontró los famosos papeles de la Inquisición de América en el histórico archivo de Simancas. Estos documentos se encontraban en un aposento subterráneo llamado «el cubo del Obispo» o «de la Inquisición». Con los originales a la vista, Medina reconstruyó objetivamente uno de los hechos más trascendentes de la historia colonial americana. Sus obras son independientes unas de las otras en lo que se refiere a las provincias del Plata, Cartagena de Indias, México, Lima y Chile; pero el espíritu de la obra es el mismo.

En el caso de la Nueva España, dice Toribio Medina que una de las primeras medidas tomadas por Moya Contreras fue la relativa a la censura de libros, determinando que:

> «... los libros que hubiese en la tierra y de los que de nuevo entrasen, para lo cual mandó todo el que tuviese libros, hiciese un catálogo de ellos jurado y lo presentase en el Santo Oficio; disponiendo además que se visitasen las librerías que había en la ciudad.» [62]

¿Qué significa la presencia de la Inquisición de América como elemento sustentador del tema? El propósito primordial es destacar una serie de hechos que revelan distintos casos de hechicería y brujería. Como muy bien destaca José Toribio Medina en estos procesos inquisitoriales: «...no hallará el curioso doctrinas, sino sólo hechos, que apreciará conforme a su criterio, a su educación y a las tendencias de su espíritu». [63] Procederé a citar algunos casos donde se hace patente la hechicería y la brujería:

> «Por hechicera había sido castigada en auto público de 5 de abril de 1592 Ana de Castañeda, cuarentona, que andaba con hábito de

62. Medina, José Toribio, *Historia del Tribunal del Santo Oficio de la Inquisición en Méjico*, Santiago de Chile, 1905, p. 33.

63. Medina, José Toribio, *Historia del Tribunal de la Inquisición de Lima* (1569-1820), Santiago de Chile, 1956, pp. 5-6 (Nota preliminar).

San Francisco, mujer que había sido de Fray Diego de Medina, dominico. Procesada nuevamente, confesó haber hecho conjuros con invocación de demonios y de Dios y sus santos, y echado suerte con cedazos y dado polvos de ara consagrada, y tomado simiente de varón y un candil y soga de ahorcado, y gotas de aceite y sangre y sal y culantro, para que apareciesen en el agua de una redoma, haciendo cruces, las figuras de los hombres con quienes se habían de casar las mujeres que se valían de ellas para sus consultas; por todo lo cual salió en forma de penitente en cuerpo, con vela, soga y coraza blanca, *abjuró de lévi* y otro día siguiente, adornada con dichas insignias, se le dieron doscientos azotes por las calles públicas.» [64]

«Leonor Verdugo, mestiza, natural de la ciudad de la Plata, viuda por embustera, y que fingía hechizos de calaveras y yerbas para ser queridos unas de otros, y para que ganasen al juego, haciendo ceremonias y diciendo oraciones, siendo el dicho y hecho mentira, sin que nada hubiese tenido efecto, reconciliado con sambenito perpetuo.» [65]

«Doña Luisa de Lizarraga del Castillo, natural de la ciudad de Trujillo en estos reynos, que había sido antes castigada por casada dos veces y agora por hechicera y embustera, asegurando voluntades agenas y cosas por venir, y que unas sombras le decían lo que quería saber; dijo no haber tenido pacto con el demonio, y confesó haber hecho sus embustes por ganar plata y aplausos.» [66]

«Isabel de Ormaza o Isabel de Jesús, que trae hábito de Santa Gertrudis, natural de Lima, casada con ella, cuarterona de india, que fingió milagros, y que sanaba enfermos de varias enfermedades, y veía a Nuestro Señor por sus mismos ojos, y que una rosa iba siempre delante de ella por las calles, y que padeció las penas y dolores que Nuestro Señor había padecido en su pasión. Estos y otros embustes confiesa haberlos hecho porque la tuviesen por santa... Confesó con humildad sus mentiras y liviandades, pidiendo misericordia.» [67]

«Ana María Pérez, cuarterona mulata, natural de la ciudad de Cuenca en este reyno, llamada la platera, por haberse fingido profetisa, y que era santa desde el vientre de su madre, y que un hijo suyo era santo profeta, haciendo embustes de que veía ordinarias visiones, ya del cielo, ya del purgatorio, ya del ynfierno, introducía casamientos espirituales fingiendo revelaciones, raptos y extasis: confesó ser todo embuste y mentira.» [68]

«Catalina de Baena, natural de Jerez de la Frontera, residente en Potosi, acusada de practicar ciertos hechizos.» [69]

---

64. *Ibíd.*, II Tomo, p. 9.
65. *Ibíd.*, p. 29.
66. *Ibíd.*, pp. 30-33.
67. *Ibíd.*
68. *Ibíd.*
69. *Ibíd.*

«Beatriz de Trejo, natural de Potosi, fue testificada de haber dado por escrito a otra mujer un conjuro de palabras muy graves, en que se nombraba a la Santísima Trinidad y a San Pedro y a San Pablo y al portal de Belén y a los diablos, "y otras cosas que hacían estremecer las carnes, y que decía la reo que el dicho conjuro tenía mucha fuerza para atraer a los hombres a querer a las mujeres y para que nunca las olvidasen, y que había oído decir la testigo que era tan fuerte el conjuro, que si fuera posible, levantara no sólo las personas, sino a los muertos de las sepulturas.»[70]

«Pero de todos los penitenciados en este tiempo, incluso los que fueron quemados en el auto que acabamos de dar cuenta, los que a juicio del tribunal merecían nota especial, eran las hechiceras y alumbradas.»[71]

Para poner atajo a toda esta plaga de mujeres hechiceras y brujas se publicaron numerosos edictos y entre ellos cito parte del edicto impreso, que por la cuaresma del año 1629 circuló por varias de las iglesias de Lima y Chile. En este edicto se revelan además, trascendentes hechos que aluden a las diversas manifestaciones mágicas y esotéricas, que pulularon en el continente americano. Este edicto ha sido recopilado por José Toribio Medina en la *Historia del Tribunal de la Inquisición de Lima* (1569-1820).

«Nos los Inquisidores, contra la herética pravedad y apostasía en la ciudad y arzobispado de la provincia de los Charcas y los obispados de Quito, el Cuzco, Río de la Plata, Tucuman, Santiago de Chile, La Paz, Santa Cruz de la Sierra, Guamanga, Arequipa y Trugillo, y en todos los reynos, estados y señorías de la provincia del Perú, y su vireynado, governación y distrito de las Audiencias reales que en las dichas ciudades, reynos, provincias y estados residen, por autoridad apostólica, etc. A todos los vecinos y moradores estantes y residentes en todas las ciudades, villas y lugares de este nuestro distrito de cualquier estado, condición, preeminencia o dignidad que sean, exentos o no exentos, y cada uno y cualquiera de vos, a cuya noticia viniere lo contenido en esta nuestra carta en cualquier manera, salud en nuestro Señor Jesucristo, que es cerdadera salud, y a los nuestros mandamientos que más cerdaderamente son dichos apostólicos, firmemente obedecer, guardar y cumplir. Hacemos saber, que ante Nos pareció el promotor fiscal deste Santo Oficio, y nos hizo relación diciendo, que a su noticia avia venido que muchas y diversas personas deste nuestro distrito, con poco temor de Dios y en gran daño de sus almas y conciencias, y escándalo del pueblo cristiano, y contraviniendo a los preceptos de la Santa Madre Iglesia, y a lo que por Nos y por los editos generales de la Fé, que cada año mandamos publicar, está proveido

70. *Ibid.*
71. *Ibid.*

y mandado, se dan al estudio de la astrología judiciaria, y la exercitan con mezcla de muchas supersticiones, haciendo juicios por las estrellas y sus aspectos sobre los futuros contingentes, sucesos y casos fortuitos o acciones dependientes de la voluntad divina, o del libre alvedrío de los hombres, y sobre los nacimientos de las personas, el dia y hora en que nacieron, y por otros tiempos, e adivinando por rogaciones los sucesos y acaecimientos que an tenido por lo pasado o an de tener para adelante, el estado que an de tomar los hijos, los peligros, las desgracias o acrecentamientos, la salud, enfermedades, pérdidas o ganancias de hacienda que an de tener, los caminos que an de hacer y lo que en ellos les an de pasar, y los demás prósperos, adversos, cosas que les han de suceder, la manera de muerte que an de morir, con otros juicios y adivinaciones semejantes. Iten, que para el mismo fin de saber y adivinar los futuros contigentes y casos ocultos, passados o por venir, exercitan el arte de la *Nigromancia, Geomancia, Hidromancia, Peromancia, Onomancia, Chiromancia,* usando de *sortilegios, hechizos, encantamientos, agueros, cercos, brujerías, caracteres, invocaciones de demonios,* teniendo con ellos pacto enpresso o a lo menos tácito, por cuyo medio adivinan los dichos futuros contingentes, o las cosas pasadas, como descubrir urtos, declarando las personas que los hicieron y la parte donde están las cosas urtadas, y descubriendo o señalando lugares donde ay tesoros debaxo de tierra, o en la mar, y otras escondidas, y que pronostican el suceso de los caminos y navegaciones, y de las flotas y armadas, las personas y mercaderías que vienen el ellas, y las cosas, y casos, o muertes que an sucedido en lugares, ciudades y provincias muy apartadas, y declaran por las rayas de las manos, y otros aspectos, las inclinaciones de las personas y los mismos sucessos que han de tener, y asimismo por los sueños que an soñado, dándoles muchas y várias interpretaciones, y que usan también de cierta manera de suerte con avas, trigo, maíz, monedas, sortijas, y otras semillas y cosas semejantes, mezclando las sagradas con las profanas; como los evangelios, *Agnus Dei,* ara consagrada, agua vendita, estolas y otras vestiduras sagradas y que traen consigo y dan a otras personas que traigan ciertas cédulas, memoriales, receptas y nóminas escritas en ellas, palabras y oraciones supersticiosas, con otros círculos, rayas y caracteres reprovados, y reliquias de santos, piedra yman, cabellos, cintas y polvos y otros hechizos semejantes, dando a entender que con ellos se librarán de muerte suvitánea o violenta, y de sus enemigos, que tendrán buenos sucessos en las batallas o pendencias que tuvieren y en los negocios que trataren, y para efecto de casarse, o alcanzar los hombres a las mugeres y las mugeres a los hombres que dessean, y para que los maridos y amigos traten bien y no pidan celos a las mugeres o amigas, o para ligar, o impedir a los hombres el acto de la generación, o hacer a ellos y a las mugeres otros daños o maleficios en sus personas, miembros o salud, y que husan asimismo, para estos y semejantes efectos, de ciertas oraciones vanas y supersticiossas, invocando en ellas a Dios nuestro Señor y a la Santísima Virgen, su Madre, y a los santos, con mezcla de otras invocaciones y palabras indecentes y desacatadas, continuándolas, por ciertos días delante de ciertas imágenes, y a ciertas horas de la noche, con cierto número de candelillas, vasos de agua, y otros instrumentos, y esperando después de las dichas oraciones, agüeros y presagios, de lo que pretenden saber, por lo que sueñnan durmiendo, o por lo que oyen hablar en la calle, o les sucede a otro día, o por las señales del cielo, o las aves que vuelan, con otras vanidades y locuras. Iten, que muchas personas, especialmente mugeres fáciles y dadas a supersticiones, con más grave ofensa de nuestro Señor, no dudan de dar, o cierta manera de adoracion al Demonio, para fin de saber de las cosas que desean, ofreciéndole cierta manera de sacrificio, encendiendo candelas y quemando incienso y otros olores y perfumes, y usando de ciertas unciones en sus cuerpos, le invocan y adoran con nombre de ángel de luz, y esperan de las respuestas o imágenes y representaciones aparentes de lo que pretenden, para lo cual, las dichas mugeres, otras veces se salen al campo de día y a desoras de la noche, y toman ciertas bevidas de yervas y raices, llamadas el achuma y el chamico, y la coca, con que se enagenan y entorpecen los sentidos, y las ilusiones y representaciones fantásticas que allí tienen, juzgan y publican después por revelación, o noticia de lo que a de suceder. Iten: que sin embargo de que por los índices y catálogos de libros prohibidos por la Santa Sede Apostólica y por el Santo Oficio de la Ynquisición, están mandados recoger los libros que tratan de la dicha astrología judiciaria, y todos los demás tratados, índices, cartapacios y memoriales, y papeles impresos, o de mano, que tratan en qualquier manera estas ciencias, o artes con reglas para saber los futuros contingentes, y que nadie los tenga, lea enseñe ni venda; muchas personas, menospreciando las penas, censuras contenidas en los dichos editos y catálogos, retienen los dichos libros y papeles, y los leen, y comunican a otras personas, siendo gravísimo el daño que de la dicha lección y enseñanza resultan. Iten, que siendo reservada a Nos la absolucion de todos estos casos, sospechosos en la Fé, y dependientes de la heregía, muchos confesores, o con ignorancia crasa de las dichas reservaciones, o con falso inteligencia de algunos privilegios apostólicos, se atreven absolver a las personas que cometen los dichos delitos, o a las que en qualquier manera, saven o tienen noticia de los que los an cometido, y que los dichos confesores y otros letrados, fuera del acto de la confesion, quando algunas personas les van a comunicar los dichos casos, los interpretan y qualifican con demasiada anchura, aconsejando a las tales personas que pueden ser absueltas sacramentalmente, sin venir a manifestar en este Santo Oficio...» [72-73]

72. Medina, José Toribio, *Historia del Tribunal de la Inquisición de Lima* (1569-1820). Prólogo de Marcel Bataillón, Santiago, Fondo Histórico Bibliográfico, Edit. Nascimento, 1956, pp. 34-38.

73. Lo subrayado en este Edicto es nuestro, para distinguir todo aquello que se refiera a lo mágico-esotérico.

La inclusión de este Edicto, bastante largo por cierto, ha sido necesaria para que el lector tenga una idea de la situación imperante en los virreinatos. Añado, además, que los estudios de José Toribio Medina son, a mi juicio, los únicos estudios serios y fundamentales que revelan con objetividad la presencia de esta institución que aún no ha sido suficientemente estudiada en América. Importante también es el estudio de la escritora puertorriqueña Monelisa Pérez Marchand en su obra *Dos etapas ideológicas del siglo XVIII en México, a través de los papeles de la Inquisición,* sobre todo en lo que atañe a la prohibición de libros en América y a los ardides de que se valía la gente para introducirlos clandestinamente.

Respecto al estado de cosas que revela este edicto de 1629, es preciso considerar unos supuestos muy importantes para el destacamiento del tema. Primero, en ese «edicto de gracia» se revelan casi todas las supervivencias europeas, producto de aquella magia, de aquella hechicería, que desde el panteón greco-latino, depositario ya de las influencias orientales, pasa a través de la conquista imperial romana, gótica, árabe y hebrea a España; produciendo una especie de caldero hirviente, en donde se suele admitir con naturalidad todo ese mundo de encantamiento, sortilegio y hechicería que late y repercute en la vida europea y que luego se cuela en la literatura. Esta actitud de admisión implícita y hasta evidentemente rutinaria es la que yace como un sustrato vital, no sólo en España sino en el resto de Europa, en donde la tradición rural-mágica circula ya por medio de libros que pretenden ofrecer «conjuros», pantáculos y «enchiridiones», como efectivos ritos de protección frente a todos los fenómenos de la naturaleza. Estos libros son: *El libro mágico del Papa Honorio, La clavícula de Salomón y El dragón rojo o el arte de gobernar a los espíritus celestes, etéreos, terrenales e infernales, y del Gran y del Pequeño Alberto.*

En muchas partes de América circula actualmente una recopilación de los más raros secretos de la magia, y los célebres *Pantáculos de Salomón,* con los caracteres cabalísticos y los nombres de los espíritus a los cuales se refieren; todo ello extraído de la Cábala. La reimpresión responde a la edición francesa, traducida literalmente de la publicación en Roma en 1742. El libro se titula Doctor Moorne, *Enchiridiones, grimorios y pantáculos.* El valor de estos libros en el sincretismo religioso africano-cristiano es evidente en varios países como Cuba y Puerto Rico.

Los términos brujería y magia varían en el contexto de este edicto de 1629. La hechicería y la magia, como fuerza controladora del poder negativo o adverso de la naturaleza, existía en todo el mundo europeo y no era castigable. Y así circulaban en libros y tradiciones las supervivencias de los cultos paganos a los dioses, faunos y sátiros y luego a los cultos fálicos, rendidos al Gran Macho Cabrío Negro y al sol y a la luna. Estos ritos fueron aparentemente absorbidos ante la tradición cristiana, no obstante, muchos de ellos prevalecieron como mitologías, fábulas o leyendas. A partir del siglo XII y con el triunfo del cristianismo, la intolerancia comenzó a surgir por todas partes. Ello da lugar a las rebeliones paganas y a los cultos al diablo, que emanando de la República Cristiana, se constituyen en el ángel caído, maligno y demoníaco. Es en este sentido que distinguimos entre la magia ancestral y limitada en el tiempo y la brujería, vista ya como una herejía cristiana, limitada a tres siglos aproximadamente: de 1450 a 1750 y circunscrita a la Europa Occidental.

La brujería como tal, no es asunto de la Antropología, ni del Folklore o la Mitología, sino que se vincula a la demonología y al satanismo, dentro del módulo teológico-cristiano. La brujería cubana, haitiana y brasileña, por ejemplo, arranca de otras raíces, de otros contextos que no están asidos al ideario cristiano. Por eso cuando se habla de brujería en América, el término se complementa con magia, hechicería o sortilegio. Por ende, es muy importante observar que los procesos inquisitoriales de América atañen a tres hechos fundamentales: a la brujería como herejía; a la persecución de los falsos neófitos (indígenas, moros o hebreos) y a los traidores cristianos.

En mi opinión, el Santo Oficio sólo pretende mantener la dignidad y la integridad de la República Cristiana. Lo evidente del caso es que el hombre remueve el sistema cristiano y lo caricaturiza en su esencia para sustituirlo por lucifer. El «aquelarre» vuelve a cobrar vida. Esa rebelión es totalmente europea y europea es también la que se opera en América con todos sus ribetes maléficos. Ese sentido maligno es el que inicia las persecuciones de 1320 con el Papa Juan XXII, quien castiga a los adoradores del demonio y a los que pactaban con él.[74] En el 1451 y bajo el Papa Nicolás V, magia y brujería son catalogados como herejía. A partir de este momento los inquisidores son los primeros tratadistas del tema brujeril. Las mejores obras se escriben en francés y en español. Algunas de ellas son la de los inquisidores dominicos Nicolás Eymeric, Nicolás Jacquier, Juan Vineti y Girolomo Visconte. El *Malleus Maleficarum* fue publicado en 1486 y fue obra de los inquisidores Jakob Sprenger y Heirich Kramer. Este texto fue el primero en registrar la herejía del pacto satánico, el sabbat y los vuelos nocturnos de brujas.

Otro aspecto de la Inquisición en América que hemos de aclarar

---

74. Véase la trayectoria de estos datos en Rossell Hope Robbins, *The Encyclopedia of Witchcraft and Demonology*, Crown Publishers, Inc., New York, 1969, pp. 8-9.

es aquél que se refiere a la persecución de judíos y moros. El propósito primordial de la misma no fue atacarlos en la medida en que eran judíos o moros sino en su sentido judaizante o morisco. Se condenaba al que aceptaba la doctrina cristiana y luego la traicionaba volviendo a su antiguo rito. En este caso el problema era más agudo, porque tanto los judíos como los moros habían desarrollado en España y en América una sociedad críptica; por ende, las acusaciones provenían a veces por motivos sociales más que religiosos.

En toda esta época de la colonización, América refleja toda la contradicción que manifestaron los famosos siglos XVI y XVII, conocidos como los Siglos de Oro. En estos siglos, la enorme cantidad y calidad de las obras científicas, literarias y artísticas influyeron singularmente en otros países de Europa.

Todas estas corrientes literarias y sus creadores son el cimiento perdurable que frente a las persecuciones inquisitoriales permanecen como depositarios de todo el caudal novedoso-cultural que ha de verterse en otros continentes y contextos literarios hispanoamericanos, que herederos de la paternidad española, producen obras como *Cien años de soledad,* heredera sin par de *Don Quijote de la Mancha.*

La descripción final de esta paradójica época, rica en el florecimiento cultural y fervorosamente católica, es también símbolo de la mayor intolerancia religiosa y social. Así lo destaca el escritor Julio Caro Baroja:

> «Asombraba a muchos extranjeros que venían a España la libertad con que en corrillos y plazuelas, de Madrid sobre todo, hablaban las gentes humildes de personas y acontecimientos y esta libertad queda reflejada en cantidad de poesías satíricas, que se conservan, y en relatos de episodios en los que hubo lugar a que la plebe, repetidas veces, insultara de modo soez a reyes, reinas, validos y ministros. Pero al mismo tiempo, producía extrañeza que gentes tan libres al enjuiciar a los grandes de la tierra demostraran la intransigencia que demostraban en materias de fe y fueran tan enemigas de todo lo extranjero. Herejía y origen distinto al propio eran dos cosas casi sinónimas.» [75]

El valor del Santo Oficio, para el trazado del tema objeto de mi investigación, radica en que revela la existencia de un caudal universal que explica los secretos de la naturaleza humana. Destaca, además, la necesidad que se ha tenido siempre de ocultar y de reprimir estas fuentes de conocimientos mágicos por temor a que se abuse de ellas interpretándolas mal, pero sobre todo porque van contra la fe cristiana.

---

75. Caro Baroja, Julio, *Inquisición, brujería y criptojudaísmo,* Madrid, 1970, p. 17.

La perpetuidad de esos determinados signos, clavículas o pantáculos, mantenidos en forma jeroglífica y sustentados por sus adeptos, es la negación del hombre en un mundo cristiano. Nada hay que añadir a estos hechos, que como siempre constatan la humana imperfección del hombre, cuando busca el poder a través de los caminos ausentes de Dios.

Respecto a la decadencia final del Santo Oficio en América, dice Aniceto Almeyda, en el prólogo a la obra de José Toribio Medina:

> «... Durante los siglos XVI y XVII tiempos de gran fervor religioso, el Santo Oficio no sólo era aceptado sino aún aplaudido por los súbditos de la Corona de España en las Indias... Pero ya en el siglo XVIII se inicia para el Tribunal un período de decadencia que luego apresuran las nuevas ideas, y a comienzos del siglo siguiente la institución se extingue sin dejar rastro.»[76]

También es muy interesante como existencia de estas prácticas que aluden a las llamadas supervivencias españolas, dos hechos que recoge la escritora cubana Lydia Cabrera en su obra *El monte* y que cito a continuación como dato curioso de esta dinámica de la época colonial:

> «Muy temible es también la brujería de los isleños naturales de Canarias, quienes nos han transmitido gran número de supersticiones y "que vuelan" —las isleñas— "como los brujos de Angola", aunque no chupan sangre... Se dan tres palmadas en los muslos, y diciendo: "Sin Dios ni Santa María. Sin Dios ni Santa María. A la zánga no má, con ala vá, con ala viene", levantan el vuelo.»[77]

Luego, recogiendo anécdotas de sabor popular, relata el siguiente hecho:

> «Vuelan las isleñas... yo se lo puedo jurar. Vuelan montadas en escobas, y vuelan sobre el mar. Mi abuelo era de Canarias. Vino a Cuba a trabajar la tierra y compró dos o tres esclavos y una negra. Y pasó lo de siempre... que la negra amaneció en el catre del amo y empezó a darle hijos. Esa negra, que era de Conga de Loanda fue mi abuela. El abuelo mio había dejado mujer legítima en Canarias y no se acordó más de ella...»[78]

En la parte que dedica Lydia Cabrera a los poderes de las plantas y bajo la rotulada *ciprés,* que en lucumí se llama eggikú y significa «palo de muerto», escribe:

---

76. Almeyda, Aniceto, Prólogo a *Historia del Tribunal del Santo Oficio de la Inquisición en Chile,* Santiago de Chile, 1952, p. VIII.
77. Cabrera, Lydia, *El monte,* La Habana, s.a., p. 23.
78. *Ibid.*

«Con la rama de uno que crezca en el cementerio, los mayomberos "llaman al Diablo y se arreglan con él". Así lo dice San Ciprián. Es considerable la influencia que un grimorio, "El libro de San Ciprián". (Tratado completo de magia verdadera o sea el tesoro del hechicero escrito en antiguos pergaminos hebreos entregados por los espíritus al monje alemán Jonas Sifurino) ha ejercido en nuestros negros brujos. Antes de procurarme una copia, varios viejos me habían hablado del "San Ciprián que aprendió con los africanos y que fue el primer brujo de los blancos.» [79]

Luego añade:

«Ese libro lo trajeron los españoles, pero todo lo que hace de malo San Ciprián se lo enseñaron los negros del Congo. Es tan lógico que un hechicero negro reconozca su propia magia, en la de otro de cualquier raza, amarilla o blanca, las diferencias son tan ligeras y superficiales que el libro de San Ciprián hubo de convertirse en biblia para los africanos que sabían leer y para los criollos... Me aseguran algunos viejos que el culto de la Piedra Imán tan viejo extendido en toda Cuba, "fue traído en persona por San Ciprián y cuanto dice la Piedra hay que aprenderlo en su libro.» [80]

Muchos libros prohibidos circularon disfrazados por la colonia y así lo reseña Lydia Cabrera:

«Alusiones repetidas a otros libros de magia, "que la gente de antes tenía muy escondidos" —al "Salomón", al "Príncipe Alberto", o a la "Quijada ¿la Clavícula de Salomón?"— algunas fórmulas y palabrejas mágicas desconcertantes, que se deslizan de vez en cuando en las libretas y en la conversación de algunos santeros, demuestra lo mucho que circularon en Cuba los grimorios en los días de la colonia y en que respeto fueron tenidas por los negros, aun por los que no podían leerlas, pero que las conocían de oídas.» [81]

La obra del colombiano Germán Espinosa, *Los cortejos del diablo,* es quizá la primera obra que se nutre de la circunstancia histórica de los procesos inquisitoriales de América, especialmente el de Cartagena de Indias, donde describe al fundador de la Inquisición en Cartagena, Juan de Mañozga. Prevalece en la obra todo el singular mundo de brujas y brujos, magia y hechicería y todo urdido dentro de una realidad a la vez alucinante y sarcástica.[82]

79. *Ibíd.*, p. 375.
80. *Ibíd.*
81. *Ibíd.*
82. Véase la trayectoria inquisitorial de esta obra en Espinosa, Germán, *Los cortejos del diablo. Balada de tiempos de brujas* Edit. Alfa, Uruguay, 1971, 2da. Edic.

IV. ESOTERIA AFRO-EUROPEA Y AMERICANA

1. Influjos africanos y europeos en América

Generalmente se admite que los primeros negros, fueron importados a América, por la Casa de Contratación de Sevilla, con aprobación del Rey Fernando en 1510. La historia cita a Gomenot como uno de los primeros negreros, quien de acuerdo con la autorización dictada por Isabel la Católica debió de introducir los primeros cuatro mil negros en América. Continuaron su labor los alemanes Sailler y Cigner en 1528, seguido por el español Gómez Reynel quien en 1594, obtuvo el monopolio para España y Portugal, unidos en ese momento bajo la tutela de Felipe II. José Antonio Saco afirma en su *Historia de la esclavitud de la raza africana en el Nuevo Mundo,* que desde el 1501 se había comenzado la «trata» de negros, pero que sólo se autorizó cuando llegó Ovando. El hecho importante es que la influencia negra ha de impartir un nuevo carácter a los países hispanoamericanos, como portador de una cultura, que al igual que la indígena y la europea, es rica en sus cosmogonías, sus teogonías, sus mitologías y su folklore. Sus repercusiones se diluyen en el mestizaje y su influencia perdura en América a través del arte y la cultura. Lo que interesa para nuestro tema es el valor de sus creencias y de sus supersticiones, dentro de la esoteria literaria hispanoamericana. Gonzalo Fernández de Oviedo, en su *Historia general y natural de las Indias,* nos da importantes noticias sobre los negros y en referencia a la rebelión del Cacique Enrique, en la Española, cito:

> «... cada día se iban e fueron a juntar con este Enrique e sus indios, algunos negros, de los cuales ya hay tantos en esta isla, a causa destos ingenios de azucar, que parece esta tierra una efigie o imagen de la misma Etiopia. Por cierto, si el almirante don Diego Colón, el año mil quinientos e veinte e dos años no fuera tan presto en el remedio de la rebelión de los negros en aquella sazón desde su ingenio e hacienda se principio (cómo se dijo en libro

precedente) pueden ser que fuera necesario requestar esta isla de nuevo e que no dejaran... negros alzados.»[83]

Como todos sabemos la llegada de estos núcleos africanos transplantados de Costa de Oro, Congo, Angola, Dahomey, Calabar y Costa de Mina, supuso nuevas adquisiciones culturales, religiosas e ideológicas; aunque en aquel momento, los recipientes de tales concentraciones tribales conocidas como: los yorubas, bantúes, wolog, manding, carabalíes, kromanti, fanti-ashanti y otras, no se percataron de que ellos también eran portadores de un sistema cultural. Respecto a eso dice Roger Bastide en su obra *Las Américas negras*:

> «El interés por el estudio de las civilizaciones africanas en América surgió tan sólo hace unos años. Hubo que esperar a la supresión de la esclavitud, pues hasta entonces en el negro sólo se veía al trabajador, no al portador de una cultura.»[84]

La historia muy bien ha recogido la polifacética gama de la simbología humana, que al contacto con la naturaleza, dio imagen a las antiguas religiones. El culto a la piedra y al menhir, se generalizaron y así quedaron como un testimonio de las costumbres y de las creencias que penetraron en el alma humana, como signo y huella de las colectividades. Esos monumentos como los monolitos, las pirámides y los obeliscos, permanecieron inalterados en el tiempo y como testigos del mismo; recuerdan los antiguos ritos druídicos y los ancestrales cultos al sol y a la luna. La piedra, el caracol, la serpiente, el falo, han sido símbolos de innumerables culturas, que se mantuvieron vivos hasta la difusión del cristianismo. Las culturas africanas también manifiestan sus cosmogonías milenarias en hermosos y exóticos contextos llenos de ingenuidad y fantasía. Los tambores juegan un singular papel en todos sus rituales y al compás de sus variados tum tum: el monte, la llanura o la playa parece renacer entre las sombras del presente-pasado que esas antiguas mitologías religiosas reviven en América. Zeus, Cibeles, Saturno, parecen renacer en estas culturas a través de nuevas deidades y versiones. A continuación divido el capítulo en una serie de acápites, para ubicar al lector dentro de los determinados conceptos, creencias, e ideas referentes a las variadas mitologías, cosmogonías y creaciones literarias, que han sido el resultado de estas religiones populares conocidas en América como la Santería, el Vodú y el Candomblé y que al unirse al elemento cristiano han produci-

---

83. Fernández de Oviedo, Gonzalo, *Historia general y natural de las Indias*, Cap. LV, Madrid, 1959, p. 192.

84. Bastide, Roger, *Las Américas negras*, Editorial Alianza, Madrid, 1969, Introducción, P. I.

do un sincretismo notable en lo religioso, cultural y literario. Este hecho es aún más significativo porque a estas religiones se le adhieren las innumerables supervivencias brujeriles europeas y las distintas doctrinas espíritas. Esta amalgama ha producido diversas y confusas definiciones respecto a la brujería, la hechicería, los brujos y sus creyentes; por eso he creído oportuno matizar diversas opiniones de autores europeos y americanos que ofrecen autorizadas explicaciones sobre estos términos fundamentales para nuestra tesis. Como un elemento unificador y representativo a la vez de lo brujeril en Europa, pero que muy bien puede transferirse a lo brujeril americano destacamos la obra *El retrato de una bruja,* de Luis de Castresana, que por la calidad de su contenido histórico-literario y por el evidente sincretismo de que hace gala merece señalarse por su gran valor. Incluyo además algunos datos sobre la *Payesería* paraguaya porque fundamenta uno de los cuentos analizados en la tesis.

2. Brujería, Santería y Esoteria

a. Cuba

Hemos señalado varias veces a Cuba como uno de los lugares más singulares, que desde los primeros días de la colonia hasta 1880, recibe continuados contingentes de negros que comprende toda la vasta gama tribal africana. Durante este lapso se produce el mestizaje y el español se constituye en la lengua unitaria y de convivencia: sin embargo, ni la acultura ni la transculturación consiguieron atenuar o romper la permanencia de los lazos religiosos que los constantes influjos africanos sustentaron en la raíz del pueblo negro. La vitalidad y la trascendencia de las culturas africanas en Cuba se conservaron vivas a través de la Santería criolla y de los grupos sociales conocidos como «cabildos» o «naciones». Este hecho demuestra la primigenia manifestación ordenadora y estructural que ha de garantizar quizá la permanencia y la unidad del mundo afrocubano.

Cuba, al igual que Santo Domingo, Haití y Puerto Rico hay que comprenderla desde este momento cultural, indispensable para entender la africanización de América. Esto mismo ocurre en los países en donde prevalecen las raíces indígenas, que cambian totalmente la idiosincrasia de los mismos. En el caso de Cuba, Fernando Ortiz, Lydia Cabrera, Hilda Perera, Ramón Guirao, Nicolás Guillén, Emilio Ballagas y otros han señalado esta presencia fundamental que se manifiesta en las tradiciones orales y escritas del pueblo.

Nuestra tesis se apoya fundamentalmente en varios elementos esotéricos de estas culturas vitales que luego pasan a la literatura con gran expresión artística y creadora. Lydia Cabrera, es una de nuestras autoras relevantes respecto a Cuba, porque en ella convergen distintas vertientes tales como la de antropóloga, etnóloga, escritora, y sobre todo, interpretadora y conservadora de este caudal histórico-cultural afrocubano. Su obra es polifacética. *El monte* y *Anaforuana* son estudios serios etnológicos y antropológicos. Sus *Cuentos Negros* y *Por qué* recogen toda la amplia gama temática que va desde las mitologías y las cosmogonías lucumíes, congas y carabalíes, hasta la ficción mágica-realista en un sentido esotérico. Sus artículos, sus prólogos y su obra en general matizan arquitectónicamente el sincretismo cultural de su pueblo. Lo más importante de su creación radica, en mi opinión, en que su obra ha sido el producto del trabajo de campo, cara a cara con sus sujetos-informantes, unida además a la reinterpretación de los cuentos atesorados por sus nanas negras que salieron luego de los vericuetos de su alma, produciendo a partir de los años vividos entre París y Cuba una rica interpolarización de ausencias y presencias, que se manifestó luego en su obra creativa e histórica, en una forma lírica, poética y artística. *El monte* es la primera obra americana sobre la religión, la magia, las supersticiones y el folklore de los negros criollos de Cuba. En ella explica con singular lirismo el sentido cosmogónico de estas culturas africanas, que en Cuba se popularizan a través de las corrientes yoruba-lucumíes, congas bantúes y ñánigas-carabalíes. La cultura yoruba domina, en Cuba como en Brasil, a las bantúes y las carabalíes. Esta influencia yoruba se revela en el carácter de las creaciones mitológicas cubanas frente a la naturaleza y sobre esto escribe Lydia Cabrera:

> «Persiste en el negro cubano, con tenacidad asombrosa, la creencia en la espiritualidad del monte. En los montes y malezas de Cuba habitan, como en las selvas de Africa, las mismas divinidades ancestrales, los espíritus poderosos que todavía hoy, igual que en los días de la trata, más teme y venera, y de cuya hostilidad o benevolencia siguen dependiendo sus éxitos o fracasos. El negro que se adentra en la manigua, que penetra de lleno en un "corazón de monte", no duda del contacto directo que establece con fuerzas sobrenaturales que allí, en sus propios dominios, le rodean: cualquier espacio de monte, por la presencia invisible o a veces visible de dioses y espíritus, se considera sagrado. "El monte es sagrado" porque en él residen, "viven", "las divinidades". "Los Santos están más en el Monte que en el cielo."» [85]

Las diversas versiones de sus informantes coinciden sucesivamente en el siguiente concepto sobre *El monte*:

85. Cabrera, Lydia, *El monte. Igbo Finda*, Colección Chicherekú, Cap. I, La Habana, s. a., P. 1.

«Engendrador de la vida, "somos hijos del Monte porque la vida empezó allí; los Santos nacen del Monte y nuestra religión también nace del Monte... Todo se encuentra en el Monte... los fundamentos del cosmos... y todo hay que pedírselo al Monte que nos lo da todo...".»[86]

El monte equivale a la tierra, en su sentido de Madre universal y fuente de vida:

«En el Monte se encuentran todos los Eshu, entes diabólicos: los Iwi, los addalum y ayés o aradyés, la Cosa-mala, Yyondó, espíritus oscuros, maléficos, que tienen malas intenciones, toda la gente extraña del otro mundo, fantasmal y horribles de ver. Animales también del otro mundo, como Keneno, Kiana o Kolofo. ¡Aroni, que Dios nos libre! El clarividente, solitario en la manigua enmarañada. Apercibe las formas estrambóticas e impresionantes que para el ojo humano asumen a veces estos trasgos y demonios silvestres que el negro siente alentar en la vegetación.»[87]

El poder mágico y sobrenatural que se atribuye al monte, humedece todo el ideario y la vida del negro en Cuba, Haití, Brasil, Jamaica y otros lugares donde árboles y plantas son símbolos de la magia, del poder y de la medicina. La flora es arma de dos filos, porque sirve para curar y enfermar, para luchar y prevenir, como antídoto al hechizo, al maleficio y al «trabajo». La palabra «trabajo» en Cuba y Puerto Rico, e inclusive Santo Domingo, se refiere al objeto, talismán o brebaje que se hace con fines de brujería. La persona que está «trabajada», está embrujada y el que hace un «trabajo» es el brujo o hechicero. Así que muchas plantas como el «anamú», la «albahaca blanca» o «morada», la «yerbabuena», son efectivas para romper dichos trabajos y las personas suelen usarlas a través de «baños de limpieza». Otras veces se toman dichas plantas u otras, y con ellas se va al mar para frotarlas como jabón y despojar así a la víctima de sus malos espíritus. Ese poder mágico que el negro atribuye a árboles y plantas, muy bien lo reitera Lydia Cabrera en el citado libro:

«Arboles y yerbas, en el campo de la magia o en el de la medicina popular, inseparable de la magia, responden a cualquier demanda. No es de extrañar que consideradas como agentes preciosos de la salud y de la suerte, nuestros negros y quizá debíamos decir nuestro pueblo, que en su mayoría es mestizo física y espiritualmente, tiene por lo regular un gran conocimiento de las virtudes curati-

86. *Ibid.*, Cap. I, p. 1.
87. *Ibid.*

vas que atribuye a los poderes mágicos de que están dotadas las plantas. Curan porque ellas mismas son brujas.»[88]

Respecto al valor de las plantas en su amplio sentido benéfico o maléfico, la escritora Cabrera ofrece varios capítulos en donde recoge las acepciones lucumíes y bantúes y sus determinados usos mágicos y curativos.

> «En el campo, en honor de la verdad en la misma Habana, las boticas no han podido hacerle una competencia decisiva a la botica natural que todos tienen al alcance de la mano en el matorral más próximo, con los nombres pintorescos, a veces obscenos, de las yerbas más vulgares. El bicarbonato no goza de mayor prestigio que el cocimiento de la albahaca morada de Oggún o de la mejorana de Obatalá y para el menor achaque físico o contratiempo, para aclarar la estrella de un destino que se nubla, cualquier mujer blanca de la tierra, sin que necesariamente sea iyalocha-sacerdotisa, nos indicará una serie de yerbas que le inspiran más confianza que las medicinas del farmacéutico, en las que no actúa, como en las plantas, un poder espiritual, y aquéllas, que según la fe o la experiencia de la fe del pueblo, combaten mejor la mala suerte o la "salación".»[89]

La «salación» se refiere a las desventuras y a las calamidades que provocadas por medio de la brujería, le dan mala suerte a la víctima.

Los mitos, las leyendas y las fábulas de los panteones yorubas, bantúes y carabalíes son infinitas y variadas. No se sabe qué prevalece más en estas creaciones, si el elemento fantástico o el onírico. El constante elemento unificador es el realismo-mágico, en su particular sentido de transformar el mundo de los objetos y la naturaleza en entes fuera de este mundo. Lo fantástico lo subyuga todo. La admisión implícita de lo sobrenatural, carece del temor que en otras culturas prevalece y eso le da un carácter absolutamente mágico. En estas culturas yorubas, ararás, dahomeyanas, fanti-ashanti, bantúes, los cuadros mentales-religiosos y sus patrones culturales están enmarcados dentro de un plano de correspondencia que se ven naturalmente claras en sus complejos rituales llenos del simbolismo de las antiguas religiones paganas. La palabra, el rito, la invocación mágica, acompañada de toques de tambores y significativos objetos como piedras, caracoles, cocos, calabazas, adquieren un hermoso y subyugante ribete mágico.

En la concepción religiosa del pueblo afro-cubano se distingue entre la Regla de Ocha (Yoruba) y la Regla de Mayombe (o Palo

---

88. *Ibíd.*, p. 17.
89. *Ibíd.*, p. 18.

Monte) (Bantú) conocidas popularmente como «Regla Lucumí» y «Regla Conga». Regla significa culto o religión y corresponde a los dos grupos étnicos que mayormente predominan en Cuba. Por eso distinguimos entre yoruba-lucumí, congo-bantúes y carabalíes-ñáñigos, porque aunque la cultura yoruba dominó a todas, el sincretismo operado, aún permite distinguir diferencias fundamentales entre unas y otras etnias. Lo significativo del hecho es que todas influyeron fundamentalmente en la historia cubana a través de sus mitos, sus lenguajes, sus cosmogonías y su folklore. El «palo» como tal, representa al cetro que dentro de los rituales lucumíes, congos, o carabalíes, es fuente de poder para el «brujo», «babalawo» o «iyalocha» que protege o ataca al hombre:

> «"Un palo", musi o inkunia nfinda, un espíritu nos ataca y con otro nos defiende el brujo. Causan un bien o un mal según la intención de quien los corta y utiliza.» [90]

La hibridación negra en Cuba, es la misma que se produce en casi toda el área del Caribe y en muchos países de Centro, Sur y Norte América. El «Year Book» de los años 1931-1932, publicado en Estados Unidos, destaca la cantidad de 1,850,000 esclavos, introducidos en las colonias españolas, inglesas y francesas, entre el 1666 hasta 1800. Las fuentes de tráfico variaron y generalmente los anglosajones importaron negros de Costa de Oro; los españoles: del Congo, de Angola, la Costa de Guinea y así sucesivamente. A partir de 1666, los negros saturan América y así se advierte su presencia en todo el Caribe, Venezuela, Colombia, Perú y Argentina, donde estaban agrupados en «naciones» con sus reyes y sus gobiernos. En Montevideo había seis provincias: Gunga. Guanda, Angola, Munjoto, Basundi y Bona. En Perú, Ricardo Palma, habla de «naciones»: Angola, Caravalíes, Mozambique. En Haití las «naciones» se han conservado en forma de las sectas religiosas *Rada* y *Congas*. En Cuba, Fernando Ortiz habla de las «hermandades» conocidas por cabildos y de las «naciones» nganga, lucumí y carabalí. Lydia Cabrera hace una valiosa aportación sobre *La sociedad secreta Abakuá,* en su obra, próxima a publicarse en Madrid, *Anaforuana. Ritual y símbolos de la iniciación en la sociedad secreta Abakuá*. En la citada obra ella explica el valor de la cultura ñáñiga en Cuba:

> «La Sociedad secreta Abakuá tuvo su origen en los antiguos cabildos de esclavos carabalí, precursores en Cuba, con los de otras tribus o naciones africanas, de las sociedades de Recreo y de las de Socorros Mutuos que se multiplicarían más tarde en aquella Isla. Estas agrupaciones de ñáñigos, como se les llama corrientemente

90. *Ibid.*

con secular desprecio, se denominan Potencias o "tierras", Juegos o Partidos. De todos estos términos nos serviremos aquí.
La confraternidad tuvo siempre por objeto, en lo social, prestar ayuda económica a sus individuos en momentos de necesidad, con el producto de cuotas mensuales que aseguraban un fondo común; y en lo secreto, protegerlos por medio de una alianza con poderes espirituales, contra lo que llamaremos los peligros imponderables, tales como maleficios o "daños", ataques de brujos que se valen de fuerzas maléficas para obstruccionar la suerte, arruinar la salud y el alma, provocar la enfermedad y la muerte y causar todo género de quebrantos.
Los obonekues —cofrades— deberán amarse y servirse como hermanos y guardar la más absoluta reserva sobre el culto de Ekue y los ritos herméticos de la confraternidad: éste es el primer compromiso que contraen al iniciarse. La liturgia se celebra a puerta cerrada y sólo entre adeptos, en el interior del Fambá o cuarto sagrado destinado al Secreto, en las casas que ocupan las Potencias o "tierras".
Los signos que se dibujan en el cuerpo del recipendario para las pruebas de iniciación —"rayas", "fimbas", "marcas"— lo unirán hasta la muerte y más allá de la muerte, a la fuerza misteriosa que veneran, a los espíritus de los antepasados y a sus hermanos en la religión, con lazos más estrechos que los del parentesco sanguíneo.
Cada Potencia o grupo se compone de trece a veinticinco "Plazas", dignidades, individuos que con el grado de Abasekiñongo desempeñan los cargos de su gobierno, asumen la jefatura con sus asistentes y ejecutan los ritos; y un número ilimitado de iniciados, Abasekesongos.
La importancia de una Potencia depende del número de sus iniciados y de las "ramas" o nuevas agrupaciones que hayan surgido de ella.
La Sociedad es exclusivamente de hombres; no admite mujeres en su seno. Ekue las rechaza, así como a todo lo que se relacione con su género. Sobre esta repulsa ineluctable del poder que adoran los obonekues, se nos ofrecen varias versiones. Ciertamente fue una mujer, Sikán, la Sikanekue, que todos los "moninas" —cofrades— consideran como una madre (Akanarán), quien halló en la margen del río que bañaba el territorio de su padre, rey de la tribu Efor, un pez, Tanse o Tansi, cuya forma extraordinaria animaba un espíritu sobrenatural —o el espíritiu de un antepasado—. Pero aquella mujer reveló el secreto del prodigioso hallazgo, que debía mantenerse inviolado, y en justo castigo fue sentenciada a muerte o se la sacrificó por pura necesidad religiosa.
La indiscreción sacrílega o la deliberada traición de Sikán al casarse con el príncipe de la tribu de Efik, que codiciaba el secreto de los Efor, determinó que las mujeres fuesen apartadas de las ceremonias y misterios de los ñáñigos.»[91]

91. Cabrera, Lydia, *Anaforuana. Ritual y símbolos de la iniciación en la sociedad secreta Abakuá*, Ediciones Erre, S. A., Madrid, 1973, p. 5.

La obra *Ecue-Yamba-O* de Alejo Carpentier, se nutre principalmente de este culto, que es particularmente misógino respecto a algunos de sus rituales, como el de «Fambá». La creencia de que la mujer, a causa de su período menstrual, es un ser impuro, la excluye de muchos ritos. Respecto al hecho citado, escribe Lydia Cabrera en *Anaforuana*:

> «Su inferioridad biológica, su naturaleza sucia... es esencialmente el motivo que las elimina de la religión de los hombres de Ekue. La misma exclusión pero limitada a la duración de las reglas, se observa en todos los cultos africanos que se mantienen en Cuba. Entonces deberán abstenerse de concurrir a actos religiosos, o penetrar en los cuartos de los Orishas, Vodús o Ngangas, y si son sacerdotisas, de tocar nada sagrado ni aproximarse a los Santos, Orishas o Mpungus.» [92]

Esas sociedades, llamadas «cabildos» o «naciones», mantuvieron en gran parte la unión y la coherencia de grupos étnicos, que habían roto todos los lazos con la patria ancestral. Las supervivencias de sus cultos y sus rituales fueron los únicos medios para conservar la herencia religiosa-cultural, que al conservarse viva, pasa con carácter único y singular a la panorámica cultural de la América hispana y anglosajona, con su música, su folklore y su literatura. Sin embargo, la presencia negra en el arte vino desde Francia como secuela del expresionismo y el dadaísmo, pasando luego al ballet, a la literatura y a la pintura, donde los pintores del «fauno» impartieron un nuevo fuego a los creadores literarios. Esos creadores, sin inhibiciones, pasan a tomar aquella riqueza mágica, que se retrata luego en la obra de Luis Palés Matos, Nicolás Guillén, Gerardo del Valle, Rómulo Lachatañere, Lydia Cabrera, Ramón Guirao, Fernando Ortiz y otros.

Las visiones de las diversas interpretaciones del tema negro, han llevado a ciertos prejuicios, que por el carácter de la misión inferior del negro en la sociedad, ha sido tildado a veces de vulgar e inmoral. Cuando Lydia Cabrera publicó su obra en la edición francesa, *Les contés negrés de Cuba,* suscitó mucho entusiasmo, no sólo por su contenido poético y la develación del mundo mágico afro-cubano, sino porque fue la primera obra de una escritora habanera que penetró en este mundo, por un anhelo de volver a lo suyo, ya que antes había escudriñado en el misterioso oriente. Esos cuentos tienen un significativo valor, porque desgajan todo ese mundo y así lo destaca Fernando Ortiz, en el prólogo del citado libro:

92. *Ibíd.*, p. 6.

«... varios de estos cuentos de los negros de Cuba son de una fase africana apenas contaminada por su culturación en el ambiente blanco, aún con los rasgos característicos de su original africanía. Reparando en éstos, alguien quiso interpretarlos aludiendo a la «profunda inmoralidad», a la "ausencia de intención didáctica", a la "ignorancia de distinguir el bien del mal", a una "facultad extraordinaria de olvido"... Pero estas visiones no son sino las perspectivas que arrancan, aunque involuntariamente, desde un ángulo prejuicioso, el del blanco, quien enjuicia al prójimo negro desde su propia moralidad y sus reacciones, aquellas que su blanca civilización le señala y que él define como *la* moralidad y *la* justicia. Para nosotros sería preferible —influjo etnográfico y evolucionista— observar no la falta de moralidad sino *una* moralidad distinta y *unas* valoraciones sociales diversas, impuestas a la conciencia de los negros africanos, por sus circunstancias, diferentes de los de los blancos, tocante a sus condiciones económicas, políticas y culturales, así en la estable y ancestral sociedad de su oriundez, como en esta americana, advenediza y transitoria. Quizá bastaría imaginar a los negros de Africa, cuya alma se refleja en estos cuentos, en un nivel algo semejante al arcaico mundo de Grecia, de Etruria o de Roma para obtener una aproximación analógica, en cuanto a las bases de su mitología y de su sistema social.» [93]

Estos cuentos relatan las leyendas de los dioses del panteón yoruba como Oboogo, Oshun, Ochosí; otros son fábulas de animales: el toro, la lombriz, la gallina y, sobre todo, la jicotea. La jicotea es para los yorubas el símbolo de la sabiduría y la astucia, vencida a través de la persistencia y de la paciencia. La edición *Cuentos de jicotea* es un bello tratado donde toda la gama del genio de la jicotea se proyecta con singular encanto. Predomina en la autora un gran dominio estilístico y poético a la vez.

Los *Cuentos negros de Cuba* son magistrales. El cuento *Arere-Mareken*, del citado libro, es símbolo de la jicotea-amor, de ese amor que supone los sacrificios del amor ajeno y prohibido. Estos cuentos recogen toda la esencia de un pueblo que guarda para sí todas esas supervivencias de un mundo, en donde la ausencia ancestral se hace presencia vitalizadora y eterna. En el cuento *Se cerraron y volvieron a abrirse los caminos de la isla*, del libro *Por qué,* [94] nos narra cómo el Diablo, Okurri Borokú, fue vencido por la astucia de los gemelos, los Ibeyes... y «vencido al Diablo, desendiablada, libertada la isla, reaparecieron los caminos sin que fuese menester que el hombre, de nuevo, tuviese que trazarlos y rehacerlos con el sudor de su frente».

---

93. Ortiz, Fernando, Prólogo a *Cuentos negros de Cuba*, Colección del Chicherekú en el exilio, Madrid, 1972, p. 8.

94. Cabrera, Lydia, *Por qué*, II Edic., Madrid, 1972, p. 24.

Por qué, recoge igualmente todo ese mundo de fantasía africana, que cobra color y calor especial al conjuro de la palabra precisa y centelleante de la autora. Ella capta magistralmente la polifacética policromía ancestral de dioses, diosas y sacerdotes, que uncidos, por el misterio enervante de la manigua y del monte, alcanza ribetes de insospechada belleza. Entre los cuentos destaca, por su contenido mítico-lírico y su evidente maestría lingüística, rica en imágenes visuales y auditivas: *Las narigüetas de los negros están hechas de fayanca; Brillan los cocuyos en la noche; Se hace Ebbó; Cundió brujería mala; Las mujeres se encomiendan al árbol dagame.* En el cuento *Se hace Ebbó,* se describe la esencialidad de la religión popular eminentemente yoruba, aunque con influencias bantúes y que se conoce como *Santería.* La Santería como tal, es una religión producto del sincretismo de elementos africanos, españoles-católicos y espiritistas. Hacer un *Ebbó* dentro de este sistema religioso, consiste en un sacrificio propicio, que puede ser una ofrenda o una dádiva que se hace a los Orishas, para conquistar su protección. A continuación cito a Lydia Cabrera para explicar algunos de los conceptos de la Santería:

> «El Orisha es el Dios de la mitología yoruba. Es el intermedio entre los hombres y el Ser supremo. Están representados por piedras, el espíritiu del Orisha viene a la piedra, el Otán, y en ésta recibe la sangre de los animales que se les sacrifica. *Otán,* la piedra del Santo, viene a ser el sagrado receptáculo de la divinidad, que una vez sacrificada, "bautizada", (lavada con "omiero" y ungida con aceite de corojo), habita en ella: morada y emblema del Santo. En ella el espíritu del Orisha absorbe el "Ache" de la vida que contiene la sangre (Eyé).» [95]

El asunto de este cuento, es la historia de cómo la deidad Orula al robarle la guadaña a Ikú (la muerte), la debilita y en adelante Orula es más poderoso que la muerte.

Cito a continuación la magnífica descripción que de la Santería cubana hace Lydia Cabrera en el citado cuento:

> «Rebulle la santería. Allá van las Mamalochas a casa de Babalowo: sofocadas, importanciosas, almidonadas, contoneándose y agitando enfáticamente el aire con sus abanicos de guano ribeteados con los colores simbólicos de sus Orishas. Las de Obatalá, inmaculadas como nubes, como las blancas palomas de su Santo que es el amo de las almas; las cabezas envueltas en pañuelos blancos, blanco traje volandero y manillas y argollas de fina plata; collares de perlas y ópalos.

95. *Ibid.,* p. 253.

Las hijas de Ochún —la Dueña bella de los ríos y del oro— "mujer chiquita que gobierna el mundo" —Santa ramera— se visten de amarillo, se adornan de ámbar y oro. Las de Yemayá-Olókun, su hermana, la Señora del mar poderosa, van de color de mar y nube blanca. Llevan perlas azules, joyas de plata (de plata que es rielar de luna en las olas).
Las Iyalochas de Changó guapean llenas de corales; todas son arrogantes como su padre el Fuego y arden en percales rojos. Las de Oyá —la lanzadora de la centella, Señora brillante del aire, de los espejos y traslumbres celestes, Diosa de la Sepultura—, lucen trajes vistosos compuestos con retazos de diversas formas y de todos colores; mientras las hijas de Elegguá, el Señor de los caminos y los quicios, el mensajero de los Dioses, visten sobriamente de negro. Y de un morado como de vino, de flor de verbena o caimito, las Malochas de Oggún —el Santo bravo que hizo al mundo habitable, el infatigable herrero y guerrero, cabeza de piedra y cuerpo de hierro, dueño de los metales cuyo espíritu reside en el machete, en las armas y herramientas; y las del cazador Ochosi, inseparable de Oggún, fuerte Dios del bosque y de los animales selváticos, que están a su mando. Las de Inle, el médico divino, Santo misterioso que ya rara vez baja a posesionarse de las cabezas, patrón de las mujeres que se aman entre sí, tienen que vestir de rosmarino. Van de anaranjado y blanco las Nanachúchas que adoran a los Ibelles; y de coletilla o áspero henequén, las hijas del viejo leproso Babaluayé, dueño de todos los granos: de la viruela... y del maíz. Día memorable fue aquél para la Santería. Se le ofrendaron a Oyá chivas, palomas, gallinas negras y gallinas de Guinea; bollos, cocos, caimitos, naranjas dulces y plátanos indios. El Eko, la miel de abejas y la manteca de corojo, el pescado ahumado, el maíz tostado y ecuté, la jutía; ¡más nueve onzas de oro, nueve centenes, nueve doblones, nueve pesos plata, nueve pesetas, nueve reales, nueve perras gordas con nueve perras chicas y nueve géneros de colores!.»[96]

Esta descripción artística-poética de la Santería cubana que hace Lydia Cabrera ha sido objeto de serio y detallado estudio por ella y por Fernando Ortiz, Roger Bastide, Rómulo Lachatañere, Carlos Echánove y en ellos me apoyo de ahora en adelante, para ofrecer diversos datos que conforman el valor de la Santería, no sólo como religión popular cubana de gran arraigo, sino como elemento sustentador de vida, que pasa con vitalidad a la diaria convivencia, pasando así por derecho propio a la literatura y a toda la gama del arte. El valor de la africanía, de la «negritud» en su amplísima aportación negativa o positiva ha sido muy bien destacada por antropólogos, etnólogos e historiadores como Melville Herskovits, William Bascom, Bronislaw Malinowski, José Antonio Saco, Luis Alberto

96. *Ibid.*, pp. 209-211.

Sánchez y muchísimos más que aparecen citados en la bibliografía. Lo que interesa para el tema de la tesis es lo que atañe a la Santería como hecho vital y que apoyo en los datos que he conseguido recoger a través de entrevistas personales con Lydia Cabrera y Julio Caro Baroja; además de manejar textos de primera mano como los de la citada Lydia Cabrera, Hilda Perera, Rómulo Lachatañere y Carlos Echánove. Por ende, he de remitirme constantemente a estos juicios respecto a las fabulaciones-mitológicas afroamericanas que, como dije antes, pasan a la narrativa de Alejo Carpentier, Lydia Cabrera, Ramón Guirao y a la poesía de Luis Palés Matos, Nicolás Guillén y otros. Estas elaboraciones son predominantemente africanas, pero otras, y en eso radica su gran belleza, son hijas del sincretismo que por interacción y convivencia, conciliaron y vincularon en América doctrinas, idearios y sistemas culturales diferentes, que a esto es lo que llamamos sincretismo y que distinguiremos oportunamente en las obras literarias escogidas. Volvamos pues a la *Santería cubana,* que como religión popular sustenta un sistema complejo que es necesario dilucidar a través de estos especialistas del tema. Lo primero que conviene destacar es la distinción que existe entre *brujería* y *santería.* Esa vertiente la destacan muy atinadamente Rómulo Lachatañere, Carlos Echánove, Julio Caro Baroja y Luis de Castresana. El cubano Rómulo Lachatañere hace la siguiente distinción en su *Manual de santería:*

> «*Brujería* y *echar brujería,* son dos ingredientes de las creencias afrocubanas, que nosotros hemos aceptado bajo el nombre de la Santería, respetando el criterio afrocubano por encima de la aplicación intelectual de la denominación la *Brujería,* para nombrar estas creencias indiscriminadamente. Si se pregunta a un *santero* qué entiende por *brujería,* dirá que ésta constituye una práctica conducente a causar calamidades. Si se insiste en una explicación más detallada aparece lo sobrenatural. Un objeto determinado, aún una persona, tiene brujería, posee ciertas cualidades maléficas "naturales" que conducen a calamidades. Una familia cambia de domicilio y es posible que la nueva casa tenga brujería, bien porque los anteriores vecinos la dejaron, o porque la casa está habitada por un "espíritu atrasado" que derrama su mala influencia, como pulverizada por un vaporizador. La casa textualmente está embrujada, pero el santero dice tiene brujería y combate ésta.
>
> La familia inmediatamente toma precauciones. Hace limpiezas, agencia trabajos. La cabeza de familia se inmuniza con una técnica eficaz. En los albores de la mañana arroja porciones de agua a la puerta y guerrea la brujería con destreza, al fin logra evadir el maleficio. En el transcurso de esta lucha, toda persona que pase cerca de los sacrificios depositados en "las cuatro esquinas de la casa", por ejemplo, evadirá pisarlos. Si ve el agua derramada en la acera, tornará el camino. En ambos casos es meticulosa en tomar

esas precauciones, porque sabe que esos ingredientes han absorbido el poder maléfico y cualquier contacto implica la absorción de la salación, alojada en los ingredientes. Aquí la brujería actúa como un poder sobrenatural, sin el control personal encaminado al mal.» [97]

Luego dice:

> «Casos como el mencionado corresponden al tipo de brujería bajo el control del individuo divorciado de la esencia religiosa de la Santería, y cae en el dominio de la técnica de echar brujería. Obvio es decir que la Santería mantiene en ancho margen la técnica de echar brujería, pero a su vez la discrimina en un grado tan saliente, que es fácil notar la diferencia. Jamás se mezclan, constituyen "la mezcla del aceite y el agua". Por otra parte, la Santería combate la técnica de echar brujería y contiene los ingredientes más eficaces para destruir el poder maléfico de la brujería, aunque nunca se convierte en un elemento moralista, porque estas creencias por la misma influencia del medio, no pretenden dar una contestación adecuada en cuanto a la actitud complaciente de sus seguidores para controlar la brujería, sino que actuando bajo el principio de *laissezfaire,* entregan la solución del problema, a la conducta del individuo reaccionando en el ambiente.» [98]

Su conclusión respecto a la santería es la siguiente:

> «Los hechos mostrados en la presente exposición bajo ninguna forma constituyen una solución definitiva del problema tan intrincado como el de la religión de los afrocubanos, pero sí pretenden afirmar la existencia de tal religión, la cual con una mayor auscultación en las culturas negras en transición en el suelo cubano, constituye un material de decisiva importancia para la comprensión en vías de solución del no resuelto problema de los afrocubanos como factor étnico en la sociedad cubana.» [99]

El sociólogo mexicano Carlos Echánove ofrece una valiosa aportación sobre la santería cubana, muy bien documentada por los datos proporcionados al autor verbalmente por el célebre y respetado «babalocha» cubano Reiniero, quien le invitó a uno de los más importantes rituales dedicado a «Changó», Orisha que después de «Obatalá», sincretizada en el ritual católico como Nuestra Señora de las Mercedes, es el santo más poderoso y venerado en la hagiografía santera. Esta fiesta se celebra el 4 de diciembre en Cuba, Puerto Rico, Miami y en todos los sitios donde se profese la santería. Changó, en el rito católico es sincretizado, pese a su sexo masculino,

---

97. Lachatañere, Rómulo, *Manual de santería, El sistema de cultos «Lucumís»,* Edit. Caribe (Tip. Flecha), La Habana, 1942, Cap. VI, pp. 66-68.
98. *Ibíd.,* p. 66.
99. *Ibíd.,* p. 72.

con Santa Bárbara. Este santo es guerrero, su símbolo es la «piedra de rayo», su bandera es roja y su espada es de madera. Su «aché» o poder le hace dueño del rayo y de los tambores. Los elementos sacrificiales son el carnero, el chivo, el plátano atado con una cinta roja y se le suele ofrecer ron y tabaco. En China es conocido como «Sanfacón» y como dice Lydia Cabrera, era muy común ver en casas de «santeros» y «santeras» cubanas las «litografías de Confucio importadas por los comerciantes chinos». Los mayomberos llaman a Changó, Isasi, y como es el más fuerte de los Orishas, es respetado por lucumíes, congos y blancos. Partiendo de la obra de Echánove, «*La santería cubana*», cito algunos fragmentos importantes para el tema de la tesis y significativos por el carácter del autor, quien destaca tal fuente como de primera mano y así expresa:

> «Yo escuché de labios del mencionado babalocha Reiniero algunas críticas ... Una de ellas se relacionaba con la impropiedad cometida por otro santero al sacar a la calle, en procesión, a una imagen de «santo» que, conforme a la ortodoxia, nunca debía ser exhibida en la vía pública.» [100]

La obra de Echánove, además de su testimonio, señala el carácter moral y la pureza del ritual, en donde el babalocha, uncido de respeto hacia el ceremonial, viste de blanco. Cito pues:

> «Los elementos africanos de la "santería" provienen de varias regiones culturales del Africa Occidental, elementos que se funden en Cuba *antes* o durante el proceso de formación del nuevo sistema (creencia en demonios-influencia católica y espírita) ... En cuanto a la raíz hispano-católica ... el catolicismo español se caracteriza por un exagerado culto a los "santos" ... en un sentido "*fetichista*". Las "imágenes" de los santos llenan los templos españoles, mientras que la *hagiografía* santera y la creencia en milagros atiborran la mente de los fieles.» [101]

Respecto a la teoría santera señala:

> «... los "santos", llamados también orishas, palabra africana que designa a los démones nativos del Continente Negro. Esta doble designación expresa perfectamente la infalible simbiosis que hace la "santería" de "santos" católicos y démones paganos. En cuanto a los elementos espiríticos, manifiéstanse en las frecuentes encarnaciones o posesiones de esos "santos" respecto de sus fieles, especialmente en los sacerdotes santeros.» [102]

---

100. Echánove, Carlos A., *La «santería» cubana,* Universidad de La Habana, La Habana, 1959, pp. 6-8.
101. *Ibid.*, pp. 8-9.
102. *Ibid.*, p. 9.

Según él la santería carece de teoría explicativa respecto a los mencionados sincretismos, pero:

> «sí tiene una por lo que hace a la casi exclusiva actuación cósmica de los "santos". La "santería" se ha visto obligada a preguntarse qué sucede con Dios, el Dios único católico, dogma fundamental de la religión encontrada en Cuba e impuesta a los inmigrantes africanos, y responde: Olofi (nombre de una entidad africana máxima también) "creó el mundo", e inicialmente éste sólo estaba poblado por los santos; más tarde repartió su poder entre éstos (ese poder es el aché); de tal modo es esto así que él no interviene para nada en los destinos humanos; para eso están los santos. Por ello en los ceremoniales santeros se invoca muy poco a Olofi (sólo se le menciona muy brevemente en letanías de ritual) y sí mucho a los arishas.» [103]

Echánove alcanza como Lydia Cabrera, gran belleza lírica al hacer mención de algunas leyendas que ofrece como ejemplo de la hagiografía santera y entre las tres o cuatro descripciones que nos ofrece de las principales figuras del panteón yoruba: Changó, Orula, Yemayá y Ochún, voy a citar la leyenda de la Afrodita santera,

Ochún:

> «... la bella Ochún, que, por cierto tiene numerosos "caminos". Como dije más arriba, Ochún resulta sincretizada con la Virgen de la Caridad del Cobre. Es una orisha mulata, sensual y agraciada, dueña del río, del oro y del amor. Su color simbólico es el amarillo. Es de origen iyesá (pueblo africano) y, peregrinando, llegó a la tierra yoruba, donde se quedó. Cuando virgen, gustaba de bailar, desnuda y voluptuosa, cabe las márgenes de los ríos y junto a los ocultos manantiales, luciendo sus formas excitantes y haciendo sonar sus manillas de oro. A veces untaba su bello cuerpo con miel de abejas, que es afrodisíaca. Se presentaba otras veces en los güemileres, enardeciendo a bailadores y tamboreros con sus danzas sexuales; llegando al paroxismo de la voluptuosidad, desnudábase completamente, luciendo su cuerpo sudoroso y untado de miel, de suerte que parecía de oro... Habiendo su madre determinado casarla, anunció que sólo la daría a quien, en un concurso público, adivinara su nombre. Un travieso muchachillo llamado Eleguá, rondando una vez la casa de la doncella, logró oír que su madre la llamara por su nombre. Por dinero comunicó éste al viejo Orula (otro orisha), quien así pudo hacer suya a la bella Ochún». [104]

Es interesante observar que Ochún al casarse con Orula (Orúmila) sincretizado como San Francisco de Asís —el adivino por ex-

103. *Ibíd.*, p. 8.
104. *Ibíd.*, pp. 15-16.

celencia, dueño del oráculo, del Tablero de Ifá y del Okuele o collar de adivinación— y cuentan las leyendas que insatisfecha sexualmente, llegó a ser infiel al viejo Orula y por eso, Lydia Cabrera, por ejemplo, no repara en llamarla «puta» y el mismo Echánove dice «y a veces procede como una auténtica prostituta, entregándose por dinero». El caso es que Ochún sostuvo amores con Changó y otros. En este punto la hagiografía santera ofrece varios puntos de divergencia. Unos dicen que de sus amores con Changó nacieron los venerados gemelos conocidos como los Ibeyes u Obeyes, singularmente identificados en Brasil y Cuba como los niñitos San Cosme y San Damián. Según Lydia Cabrera los mellizos Táewo o Aina y Kaínde: San Cosme y San Damián son hijos de Oyá y de Changó. Oyá es sincretizada como Nuestra Señora de la Candelaria y su símbolo es la ceiba y el cementerio. Su «aché» o poder consiste en ser dueña del cementerio y de la muerte. En la simbología cubana es fundamental el carácter sagrado de la ceiba. En la ceiba anidan los muertos, los antepasados, todos los santos africanos y los católicos. Ella inspira por asociación una veneración profunda.[105] El carácter sagrado de la ceiba ha sido admitido por Alejo Carpentier, Lydia Cabrera, Hilda Perera y otros. Este árbol se adora en Cuba, Haití y Guadalupe. La escritora Gabriela Mistral también le ha dedicado un poema. El cuento *Kanákaná, el Aura Tiñosa, es sagrada e Iroko, la Ceiba, es Divina* de Lydia Cabrera es una bella fabulación sobre una disputa entre la tierra, el cielo, el mar y Kanákaná, conocida como el Aura, la tiñosa, ave de rapiña que se alimenta de los animales muertos y de la basura. Es negra, del tamaño de una gallina y se eleva a gran altura como nuestro guaraguao y se conoce como samuro en Venezuela, sopilote en México, chulo en Perú, chícora en Colombia. En Congo se conoce como Saura y Mayimbe-Ensuso. En lucumí, Kanákaná para los Ararás, Dajome. Es un pájaro sagrado, que como Oyá, también anida en la Ceiba. Fue la única ave que entró en el cielo, habló con Olofi y salvó a la tierra y a sus hombres de la muerte. La Ceiba y la Palma Real son sagrados en Cuba y su culto no sólo es africano sino indígena.

El ritual, la hagiografía, el sacerdocio, la iniciación de los neófitos o la consagración de un nuevo sacerdote en esta religión, supone un mecanismo complejo, que descarta toda posibilidad de considerar las religiones populares africanas, sencillas o infantiles. A eso debemos añadir su sistema esotérico, que es mucho más difícil de entender, pues lo que pasa a la literatura es su sentido exotérico. Ese aspecto es muy bien comprendido en nuestros países a través de la entrelínea o el silencio comunicador de lo entendido

105. Véase el desarrollo de esta idea en el libro *Por qué...* de Lydia Cabrera, Madrid, pp. 234-237.

por conocido. En estos rituales es muy importante destacar la brujería como un pacto con el diablo. En la Santería pura no se debe hacer «daño», y un verdadero «Santero» o «Santera» no hace «brujería» sino que la combate. El santero se ha «iniciado» dentro de un sistema que no debe traicionar; por eso, aunque los «orishas» no son muy exigentes en cuestiones de moral por ser antropomórficos, hay diversas versiones que describen a los «santos —orishas» amando y viviendo desenfrenadamente y a veces cayendo en un total desorden sexual como en el caso de Ochún. Lo fundamental dentro de la «Regla Lucumí» es que el «daño», la «brujería», en el sentido de la santería pura es obra del brujo o «mayombero», y como señalé antes, el «mayombero» es el que recibe «prenda de palo» o «kimbisa», que sirve para lo malo como para lo bueno.

Los sacerdotes santeros, que ya he dicho que se denominan «babalawos» a los hombres e «iyalochas» o sacerdotisas a las mujeres, son los llamados a contrarrestar toda malignidad. En Cuba y en Puerto Rico no se confunde a un babalawo con un «mayombero», «gangulero», «mayombe», o «muyumbe»; aunque repito, el babalawo es terrible también, pues su función estriba en romper el «maleficio», la «salación», el «hechizo», que le han hecho a uno de sus «ahijados» o «ahijadas», pues en cierto sentido el babalocha o babalawo es como un padrino. Por eso la liturgia santera pura no usa reptiles ni trabaja con los muertos para hacer cosas malignas. Hechos que de acuerdo a los «babalawos» con quienes he hablado, suelen hacer muchas personas, que sin haber sido iniciadas en el ceremonial de la Santería, «trabajan» la brujería para «amarrar» hombres o mujeres. Otras trabajan lo que se conoce como la «brujería del muerto». Estas brujas que son más «católicas» o «espiritistas» que «santeras» en el sentido estricto de la palabra, suelen «comprar» las almas de los muertos a fin de conseguir que ellos luego trabajen para ellas en la consecución de sus objetivos. En Haití, por ejemplo, y citado por Rémy Bastien, la compra consiste en arrojar unas monedas sobre el agonizante, aún en contra de la voluntad de sus deudos. [106] Para concluir, la Santería, por ser todo un sistema religioso, supone resultados seguros y eficaces, aunque a veces lentos.

Hacerse el «santo», en el ritual de la «Santería» es un complicado ceremonial con sacrificios y ofrendas que recuerda las antiguas ceremonias de purificación chibchas, en donde se solía cubrir el cuerpo del rey con oro molido y así, dorado, se llevaba en una balsa cuajada de flores hasta el medio del río o del lago, donde entre el

---

106. Bastien, Rémy, «*El vodú en Haití*», Cuadernos Americanos, en febrero de 1952, pp. 153-164.

oro y el agua se «despojaba» y se «purificaba». Hacerse el «santo» en Puerto Rico, en Cuba, en Miami y en otros lugares es una práctica común en las personas de alcurnia social o artística, que son los que generalmente pueden pagar las altas sumas de dinero que dichos ceremoniales exigen.

b. Puerto Rico

El respetado periodista y escritor puertorriqueño Alfredo Margenat ha vertido interesantes testimonios sobre la santería y la brujería en Puerto Rico, que me parece oportuno insertar, por la objetividad con que destaca una realidad actual puertorriqueña, además de expresar una serie de conceptos válidos para nuestro tema:

> «En Puerto Rico la brujería ha cobrado el empuje registrado en otras partes del mundo. Con la importación de la *santería* afrocubana a nuestra tierra, la brujería se ha puesto de moda en nuestros círculos sociales y económicos. Todo el mundo busca como prosperar, como lograr el cumplimiento de sus deseos, buenos o malos; como eliminar los obstáculos que obstruyen la apetecida felicidad, como enviar para el otro mundo al enemigo sin tener que verse envuelto en procesos criminales en los Tribunales de Justicia.
>
> Como en todas las profesiones hay brujos auténticos y hay brujos falsos. Unos tienen más poderes que otros. Unos son honestos cuando se comprometen "a montar un trabajo», y otros son meros charlatanes y embaucadores que le roban los dineros a los ingenuos e ignorantes.
>
> Algunos brujos tienen un extraordinario poder mental y no necesitan de la sugestión velada o directa para obtener el éxito deseado con sus trabajos de hechicería. El brujo verdadero trata de hacer contacto con el subconsciente de la persona que quiere levantar o prosperar, o que desea simplemente aplastar, dañar y, hasta matar. Claro está, todo depende del encargo del cliente y de lo que éste se disponga a pagar por el "trabajo". La tarifa del brujo depende de lo complicado y siniestro del "trabajo". Hay brujos que llegan a cobrar hasta $1,000 por sus hechizos, sortilegios y encantamientos de muerte...
>
> Alguien preguntará si los brujos tienen algún pacto secreto con el diablo. He conocido a muchos brujos y brujas, y he sido discípulo de algunos de ellos, pero que yo sepa, no tienen negocio alguno con el diablo. He estado con ellos en los cementerios, en las encrucijadas de los caminos y calles y he compartido sus ritos y sortilegios y nunca me han hablado del diablo ni nunca ellos ni yo lo hemos visto clarividentemente, esto es, con el tercer ojo, o con la percepción extrasensorial.
>
> En la Edad Media se perseguía, se quemaba y ahorcaba al brujo, porque según las autoridades civiles y eclesiásticas éste tenía rela-

ciones con el diablo y con sus legiones infernales. En nuestra era moderna todavía hay gente que consideran que los brujos y las brujas están en perpetua alianza con el personaje de los cuernos y el rabo.
Lo más curioso y paradójico de esta actitud es que muchas de estas personas que consideran al brujo como un aliado del demonio, lo visitan para consultarles sobre el porvenir, sobre lo que deben hacer para tener al marido sentado en un baúl, para aumentar los ingresos de un negocio y en muchas ocasiones estas gentes hipócritas visitan al brujo o a la bruja para que quiten del medio a Fulana de Tal o a Perencejo ... Yo he visto desfilar ante mi maestro Ahrimán Zito a muchas emperifolladas señoras y señoritas de la "alta sociedad" que no se pierden una misa, y que van donde el brujo para que les amarre al marido y les ayude a conquistar un novio o un amante.» [107]

El escritor chileno Pablo Garrido ha hecho un excelente estudio que también revela otro tipo de esoteria que publicó luego bajo el título de *Esoteria y fervor populares en Puerto Rico.* El objeto de su estudio es destacar:

> «... ciertas candorosas formas parasitarias del catolicismo las que han de interesar en el presente estudio... llamo formas parasitarias a ciertas manifestaciones que caen fuera de la liturgia; que, desconociendo los fundamentos teológicos, empero los intuyen por alimentarse de la portentosa verdad divina que emana de un proceso de formación moral de insospechable origen, no importa la lejanía de este último. No son formas que socavan la integridad de un concepto determinado de lo divino... No han de confundirse entonces estas formas parasitarias del Catolicismo con las prácticas supersticiosas y mágicas, de origen animístico pre, anti y extracristianas.» [108]

Sin embargo, cuando hojeamos las diversas partes de su valioso estudio que recoge las más variadas manifestaciones populares de la esoteria popular y apoyado en más de quinientos testimonios recogidos en trabajo de campo por un competente equipo, se advierte, en el caso de las oraciones cristianas, un eminente carácter mágico-brujeril. En las referentes a Santa Marta, San Antonio, San Alejo, Santa Bárbara, hay una esoteria particular. Por ejemplo, la oración a Santa Marta se usa mucho en este mundo brujeril para «atraer», «amarrar», «amansar», «dominar» o «trabajar» al sujeto amado. Para alejarlo, «San Alejo». San Antonio para «atraer» novios o ayudar a buscar cosas perdidas. Santa Bárbara cuando hay mal tiempo. Hay

---

107. Margenat, Alfredo, «*Los retadores misterios de la brujería*», Revista *Bohemia* de Venezuela.
108. Garrido, Pablo, *Esoteria y fervor populares de Puerto Rico*, Ediciones de Cultura Hispánica, Madrid, 1952, p. 23.

otras oraciones como el «Justo Juez», la «Santa Camisa», los «Doce Santos Auxiliadores» que se usan como «detentes» de seguridad y protección. La recopilación de estas diversas oraciones mágicas en los países americanos nos ofrecería otra vertiente de nuestra esoteria espiritual sincretizada con elementos católicos, africanos y espiritistas.

Estas supervivencias africanas de nuestra cultura no son advertidas en el estudio del profesor Garrido, quien afirma:

> «... Es importante advertir que la población negra de Puerto Rico proveniente de los grupos étnicos yorubas, ebos, iyesas, takakuas, eggidos (los que sólo se repiten en Cuba y Brasil), no manifiestan supervivencias teogónicas de las culturas africanas originarias. No puede decirse otro tanto de Cuba o Brasil, donde la religión yoruba se formula en muy extraños sincretismos.» [109]

En Puerto Rico, como en Santo Domingo, por ejemplo, no se han producido religiones populares como en los citados países, pero ambos denotan evidentes y diversas esoterias sincretizadas con los citados elementos. Esas influencias se advierten en Puerto Rico en las fiestas a Santiago Apóstol en Loíza Aldea y en las fiestas al Patrón de nuestra capital San Juan Bautista. En ambas festividades hay evidente sincretismo cristiano, espiritista y brujeril-africano. En la víspera de San Juan, por ejemplo, el 23 de junio, se une a todo el bullicio mágico y esotérico de la festividad, las ancestrales esoterias asturianas que giran alrededor de San Juan, tales como las judías debajo de la almohada, los papelitos echados en un vaso de agua, las agujas y alfileres, todo esto hecho con el deliberado propósito de adivinar o palpar a través de la casualidad las premoniciones de viaje, amor, muerte o mudanza. En la noche de San Juan nuestras playas se encienden de hogueras rutilantes, en donde al compás de timbas y tambores y al ron caliente, se espera entre olas y marejadas, a la medianoche, para acercarse al mar y al conjuro de diversas oraciones dedicadas al Patrón San Juan Bautista, se le pide que nos «despoje», nos «libere», nos «limpie» de los «malos espíritus», de la «mala suerte», de la «salación» y de todo lo malo.

Respecto a la esoteria brujeril de varias creencias y festividades de nuestro pueblo, opino, que no hay suficientes estudios serios que recojan esta vertiente. Por eso quizás, el profesor Garrido muy claramente dice:

> «... Adviértase, que dentro del campo de la esoteria y el fervor populares, intencionadamente no incluyo ni magia ni superstición.

109. *Ibíd.*, p. 27.

Ello será objeto de un estudio aparte, ya terminado, y que deberá aparecer en breve.»[110]

Admite el profesor Garrido, que hay evidencia magia y superstición en nuestro pueblo, sin embargo, en el citado estudio vuelve a remitirse a una postura que revela cierta incongruencia conceptual respecto a la realidad de Puerto Rico y su africanía. Cito:

> «... así presentado el cuadro étnico, ha de admitirse que lo indígena fue arrasado de raíz en los propios albores de la conquista y de las culturas africanas no hay más supervivencias que la de pigmentación, las posibles hibridaciones y formas parasitarias en el catolicismo o son mera aventura intelectual. Ni las máscaras que suelen usarse en Loíza Aldea para las celebraciones de Santiago Apóstol, ni los cantos de "baquiné" que entonan en los velorios de "angelitos" ni los "repiques" o redobles en los tambores llamados "bombas" (macho y hembra) son ni siquiera tipológicamente africanos, ya que sus manifestaciones aparecen igualmente en muchos pueblos ajenos e ignorantes de las culturas africanas.»[111]

Esta africanía ha sido destacada en Puerto Rico por Antonio S. Pedreira, Luis Palés Matos, Salvador Tió, José Colombán Rosario, Justina Carrión, Antonio Oliver Frau, Emilio S. Belaval, Enrique Laguerre, Luis Hernández Aquino y otros, que como los citados, representan diversas profesiones y posiciones frente a esta realidad puertorriqueña. Realidad que recoge una famosa plena de Puerto Rico y que entre otras cosas dice al son de tambores: «... cuando las mujeres, quieren a los hombres... ponen cuatro velas y las encienden por los rincones...»[112]

Otros estudios revelarían también la importante influencia que ejerce el espiritismo en Puerto Rico y que a mi juicio es lo que caracteriza a nuestro pueblo, fuera ya del contexto católico que es el que prevalece en la Isla. El espiritismo es una forma particular de entender la vida y un modo de comportamiento en Puerto Rico, con su consecuente adherencia a la liturgia, deberes y responsabilidades que esto conlleva. No es raro oir decir a una persona educada, ante un problema determinado, que ha ido al doctor, al psiquiatra y al espiritista. La influencia de la Federación de Espiritistas de Puerto Rico es fundamental para la historia del espiritismo. Esta organización fue fundada desde 1903 por Rosendo Matienzo Cintrón, Emeterio Bacón, Francisco Arjona y otras distinguidas personalidades del país. Esta vinculación de nuestro pueblo

110. *Ibid.*, pp. 19-20.
111. *Ibid.*, pp. 28-29.
112. Plena: «Cuando las mujeres quieren a los hombres». Puerto Rico. Compositor, Manuel Jiménez.

hacia el espiritismo ha sido destacada por la Presidente de Honor de la Federación citada, Doña Guillermina Massanet viuda de Fermaint, quien afirma: «De cada cien puertorriqueños, noventa son espiritistas».[113]

La Federación de Espiritistas cuenta con miles de adeptos que se agrupan en muchísimos centros en toda la Isla. La Señora Fermaint, además de ser una pionera en el campo del espiritismo, fue presidenta activa de esta Federación por mucho tiempo y fue además la primera mujer que ocupó un lugar en la Mesa Presidencial de la Confederación Espírita Panamericana. (C. E. P. A.). Como signo de esta influencia, cito el dato de que para el 1935, la antigua y prestigiosa Librería Campos de San Juan, había vendido más de treinta mil ejemplares del *Evangelio según el espiritismo* de Allan Kardec. Este libro se vende asiduamente en Puerto Rico y en muchos países de América. Tiene igual valor y se compra bastante un pequeño devocionario conocido como «*Nuevo devocionario espiritista, oraciones escogidas*».[114]

Muy oportuno sería estudiar, además, la influencia que ejerció en América la conocida y famosa mediumnidad española Amalia Domingo Soler. Actualmente su libro *Memorias*[115] es tan solicitado como las *Memorias del Padre Germain*, obra que recoge las comunicaciones obtenidas por el médium parlante del Centro Espiritista, la Buena Nueva, de Barcelona, y que fueron copiadas y anotadas por ella. La prensa espiritista española representada por los periódicos *El Criterio*, que durante el 1872 se publicó en colaboración con la Sociedad Espiritista de Madrid, con sede en la Calle Cervantes y el diario *La Revelación*, de Alicante, destaca la importancia del espiritismo en España durante esa época y que naturalmente hubo de influir en América.

c. Galicia

Cuando se habla del espiritismo en España hay suficientes datos que revelan el hecho como tal; no así cuando se habla de la brujería, pues ésta se halla diseminada a través de una tradición oral que cada día se pierde más y más. Esporádicamente la televisión, la radio y la prensa aluden a hechos esotéricos ocurridos en Galicia, en

113. Véase el desarrollo de esta idea en Revista *Bohemia* de Puerto Rico del 15 de febrero de 1972. Citado por el periodista Guillermo Villaronda.

114. *Nuevo devocionario espiritista*, Colección de oraciones, Crusaders Enterprises, Inc., Río Piedras (Printed in Denmark), 1969.

115. Domingo Soler, Amalia, *Memorias de la insigne poetisa del espiritismo*, Edit. Víctor Hugo, Buenos Aires, 1966.

————, *Memorias del Padre Germain*, Edit. Kier, S. A., Novena Edic., Buenos Aires, Argentina, 1970.

Canarias, en Logroño, en Navarra; pero, salvo los estudios de Julio Caro Baroja para lo vasco y los de Carmelo Lisson para lo gallego, no hay suficientes estudios sobre esta materia.

¿Qué es la brujería en realidad? ¿Qué sustancia humana es la que le ha dado continua vitalidad a lo largo del tiempo? Alfredo Margenat, citado antes, afirma en ese mismo artículo que:

> «... El brujo es sobre todas las cosas un hombre de fe. Tiene la fe ciega y firme confianza en lo que "hace" y en los resultados positivos que va a obtener con sus ritos, fórmulas mágicas, hechizos y brebajes.» [116]

En el año 1970 y en el diario *La Vanguardia Española,* Soledad Balaguer publica una interesante entrevista con el conocido pintor y escultor catalán, José María Kaydeda, quien a la sazón exponía en la Biblioteca de Cataluña y entre su obra ofrecía en lugar preferente una vitrina que contenía una serie de objetos de brujería, la mayor parte procedentes de Galicia y coleccionados por Kaydeda. El citado artículo se titula: *Brujería 1970.* «Las —meigas— gallegas existen y siguen actuando». Galicia es, sin duda, patria de brujas y hechiceros. Sus «meigas» no sólo andan por las rías gallegas sino por las pampas y los llanos americanos, sobre todo a partir del inicio del siglo XIX. Todos sabemos que hombres como Valle-Inclán, Cunqueiro, Lisson y Castroviejo entre otros, han destacado esta vertiente mágica gallega. Lo interesante del artículo son las opiniones vertidas por Kaydeda sobre la brujería gallega y algunos de sus aspectos más importantes, que muy bellamente han destacado en la literatura, varios escritores gallegos como Ramón María del Valle Inclán, Emilia Pardo Bazán, Wenceslao Fernández Flores, Alvaro Cunqueiro y otros. Leamos, pues, las respuestas de José María Kaydeda:

> «En Galicia, dice Kaydeda, no existen "lugares de brujas" determinados, pueblos famosos por sus brujas. Todo Galicia está «embrujado» por decirlo así. La "meiga" —bruja gallega— está en el ambiente y en todos los ambientes. En las clases sociales más bajas y en los medios rurales este temor a la "meiga" se hace más patente. Pero, incluso la gente más avanzada intelectualmente admiten su existencia. En los largos años que he pasado en Galicia, nunca, en ningún estrato social, he encontrado a nadie que negara la existencia de las brujas. Las "meigas» existen, están allí, siguen actuando en pleno 1970.» [117]

116. Margenat, Alfredo, «Los retadores misterios de la brujería», Revista *Bohemia* de Venezuela.

117. Véase artículo citado en el apéndice de la tesis.

La periodista toca diversos puntos respecto al aquelarre, el maleficio, la bruja como tal, su poderío, y a todas estas indagaciones va contestando Kaydeda:

> «—Las "meigas" gallegas tienen menos tendencias a los aquelarres que las brujas vascas. Al menos, hoy en día no se oye hablar de aquelarres en Galicia. Pero tienen una característica fundamental: la "Santa Compaña". Es la procesión que todas las noches organizan las almas en pena que tienen alguna cuenta que saldar en este mundo. Salen a recorrer los caminos, las "codredeiras". Llevan un cirio en la mano. Cuando se topan con un hombre o una mujer vivos le transportan el cirio; así quedan ellas liberadas y el "ánima" de la persona pasa a ocupar su puesto. El individuo se va agotando poco a poco, a no ser que pueda traspasar el cirio a otra persona, o lo libere una "meiga"... ¡Cómo no he de creer en la "Santa Compaña" si la he visto!...
> —Creo en las brujas porque existen en cuanto a una manifestación personal y social. No existe el oficio de bruja, existen personas con condiciones excepcionales, diferentes al resto de la gente. Entendámonos: no son poderes extranaturales. Son fuerzas que la naturaleza tiene y que se manifiestan cuanto más contacto con la naturaleza tienen y más primitivos son los individuos. Por eso no se suelen encontrar brujas en las ciudades.» [118]

Continúa diciendo:

> «... ¿Tratos con el demonio? Sí, es posible que los tengan verdaderamente. Creo que es posible hablar de un misticismo del bien y un misticismo del mal. El primero daría los grandes santos. El segundo, los grandes brujos.» [119]

Para concluir dice:

> «Tanto la autoridad civil como la Iglesia se mantienen al margen de todo esto. Pero las brujas no son sólo malignas. La gente acude a ellas en busca de curación. Así, para los que padecen el "meigallo", en enfermedad de desmejoramiento general, de cansancio evidente, que normalmente tiene algo que ver con el sistema nervioso. La "meiga" hace arrodillar al paciente, le hace levantar los brazos, lo coge por las muñecas y lo estira hasta que crujen todos los huesos. El paciente queda curado.» [120]

d. Vasconia

Julio Caro Baroja, cuya obra ha sido fundamental para el tema de la tesis, expresa en su serio estudio sobre el mundo mágico-brujo

118. *Ibíd.*
119. *Ibíd.*
120. *Ibíd.*

vasco interesantes conceptos sobre las brujas, la brujería y la hechicería. Su obra en general, y en lo que atañe al caudal mágico vasco-español, es un regalo histórico-literario que como la obra de Lydia Cabrera en Cuba, no sólo es testimonio de recuerdos, sino cápsula histórica-artística, de esos mundos mágicos próximos a desaparecer en la historia de los pueblos, si no se recogen como lo han hecho los citados testimoniadores. Julio Caro Baroja afirma varias veces a lo largo de su obra que: «la frontera de lo real y de lo irreal es uno de los grandes temas de la historia mental de los hombres» y que «la bruja existe en tanto en cuanto hay una persona que cree firmemente en su poder«.[121] En el prólogo de la significativa obra *Las brujas y su mundo,* expone en forma de recuerdos líricos ese sustrato mágico-brujeril que desde niño pareció intuir con fragancia ancestral y que hoy le hace depositario histórico de su patria vasca y española:

> «Aún no había pasado yo de la adolescencia a la juventud cuando a unos cientos de metros de casa tuve ocasión de conversar con personas ya ancianas (nacidas entre 1850 y 1860) que podían ser consideradas como ejemplos destacados de mentalidad mágica. Uno de los rasgos que más les caracterizaban (enfrente ya de la generalidad de sus coterráneos) era el de que creían, a pies juntillas, en la facultad adscrita a ciertos seres humanos de transformarse en animales, de volar o de llevar a cabo otros actos de los que, en bloque, solemos llamar (sin saber por qué a veces) hechiceriles. Esto en una tierra que dio ser a las brujas y brujos que se dice tenían su conciliábulo en la cueva de Zugarramurdi y que fueron castigados en Logroño el año 1610; tierra que fue asimismo teatro de los extraordinarios hechos contados por Pierre de Lancre, perseguidor fiero de los brujos de Labourd por el mismo tiempo. De Lancre, no contento con su actuación legal, publicó unos libros en que dejó memoria de sus experiencias y cuya lectura siempre producirá asombro.
>
> Mi rincón familiar ocupa, pues, lugar de cierta fama en los anales de la brujería europea.
>
> Y a las impresiones vividas hubieron de sumarse las que me causó la lectura de los libros que acerca de la brujería vasca en particular y la europea en general iba reuniendo mi tío, Pío Baroja, en aquella misma casa donde yo pasaba los veranos ("Itzea", en Vera de Bidasoa) y entre otros los de Pierre de Lancre precisamente.
>
> Entre 1931 y 1934, cuando aún no había cumplido veinte años, puedo decir que era un erudito en cuestiones de Brujería. Mas como les pasa a muchos eruditos (y también a muchos jóvenes) no comprendía gran cosa de lo que iba leyendo y anotando en papeles y cuadernos.
>
> Vino luego la guerra de 1936.

---

121. Caro Baroja, Julio, *Las brujas y su mundo,* Madrid, 3ra. Ed., 1969, pp. 10-11.

Los estudios universitarios y otras actividades me hicieron abandonar durante mucho tiempo, en un armario viejo, los apuntes redactados con una letra aún infantil y con arreglo a un pensamiento más infantil si cabe.
Alguna vez, sin embargo, me he ocupado de la Brujería vasca; de la española también. Pero la falta de línea y de pensamiento en mis apuntes juveniles, más amplios y generales, me quitaba el deseo de insistir sobre ellos, cuando se me ocurría sacarlos del viejo armario y repasarlos durante algunas horas perdidas.
Hace pocos años, sin embargo, estando en Londres, compré varios libros modernos sobre Brujería. Los leí, volví a ocuparme del tema como si fuera cosa nueva. Después, requerido por un querido amigo y colega, que demuestra más fe en lo que puedo hacer que yo mismo, me he lanzado a la empresa de aprovechar parte de lo que reuní en otro tiempo, ajustándolo a un pensamiento actual. La experiencia no es del todo agradable. Equivale a volver muchos años atrás y ver cuántos proyectos incumplidos, cuántas torpezas no superadas, cuántos trabajos marchitos constituyen la propia vida. Pero cada persona tiene su sino y cada libro también tiene el suyo, según dice la vieja sentencia». [122]

El asunto fundamental de la citada obra es sumamente importante para el desarrollo del tema de la tesis, sobre todo en los siguientes fragmentos que cito:

«... he de procurar hacer ver, simplemente, cuál es la *idea de lo real en el mundo habitado por la bruja,* y aún más que esto, examinar lo que creen que es real aquellos que se consideran víctimas de ésta; porque se ha de advertir que la información que poseemos en punto a Hechicería, y sobre todo Brujería, es mucho más abundante del lado del *que cree en brujas* que del lado del que *se cree a sí mismo brujo o bruja.*» [123]

e. Brujas euroamericanas

La obra de Luis de Castresana, *Retrato de una bruja,* es la mejor obra en mi opinión, que actualmente recoge en forma magistral el mundo brujeril que anticipara la obra de transición *La Celestina.* Esta obra, cuyo contenido histórico-documental muy bien describe el autor, es síntesis de todo lo que hemos apuntado sobre la religión, la brujería, la hechicería y sobre todo el «poder que le damos al brujo» para lograr lo imposible, lo ajeno y hasta lo lejano. Indudablemente que una vez más se verifica el hecho tantas veces apuntado en los anales de la brujería, que la mujer ha tenido que ser la primera bruja del mundo. Porque, «brujas» son o quisie-

122. *Ibid.,* pp. 10-11.
123. *Ibid.,* pp. 10-11.

ran ser algunas mujeres cuando de «agarrar», «conseguir» o «amarrar» un hombre se trata. Leamos el manifiesto testimonial del autor que hermana así las corrientes que solían aparecer en los antiguos edictos de la Inquisición de España y América y que reviven actualmente el mundo brujeril americano y universal:

> «Todos los datos «brujeriles» que se presentan en esta novela, y que alcanzan su mayor concentración y desarrollo argumental del capítulo VII en adelante, son rigurosamente históricos. Estos sortilegios, vuelos a la reunión sabática, invocaciones diabólicas, conjurosos, supersticiones médicas y botánicas, pactos infernales, fórmulas esotéricas, descripción del aquelarre, etc., son creencias que se extendieron durante varios siglos por toda Europa con caracteres de epidemia, que en España hallamos en boca de reos y testigos interrogados por los inquisidores, y que constan en múltiples crónicas, documentos e informes de procesos y autos de fe. Es también absolutamente histórica la versión que a través de un personaje secundario se ofrece en el capítulo III sobre los sucesos de las brujas de Zugarramurdi».[124]

Las descripciones de los personajes, la vinculación del contenido histórico con el contenido humano de esta novela es poético y artístico. El hecho significativo para nuestra tesis es la evolución espiritual que se va desarrollando en el alma de Ana en su desmedido afán por conseguir a toda costa el amor de Martín y el papel eco-sombra, interpretado por su fiel sirvienta Ceferina, quien se retrata a sí misma, en su acendrado amor a su ama cuando le dice: «yo querré siempre a todos los que te quieran Ana... a todos los que sean buenos contigo».[125] Sin embargo, ella es como Juan Primito en *Doña Bárbara,* presentía en «el olor de la higuera», en el «augurio funesto de los pájaros» y en el «laurel» que su ama sufriría. Su amor es tan grande que en eso radica quizás el mayor valor humano de la obra. Al crearse esa vinculación mágica-brujeril entre ama y sirvienta, ambas se van convirtiendo paulatinamente en brujas. Ana, por conseguir a toda costa el amor de Martín y Ceferina porque no podía verla sufrir. Son brujas por amor y por amor mueren. Lo interesante de la obra para nuestro tema es la presencia de ese mundo brujeril que no es vasco ni español, sino universal y que en esencia es un desafío a la eterna realidad del egoísmo humano, pero, sobre todo es la negación del amor, que es lo único que escapa a la brujería. Por eso Ana se destruye a sí misma, porque «matrimonio y mortaja del cielo bajan». Me refiero rápidamente a hechos que he visto en Puerto Rico, en Cuba, en Santo

---

124. Castresana, Luis (de), *Retrato de una bruja,* Ed. Planeta, Barcelona, 1970, p. 5.
125. *Ibíd.,* p. 53.

Domingo y en otras áreas de América respecto a la «caza amorosa brujeril del hombre» y que aparecen descritos en esta novela como si sucediesen en América actualmente. Me refiero al uso de novenas y rezos a Santa Elena de Jerusalén y a San Antonio de Padua para conseguir y asegurar el amor de un hombre. El uso de las flores, como el lirio y el jazmín, como elemento afrodisíaco. Ceferina cita el uso del alumbre como elemento de brujería para saber si un hombre continúa amando a una mujer:

> «—Para saber si Martín te es fiel. Para saber si de verdad continúa queriéndote y pensando en ti como en su esposa. ¿No es eso lo que deseas saber?
> —Sí. ¿Qué he de comprar?
> —Piedra alumbre. Y cuando la recibas de manos del boticario, has de decir para ti misma: "Alumbre compro; no compro alumbre, sino el corazón y las entrañas de Martín». [126]

> «... Has de echar el alumbre al fuego y decir: "Alumbre quemo; alumbre no quemo, sino el corazón y las entrañas de Martín".
> —¿Y cómo sabré...?
> —Si el alumbre arde con llama que hace figura de hombre, Martín te es infiel. Si se deshace sin llama, te ama y piensa en ti y retornará pronto. Medítalo bien, Ana. ¿Estás dispuesta a hacerlo... dispuesta a saber la verdad?» [127]

La devoción a Santa Elena de Jerusalén es práctica de gran uso y poder en Puerto Rico, Cuba, Santo Domingo y otros países, para conseguir que un hombre regrese al lado de una mujer:

> «*Gloriosa y bienaventurada Santa Elena, hija sois de Rey y Reina y vos Reina de por sí. En el mar bermejo entraste, tres piedras del Oriente sacaste, en la mesa de mi Señor Jesucristo las presentaste. Dijo San Pedro a San Pablo: ¿Qué comerá esta dueña?: Paz, fe, amor, sal y caridad*». [128]

El ritual a Santa Elena de Jerusalén consiste en velas verdes, clavos, cordones, novenas y rezos continuos. Estas recetas, fórmulas y conjuros son muy similares a las que luego usan en América los cultos lucumíes, congos, ararás y carabalíes. Ellos usan hechizos, bebedizos y elementos adivinatorios como cocos y caracoles, y afrodisíacos como la miel, la canela y el jazmín entre otros. Igualmente hay una

126. *Ibid.*, pp. 114-115.
127. *Ibid.*, p. 115.
128. *Ibid.*, pp. 116, 117 y 118.

gran diferencia entre el sapo como símbolo de la brujería satánica en Europa, sin embargo, en América, el sapo es un animalito muy efectivo para lograr que un hombre le proponga matrimonio a una joven. El rito consiste en que la joven enamorada regale el sapito al amado. En general, el valor esencial de esta novela no sólo radica en la revelación y develación de ese mundo que a casi todos nos da pavor penetrar, precisamente porque nosotros, a veces, somos los creadores del mismo. La pintura de estas pasiones humanas son detrimentes en cuanto hacen a la mujer víctima de la alucinación amorosa, ya que cree que el amor no sólo se concibe por la razón, sino por la brujería. Alejo Carpentier destaca este hecho igual que Luis de Castresana, en su obra *Ecue-Yamba-O.*

> «Estaba claro que ni Menegildo, ni Salomé, ni Beruá habían emprendido nunca la ardua tarea de analizar las causas primeras. Pero tenían, por atavismo, una concepción del universo que aceptaba la posible índole mágica de cualquier hecho. Y en esto radicaba su confianza en una lógica superior y en el poder de desentrañar y de utilizar los elementos de esa lógica, que en nada se mostraba hostil. En las órficas sensaciones causadas por una ceremonia de brujería volvían a hallar la tradición milenaria —vieja como el perro que ladra a la luna—, que permitió al hombre, desnudo sobre la tierra aún mal repuesta de sus últimas convulsiones, encontrar en sí mismo unas defensas instintivas contra la ferocidad de todo lo creado. Conservaban la altísima sabiduría de admitir la existencia de las cosas en cuya existencia se cree. Y si alguna práctica de hechicería no daba los resultados apetecidos, la culpa debía achacarse a los fieles, que buscándolo bien, olvidaban siempre un gesto, un atributo, una actitud esencial.
> ... Aun cuando Menegildo sólo tuviera unos centavos anudados en su pañuelo, jamás olvidaba traer del ingenio, cada semana, un panecillo que ataba con una cinta detrás de la puerta del bohío para que el Espíritu Santo chupara la miga.
> Y cada siete días, cuando las tinieblas invadían los campos, el Espíritu Santo se corporizaba dentro del panecillo y aceptaba la humilde ofrenda de Menegildo Cué». [129]

En el caso de nuestras influencias africanas ellas determinan la existencia de unas estructuras que funcionan desde lo ancestral hasta el presente y que a su vez son vitalizadas por el sincretismo espontáneo que en América es un constante agente catalítico. La interpretación que hacemos de estos sistemas no se hace sólo en relación con el cristianismo, sino dentro de sus propias estructuras, unidas luego a las variadas doctrinas espíritas del siglo XIX. Lo que interesa a nuestra tesis no son respuestas o soluciones al orden

129. Carpentier, Alejo, *Ecue-Yamba-O,* Ed. España, Madrid, 1933, pp. 56-57.

estructural de nuestras sociedades, pues eso no nos compete. Se trata solamente de objetivar las diversas nociones sincréticas religiosas o puramente esotéricas que pasan vitalmente a la literatura hispanoamericana por un solo hecho: se practican y forman parte del diario vivir en muchas partes de América.

La «Santería» cubana que responde a un riguroso sistema exotérico y esotérico, armoniosamente sincretizado dentro de la hagiografía católica y africana revela el más significativo hecho que consiste en haber conservado con gran pureza esos cultos que se extienden desde los tiempos de la colonia hasta hoy. Este sincretismo cubano es sintetizado por Lydia Cabrera en su obra *El monte*:

> «Lo mismo en los bohíos que en las casas confortables de La Habana, el dios Elegguá, que se representa por una piedra tallada como un rostro, sigue y seguirá, bien untado en manteca de corojo, vigilando con sus ojos de caracol, disimulado en un velador junto a las puertas de los hogares negros, de los hogares mulatos, satisfecho con que una vez al mes, por lo menos, se le dé a beber la sangre de un pollo —cuando no pide, aunque de tarde en tarde, que se le mate un "teré", ratón, o una "ecuté", jutía—, en la misma habitación donde se lee en una gran litografía del Sagrado Corazón de Jesús, suspendida en lugar preferente: "Dios bendiga este hogar". Sincretismo religioso al que no siempre se sustrae el blanco, reflejo fiel de un sincretismo social que no ha de extrañar a nadie que conozca a Cuba, y que analizó entre nosotros hace más de cuarenta años, Fernando Ortiz en sus "Negros Brujos". Siempre los Santos católicos han convivido en Cuba en la mejor armonía e intimidad —hoy francamente—, con los "Santos". africanos; del mismo modo que antes los "patentes" de los científicos, y actualmente la penicilina y las vitaminas, alternan con las yerbas consagradas de los curanderos-hechiceros. Al fin y al cabo, como decía la difunta Calixta Morales, que sabía su catecismo de memoria y fue una de las Iyalochas más honorables de La Habana: "Los Santos son los mismos aquí y en Africa. Los mismos con distintos nombres. La única diferencia está en que los nuestros comen mucho y tienen que bailar, y los de ustedes se conforman con incienso y aceite, y no bailan".» [130]

La escritora cubana, Hilda Perera, autora de *Idapo,* escribe respecto a la religión afro-cubana:

> «Los dioses u orishas del panteón yoruba, también llamados "santos", por razón del sincretismo religioso con el catolicismo, son personificaciones de las fuerzas naturales. Menos Olorún u Oloddumare, también llamado Olofi O Sambia, el creador del mundo, que luego se alejó para siempre de su obra y permaneció aislado, los

---

130. *Cabrera, Lydia, El monte,* Colección del Chicherekú, La Habana, s.a., p. 19.

demás orishas o dioses encarnan una fuerza o elemento de la naturaleza. Así Yemayá es la diosa del mar; Changó, el dios del trueno; Osaín, el dios del monte; Ochún, la diosa del amor y soberana de los ríos.» [131]

f. Haití

El exotismo y el misterioso encanto de las islas antillanas continúa siendo una hermosa realidad en la maravillosa isla de Haití. El pasado revive al presente a través de sus bellezas naturales, sus colores, su folklore, sus mitos históricos y religiosos. Haití fue la tierra prometida de los primeros colonizadores, guarida de piratas, bella colonia francesa, patria del guerrero Toussaint-Louverture, la segunda república de América (1804) y la primera república negra del mundo. Ha estado aislada desde su independencia y excepto durante los años en que fue ocupada por los Estados Unidos, de 1915 a 1936, no ha dejado de transformar a sus esclavos en Emperadores, en cambiar sucesivamente de Presidentes, Reyes, constituciones, revoluciones. Francis Duvalier, conocido como Papa Doc, la rige desde 1958 hasta 1971, año en que le sucede su hijo Jean-Claude, a la temprana edad de 19 años. Haití es una tierra mágica y sus gobernantes han tenido vestigios de ese elemento mágico que tuvo Francis Duvalier, médico, escritor y etnólogo, y sin embargo, era temido en el mundo por su demagogia, sus adivinos, sus prácticas vodús y el vestigio mágico que le rodeaba.

Puerto Príncipe, Saint-Marc, Gonane, Cabo Haitiano, Milot, donde se levanta el mágico castillo de Sans Souci, el reinterpretado Versalles de Cristóbal I, retroceden en el tiempo al 1818, donde el Emperador negro, en su trono y coronado con siete tiaras, se suicida ante su corte y sus duques: Duque de la Mermelada, Duque de la Limonada, perforándose la sien con una bala de oro. Este hombre, Henri-Chistophe, ha sido motivo de inspiración de poetas como Luis Palés Matos. Su recuerdo es hoy como un mito a la libertad, que se cifra quizás en la fabulosa ciudadela construida a 800 metros de altura por doscientos mil hombres, de los cuales 20,000 murieron. Diez largos años duró su construcción, y a pesar del dolor y de la angustia con que fue hecha, la ciudadela de Ferrière es un símbolo de la voluntad humana y para nuestra tesis otro símbolo más del realismo mágico esotérico, que humedece esta Isla al compás de sus ritos fúnebres, sus zombies y su vodú.

Haití es el fondo de una de las más interesantes novelas de nues-

---

131. Perera, Hilda, *Idapo, El sincretismo en los cuentos negros de Lydia Cabrera*, Edit. Universal, Miami, 1971, p. 64.

tra tesis, *El reino de este mundo* de Alejo Carpentier. En esa obra convergen en forma sintética casi toda la gama histórica del pueblo haitiano, sobre todo en su doble vertiente de realismo-mágico e idealismo-mágico. El despertar de la novela estriba en sus sugestiones, en sus entrelíneas y en la hermosa síntesis lírica-poética que ofrece de la ignota y legendaria Isla americana.

La cultura africana que dominó en Cuba fue la yoruba y sabemos que no menos de ochenta y cuatro variedades fueron llevadas a la isla. Ese mismo fenómeno sucedió en Haití, Brasil, Jamaica, Guadalupe y Estados Unidos entre otros países. A Haití llegaron núcleos tribales con sus etnias particulares de Guinea y del Congo (Badagri, Caplaou, Ibo, Massai, Angola). Esos recuerdos y esas influencias fueron asimiladas por el rito Rada, cuya huella principal es la de los Aradas, la fuerte y poderosa tribu del Dahomey. Toussaint-Louverture era dahomeyano. En Haití, como en Cuba y Brasil, muchas de las deidades rada son auténticamente africanas. En el caso de la historia del Vodú y de la historia haitiana, ha habido muchos escritores que han traicionado la verdadera esencia de su historia tales como Spencer St. John, Paul Maand y Hiver Caraibe, Zora N. Hurston y otros que destacaron el Vodú con excesivo prejuicio. Los escritores Vandercook, Bourne y Taft, William Seabrook, también dieron a conocer diversos aspectos de Haití y su pueblo. Hay otros estudios como los de Price-Mars, Herskovits, Remy Bastien, Roger Bastide, Fernando Ortiz y otros que han llegado por diferentes perspectivas a una conclusión general. El Vodú como la Santería y el Candomblé son religiones de eminente carácter popular y fervor esotérico. El Vodú en Haití es un conjunto de creencias y ritos que provienen de todo un sistema complejo y ceremonial y como en los ritos lucumíes, bantúes y ararás cubano, revelan un mundo maravilloso, irreal, onírico, sobrenatural y artístico-emotivo. Sus principios son objetivos. El primer estudio serio del Vodú lo hace Moreau de Saint-Mery, quien no sólo aporta los orígenes primigenios del mismo, sino que su estudio del pueblo haitiano es arquitectónico. Su libro sobre las danzas de los esclavos de la Colonia de Saint-Domingue a fines del siglo XVIII es bien significativo. Lo más importante es que el término *voodoo* se le atribuye a Moreau de Saint-Mery. La Enciclopedia Británica atribuye a la palabra *vodú* un origen que proviene de *vaudois,* adeptos de la secta herética de la Francia meridional, que en el siglo XIII abrió campo a Saint-Domingue. En muchas revistas y libros se usa la palabra adaptada por Moreau de Saint-Mery, quien al usar la palabra *voudox* admitió por más de un siglo que la palabra procedía de la secta de los *vaudois,* asociando las danzas de los africanos con las contorsiones de los albigenses. La realidad es más sencilla, quizá la magia de la Edad Media que trajeron los conquistadores y colonizadores a través de los innumerables filtros, brebajes y libros cabalísticos que hemos mencionado ya, precipitó el sincretismo que también se observa en esta religión.

Según los yorubas llaman orishas a sus espíritus o deidades, en el Dahomey, a los dioses o espíritus se les llama *vodún*. En Haití los esclavos preservaron su caudal cultural y su adhesión y cohesión tribal a través de la lengua «creole», de la asimilación de las variadas mitologías religiosas en una común y esencial a todas. El gobierno francés quizás vio aquellas manifestaciones religiosas como una festividad más y se desentendió de todo aquello. Los esclavos fugitivos conocidos como cimarrones, que en Cuba, Haití, Venezuela y otros países fueron importantes porque conservaron vivas sus estructuras africanas con gran pureza, son luego elemento de futuras sublevaciones. En Haití prevaleció además cierto ateísmo y hasta cierta indeferencia cristiana, promovida por el espíritu de la Reforma y la Enciclopedia. En esta época colonial se bailan y se cantan los ritmos haitianos conocidos como *calenda*, el *chica* y el *vodún*, que no tenía, como dice Ramy Bastien, un sentido de danza social, sino que: «tenía aún más que hoy día, un sentido religioso, pues estaba ligado con los ritos *ofidios* de los *Arada* del *Dahomey*». [132]

Este sentido de bailes y danzas es el que aún prevalece en varios países de América y Europa, respecto al Vodú. Cito a Remy Bastien para los datos explícitos y objetivos sobre esta religión popular.

> «Los dos ritos, el Rada y el Petro, practicados respectivamente por el esclavo y el cimarrón, simbolizan desde la Epoca Colonial dos tendencias del Vodú: El primero es más metafísico; sus *loas* son conceptos universales que tienen su origen en el fondo religioso común del Mediterráneo; son dioses de quienes el hombre espera el bienestar provisto que les sirve y honra. Los dioses Petros son más apegados a su origen humano y en su mayoría son espíritus violentos que usan de la magia, de sortilegios, del veneno para lograr su fin, que es inmediato. Esta diferencia ha llevado muchos *houngan* o sacerdotes Vodú a establecer una diferencia exagerada entre los dos ritos: El Rada es el culto de los dioses buenos; el Petro, el de los dioses del mal, de la magia. Ya en la Epoca Colonial aquella divergencia existía como lo comprueba una leyenda relativa a la sublevación de los esclavos en 1791.» [133]

Por creerlo interesante para nuestro tema, cito una leyenda sobre el *Bois Caiman y la Independencia Haitiana*:

---

132. Bastien, Remy, *El vodú en Haití*, Cuadernos Americanos, de 1952, p. 152.
133. *Ibid.*, p. 153.

«La historia de Haití contiene pocas escenas más dramáticas que la del Juramento del Bois Caiman. En la noche del 14 al 15 de agosto de 1971, un numeroso grupo de esclavos y cimarrones, bajo el mando de Boukman, se reunió en las espesuras del Bosque del Caiman en el norte de Saint-Domingue para concertar la sublevación general. En medio de una espantosa tempestad, después de sacrificar un cerdo negro a los dioses propicios, los conspiradores juraron ser fieles a sus jefes y destruir a los blancos para ganar su libertad.
Según la leyenda de Samba Zaca que yo recogí de un viejo informante en 1943, hubo reuniones similares en varios puntos del territorio de la colonia y fueron celebradas, en la noche de Navidad, fecha escogida a propósito, pues los amos ocupados en festejar aquel acontecimiento se darían menos cuenta de la ausencia de los esclavos. Fueron los violentos *loas* petro quienes propusieron la reunión a sus fieles. Además del sacrificio arriba mencionado se procedió a la preparación del *kiman,* mixtura secreta compuesta de la sangre del cerdo, del jugo de ciertas hojas, y de pólvora; tenía la virtud de proteger contra las balas y de inspirar actos de valor a los más tímidos. Durante la ceremonia, *loas* rada y petro se unieron para el buen éxito de la empresa.» [134]

Es importante recordar este hecho para nuestro tema y en especial para el análisis de la novela de Alejo Carpentier, *El reino de este mundo.* El hecho significativo es que la independencia de Haití no fue producida, como muchos escritores señalan, como secuela del barbarismo producido por las creencias populares del Vodú. El Vodú existió libremente desde la colonia y no fue sino hasta el 1860, época en que Haití firmó el Concordato con la Santa Sede, que se comenzó a perseguir dicha religión, que ya estaba arraigada en la masa del pueblo. Conviene recordar además, que los dos políticos más importantes de Haití, Toussaint-Louverture y Dessalines, ambos salidos de la esclavitud, fueron enemigos del Vodú. Toussaint-Louverture era católico y Dessalines vio al Vodú como un elemento disociador dentro de la adhesión y coherencia política militar a que él aspiraba. Ambos representan un importante aspecto en la liberación que se produce al final de sucesivos cambios políticos a partir de 1789. No me compete entrar en detalles de índole política; sólo reseño el hecho de que a pesar de todas las inconsecuencias comunes y repetidas por muchísimos pueblos, Haití, desde su primera victoria, reseñada ya, proclama su independencia como la primera República Negra de América el 1 de enero de 1804.

Como he dicho ya, la libre convivencia del Vodú con el Catolicismo, produjo como en Cuba, Brasil y Estados Unidos, el sincre-

134. *Ibíd.* p. 154.

tismo natural. Damballah vino a ser un *loa* poderoso, pero desprovisto de un poder supremo de los demás dioses. En Africa, *Legba* es un dios fálico y joven. En Haití es un personaje viejo y con barba como San Pedro que «abre la puerta»; en Cuba es Oggún. Sin embargo, en Haití se suelen continuar haciendo tallas donde se representa a Legba joven y como un dios fálico. En Haití, los *loas*, los santos, los orishas, no están totalmente sincretizados con el mundo católico. Respecto al hecho, dice Remy Bastien:

> «... hay que advertir que una sencilla comparación de los *loas* con los santos es errónea. Estos, por sus excelsas virtudes, han cesado de ser hombres ordinarios, mientras el *loa* sigue siendo humano, con sus defectos y vicios. Su hablar, sus gestos y deseos cuando manifiesta su presencia durante las ceremonias poseyendo a uno de sus fieles, son los de hombre común: le gusta comer, beber y vestirse como lo desearía cualquiera de los presentes». [135]

Respecto a la esencia fundamental del voduísmo es conveniente recordar los siguientes conceptos que ofrece el citado autor:

> «Para el creyente, el Vodú constituye un mundo aparte del que le puede enseñar el Protestantismo o el Catolicismo. Desde la época prenatal hasta su vida más allá de la muerte los dioses y los espíritus rigen su destino. Tiene un concepto propio del alma y de sus poderes; los dioses lo protegen en su infancia; curan sus enfermedades; lo ayudan en el cultivo de su milpa; les debe, en cambio, obediencia y ofrendas de las cuales la muerte no lo desliga: sus descendientes heredan sus obligaciones. Así, el Vodú une las generaciones, une los que han muerto a los que viven y a los por nacer. Esos principios sencillos son indispensables de recordar para quien quiere ver en la religión popular afroamericana otra cosa que un conjunto de supersticiones, de danzas exóticas y de magia negra. Los dioses no son los únicos en influir sobre la vida humana. Por cierto los encontramos en los árboles, en los ríos y las piedras que eligen para su domicilio; pero además de ellos existen un sinnúmero de espíritus malos controlables por los que quieren dañar al prójimo. Hay también los seres humanos de malas intenciones contra quienes se necesita la ayuda y la protección de los *loas*». [136]

Igual que en la Santería, el Vodú conserva un culto a los antepasados; hay ofrendas y sacrificios para halagar o aplacar la ira de sus dioses o para implorar e invocar su favor, su protección, como lo hacemos los cristianos. En estos sistemas no hay un concepto de cielo o infierno, aunque sí tiene un sentido maligno, no diabólico. Muchas de sus deidades pueden ser malignas, pero su ira es aplacada

135. *Ibíd.*, p. 157.
136. *Ibíd.*, p. 167.

con ofrendas, sacrificios y favores. Como hay dioses buenos y malos, hay diferentes caminos y no puede confiarse totalmente en ellos, porque el «palo» sirve para el bien y el mal. Los espíritus malignos haitianos se conocen como los *mafrezi*, los *loupsgarous*, los *bakas*, que salen en la noche y que según las versiones de los haitianos atacan hombres, niños y plantas. Cuando nace un niño se le protege de ellos, según lo relata Remy Bastien:

> «Para protegerse de ellos los niños son "bañados" con el jugo de hojas amargas que "echan a perder su sangre", pero a los pocos días de nacer, cuando la criatura es sacada de la casa por primera vez, se pronuncia esta sencilla "oración" a sus antepasados y a los dioses protectores de la familia». [137]

El niño se bautiza por el rito católico para que su alma deje de ser *Bossal*, es decir, salvaje y si muere su alma no vagará por la tierra. Hay mucho parecido con nuestro baquiné (velorio de niño muerto) y con la costumbre de proteger a nuestros recién nacidos con corales, azabaches o medallas del santo o santa venerado, para evitar el «mal de ojo». En Haití se venera el culto a los muertos. Hay respeto y temor hacia ellos, pues si los vivos no les rinden los tributos debidos, los muertos pueden castigarlos con muertes inesperadas, enfermedades, fracasos y toda clase de plagas.

El Vodú en Haití es de dos clases: uno es puramente turístico y falso, el de los hoteles o clubs nocturnos e igual sucede con la macumba brasileña en Río de Janeiro. El ceremonial Vodú auténtico es hermético.

El ritual y ceremonial Vodú distingue el *hungan* que es su propio Papa; el *humfor* o templo, que consta de dos partes: cuarto que alberga los altares y donde se guardan las banderas, los *govis* conteniendo los espíritus, los tambores sagrados y el peristilo, simple techo plano enfrente del cuarto. Allí se desarrollan las ceremonias públicas y las danzas; el elemento principal del peristilo es el poste central alrededor del cual se dibujan los *vevers* de los dioses con harinas. La administración del santuario está a cargo del *hungan* o de una *mambo*, pues el grado de sacerdote está abierto a ambos sexos. Los ayudantes llenan diversas funciones: el *hundjenicon* dirige el coro compuesto de los *hunsi* que pueden ser *bossal* o *kanzo*, según que hayan o no recibido la iniciación por la prueba del fuego. Hay también el *laplace*, maestro de ceremonias cuyo distintivo es un sable. La orquesta se compone de un *ogan*, especie de gong de hierro y de una «batería» de tambores en número de dos o tres, según que el rito sea: petro, congo o rada. La mayor insignia

137. *Ibid.*, p. 158.

del poder del sacerdote es el *ason,* maraca compuesta de un guaje recubierto con una red de cuentas de vidrio y de vértebras de culebra. Con el *ason* el hungan tiene el poder de convocar a los dioses y de controlarlos hasta cierto punto. El ritual exige ceremonias anuales como la del dos de noviembre que honra a los *Guedés,* dioses de la muerte. [138]

Hasta aquí podemos trazar varias similitudes entre el vodú y la santería. Los dioses o loas como los orishas cubanos tienen su color, su bebida, sus poderes y sus comidas favoritas; como en la Santería se reconoce el «loa» u «orishas» por su manera de comportarse.

Haití tiene como Cuba, un hermoso culto a los tambores, que por alejarse de mi tema no puedo detallar; sin embargo, en torno a los tambores haitianos, cubanos, dominicanos y puertorriqueños gira toda una liturgia y para cada ceremonial hay lo que se llama un particular y determinado toque de tambor. En Cuba se distingue, como en Puero Rico, entre el tambor, la tumba, tambora; específicamente en Cuba hay tambores ñáñigos, ararás, Kuchi yerema, congas, tumba de monte y cada uno tiene un significado especial dentro de los rituales ñáñigos, bantúes y lucumíes. En Haití hay un culto al tambor Assator Micho Tokodum Vodum. El ritual consiste de una consagración del tambor, vestido para la ocasión y rodeado de ofrendas que suelen ser como la de los antiguos mayas, incas y aztecas: flores, frutas, bebidas, pasteles y velas. Alrededor del tambor se hacen *vevers* que son dibujos rituales muy parecidos a las firmas ñáñigas. En ese tambor se supone que reside el dios Assotor.

Para resumir lo esencial del Vodú, me remito nuevamente a Bastien:

> «Me he esforzado en presentar el Vodú como lo que es en realidad: una religión popular basada en el culto de los antepasados, y la creencia en el poder de los *loas* sobre las fuerzas naturales. Ofrece a la vez al campesino y al ciudadano de la clase pobre, emoción religiosa y artística, un refugio contra las realidades amargas de una vida insegura... Y hay también la magia. Si olvidamos la actitud ortodoxa que ve en todas las manifestaciones Vodús, actos mágicos, podemos establecer una diferencia entre el Vodú y la Magia; los sacerdotes mismos la reconocen al decir que "sirven con la mano derecha", la mano buena. Pero son raros aquellos que, para aumentar sus ingresos, no usan la mano izquierda, la de la magia. Así ligan su religión con la actitud de los *caplatas* y de los *bocor,* dedicados a la curación de enfermedades, a revelar el fu-

138. Véase el desarrollo de estas ideas sobre los ceremoniales haitianos en el artículo *El vodú en Haití* de Rémy Bastien.

turo, a practicar el "envío" de muertos, a provocar o detener las lluvias, a hacer *zombis* y a vender amuletos para el éxito en los negocios o el amor... Nada es imposible en el mundo de la magia: se puede robar el alma y encerrarla en una botella; un envidioso puede destruir una milpa por el simple hecho de exprimir sobre el fuego el rocío que ha mojado su pantalón al pasearse en dicha milpa aplicando su pipa contra un poste de la casa, un *bocor* puede chupar la sangre de un niño sin que lo toque; las brujas quitan su piel para volar a sus reuniones; expresar su admiración para un niño, sin escupir después puede darle el mal de ojo y causar su muerte. Hacer un *zombi* es todavía más espectacular. Después de que la víctima, por medio de una droga, haya "muerto" y sido enterrada, su enemigo se presenta delante de la tumba y lo llama. Entonces, según una versión, sale el alma del muerto que es encerrada en una botella; según otra opinión, el cadáver mismo resucita y sigue a su dueño a menos que la familia, sospechando algo anormal, haya "preparado" al difunto; en cuyo caso, echa un puño de ceniza en la cara del intruso y éste muere poco después.» [139]

Concluye diciendo:

«Haití no tiene por qué avergonzarse del Vodú. No debemos, apegándonos a la ortodoxia, criticar un hombre porque practica una religión primitiva; mejor consideremos su sinceridad antes de echarle la piedra. En cuanto a la magia, quitarle su nocividad depende de la solución de problemas económicos y educativos, de un servicio más amplio y de mejores medios de comunicación, puntos a los cuales el Gobierno haitiano presta la mejor atención». [140]

g. Brasil

Brasil, el país lusitano-americano, es como Cuba, Haití y tantos países de América, lugar de encontradas liturgias, mitos y culturas y con su actual población de cien millones de habitantes, resulta ya por sí un maravilloso y exótico lugar en donde se cruzan y se entrecruzan todas las razas del mundo. Su novedosa ciudad, aporte sideral del siglo XX. Brasilia, es una fantasía real como la magia arquitectónica maravillosa que también se desprende de la obra de Gaudí. El escenario brasileño, con sus negros rutilantes en las famosas playas de Copacabana, parece evocar los antiguos ritos paganos dedicados a Baco y a Diana. Por su enorme variedad de razas, unidas a los estratos tupí-guaraníes y los contingentes africanos, es Brasil hoy, la verdadera utopía americana. En él se dan vitalmente, paradójicos y originales contrastes, todo dentro de una unidad

139. *Ibíd.*, 162-164.
140. *Ibíd*, p. 164.

mantenida a través del lenguaje, el mestizaje y las religiones populares. Aunque aparentemente haya un deslinde unitario entre Hispanoamérica y Lusiamérica, no creo que sea tanto, porque el portugués como el español, conserva una unidad histórico-cultural, que con la religión cristiana ofrece un marco común de referencia. Portugal, como elemento conquistador y colonizador, ofrece las naturales divergencias mentales, culturales e ideológicas, todo dentro de una cápsula que aún conserva su vínculo cultural de aquellas épocas en que Portugal fue parte de la corona de España. Dentro de ese marco de referencia se añaden los lazos de contextura americana producida por la comunidad geográfica. El sincretismo religioso se produce en Brasil, igual que en Cuba y Haití, por la mezcla de las religiones populares indias y africanas y el cristianismo; dando lugar en Brasil a las siguientes variaciones: candomblé, candombe de cabocles, pagelancia y espiritismo. Estas corrientes generalizadas como *candomblé* y *macumba* en Brasil, son sustentadas como en Cuba, Haití, Puerto Rico y otros países por millones de adeptos. Ese hecho lo han estudiado y lo han destacado ya varios especialistas como Dr. Nina Rodríguez, Roger Bastide, Fernando Ortiz, Remi Bastien, William Bascon, Carlos Echánove y otros. Carlos Echánove recoge las ideas que de modo general parecen aceptar y afirmar los mencionados estudiosos del tema:

> «Lo que la "santería" es para Cuba lo es el candomblé para el Brasil y el vodú para Haití. Los estudios verificados hasta ahora respecto de esas tres manifestaciones concretas permiten llegar a esa conclusión. Era, por demás, natural que habiéndose dado en cada una de esas tres regiones las mismas condiciones se hubiesen derivado los mismos resultados. Hay que descontar, por supuesto, ciertas variantes sin importancia, originadas por el predominio, en una u otra región, de cierto sistema religioso africano concreto, por el tipo específico de vida de los negros esclavos en cada uno de dichos tres países y por alguna otra circunstancia más. Pero el común denominador es evidente». [141]

El Candomblé brasileño tiene un sistema y una liturgia que descansa en los sacerdotes llamados «curandeiros» o «feiticeiros». El sincretismo producido en esta religión lo destaca muy bien Roger Bastide en el capítulo VII de su obra *Américas negras:*

> «El sincretismo por correspondencia dioses-santos es sin duda el proceso más importante y, por supuesto el que más se ha estudiado. Se explica históricamente por la necesidad que tenían los esclavos en la época colonial de disimular a la vista de los blancos sus

141. Echánove, Carlos, *La «santería» cubana*. Habana, 1950, p. 18.

ceremonias paganas; bailaban pues, ante un altar católico, de tal forma que sus amos, aunque les pareciese cosa extraña, no se imaginaban que los bailes de los negros estaban dirigidos a través de las litografías o estatuas de santos, a sus ídolos africanos. Hoy incluso, los sacerdotes y sacerdotistas del Brasil reconocen que el sincretismo no es más que una máscara de los blancos puesta sobre los dioses negros. Sin embargo éste tiene para los fieles una justificación teológica».[142]

El hecho más significativo de Brasil es que el sincretismo religioso popular no sólo se mezcla con el blanco y el cristianismo, sino que se fusiona con el elemento indígena tupí-guaraní ofreciendo dos vertientes claras que se conocen como la línea «africana» y la línea «india», dando lugar en la zona india a la *pagelancia* y en la africana al *candomblé de cabocle,* a la *macumba* de Río de Janeiro y al *espiritismo* de Umbanda, cultos que florecen en todo el territorio brasileño. El candomblé es producido por la fusión y la transfusión de elementos indígenas, europeos y negros. El espiritismo de Allan Kardec se había propagado rápidamente en América desde 1870 a 1880, no como alejadas experiencias, sino como culto organizado y sustentado por miles de fieles. El hecho religioso es ajeno a la acumulación de procesos que ofrece la magia; en la aceptación de lo religioso penetran supuestos espirituales que sostienen la esperanza, el amor, la caridad, la misericordia y la fe, cifrada en un mundo mejor, dador de paz, orden y equilibrio moral sobre todas las cosas. No hay duda que las diversas supervivencias de estas tres razas se han diluído como cultos autónomos, pero en el *candomblé,* en el *vodú* y la *santería* persisten por el sincretismo o como nuevas creencias o prácticas mágicas que en las Antillas, en Venezuela, Colombia, Argentina, Chile, Uruguay, Paraguay, Panamá, en fin, en casi todos los países circulan dentro de la esoteria popular. Estas supervivencias a veces no aparecen recogidas en los anales de la historia de los mismos, pero sí se conservan a través de una tradición oral viva, que se mantiene de generación en generación. Respecto a esta esoteria muy bien pueden recogerse evidentes hechos a través de las leyendas, las premoniciones y las supersticiones de pueblo. Horacio Quiroga es, en mi opinión, uno de los creadores que mejor recoge esta gama esotérica.

Volviendo al tema religioso-popular brasileño recurramos a lo que Roger Bastide describe como el más conocido y el mejor estudiado ceremonial de la fusión india y africana y que se conoce como *candomblé de cabocles* y *macumba*:

---

142. Bastide, Roger, *Américas negras*, Madrid, 1969, p. 82.

«El sincretismo entre las religiones populares india y africana adopta en Brasil formas distintas de las de los caribes negros, formas por lo demás contrastadas bien con elementos integrados en estructuras indias, bien, a la inversa; con elementos indios incluidos en estructuras típicamente africanas.
En el Noreste del país, el *catimbo* o *cahimbo* (nombre de la pipa en la que se fuma el tabaco) es una religión de origen indígena, muy extendida en las poblaciones mestizas a pesar de las prohibiciones policíacas, y que se distingue claramente de las religiones africanas: ausencia de bailes y de instrumentos membranófonos (el único instrumento de música que puede intervenir es la maraca india), utilización para provocar el trance de sustancias tóxicas, como el tabaco, la *maconha* (hachich) y principalmente la *jumera*, cuando en Africa el trance se consigue exclusivamente con la acción de la música y del baile, papel dominante del sacerdote o *catimbozeiro* que es el único en recibir a los espíritus, en beneficio de los fieles; aunque no hay organización formal del culto, existe, sin embargo, una fuerte jerarquía de prestigio entre la opinión pública, y esta jerarquía está basada sobre el número de espíritus que el *catimbozeiro* puede recibir.» [143]

Respecto al *candomblé de cabocles* dice lo siguiente:

«...constituye una réplica al catimbo, en el sentido de que la estructura de este culto permanece esencialmente africana y que son los espíritus de los indios quienes vienen en este caso a insertarse en esta estructura extranjera, Pero entre estos dos tipos de sectas, *catimbo* en el Noreste, *candomble de cabocles* en la región de Pernambuco-Bahía, hay que señalar en Amazonia, la existencia de otra especie de sincretismo, la *pagelancia* que ocupa un lugar intermedio entre las dos anteriores. La palabra *pagé* designa en el idioma de los tupo-guaraníes al sacerdote mago y *pagelancia* es por lo tanto la expresión de una realidad india. Pero los cimarrones primero y posteriormente los negros en busca de fortuna o por lo menos de un trabajo más remunerador penetraron en la región amazónica aportando con ellos a sus dioses, los *vodús* dahomeyanos o los *orisha* yorubas; y así al lado de la *pagelancia* india (llamada también, bajo influencia de los espiritistas, "líneas" de los cabocles). Se creó otra *pagelancia* (llamada "línea" africana). Los practicantes de estos cultos comprendieron que atraerían a un mayor número de fieles utilizando las dos "líneas" y que lograrían también mayores "poderes" multiplicando la potencia de los Dioses africanos por la de los espíritus indios. Pero al mismo tiempo se dieron cuenta de la oposición estructural que existía entre las dos religiones; y así más que fusionarlas (aunque tenemos testimonios que indican el principio de un proceso de fusión) las hicieron coexistir. En el templo, el "territorio" de los espíritus indios está se-

143. Bastide, Roger, *Américas negras*, Madrid, 1969, p. 82.

parado del *pegi* o santuario africano; en las ceremonias, los *vodú* o los *orishas* son invocados en idioma africano y los *cabocles* en portugués».[144]

Si Roger Bastide resume toda esta singular mezcla de cultos a través de los diferentes conceptos:

«...puede decirse que existe una yuxtaposición de los cultos, que se celebran en fechas diferentes, pero siguiendo el mismo esquema: llamada a los Dioses para que acudan a incorporarse en el cuerpo de los miembros de la cofradía (y no solamente, como ocurre en el catimbo, en el cuerpo del sacerdote) lográndose esto exclusivamente gracias a la música y a los bailes (ciertos tóxicos, como el tabaco, son utilizados después del trance, pero como "símbolos" de la posesión por un espíritu de indio, y no para provocarlo)».[145]

Respecto al sincretismo indio escribe:

«Estos espíritus de indios, llamados *Santos* o *Encantados* son todos ellos tomados de la mitología tupiguaraní o del folklore de los indios llamados "civilizados". Entre estos espíritus mencionemos a *Guaraní,* a *Tupán* (dios del trueno), a *Jurupari* (divinidad india que los misioneros católicos habían identificado con el Diablo), a *Caipora* (que en el idioma tupi significa habitante del bosque), a *Curupira,* etc. Pero también aquí ha habido un esfuerzo de sincretismo para establecer una tabla de correspondencia entre los dioses africanos y los espíritus indios (de la misma manera en que, bajo la influencia del catolicismo, fue establecida una tabla de correspondencia entre los *orisha* y los santos católicos). Así, *Yemanja,* diosa yoruba del agua, y la *Calunga* de los Angola se han sincretizado con las Madres de las Aguas de los indios (reina del Mar, doña Janayna, etc...); Ogun, el dios de la Guerra de las sectas *nagó,* lleva unas veces el nombre indígena de *Urubatao,* y otras veces su nombre africano, indianizado por una serie de apelaciones indias; y así tenemos el Ogún de la Piedra Blanca, el Ogún de las siete encrucijadas, etcétera. A *Oshossi,* el dios de la caza de estas mismas sectas se le conoce aquí como el "cabocle del bosque" o con el nombre indio de Aimoré; Omolú, que para los yorubas es el dios de la viruela se convierte aquí en el "Santo de la serpiente". Cosa curiosa, esta tabla de correspondencia tan sólo es aplicada en el dominio de las creencias, pero no se refleja en el culto. Teóricamente, los miembros de una cofradía africana (tendremos ocasión de volver sobre esto) están ligados a un solo dios, lo mismo en las cofradías bantúes que en las demás; y así cuando entran en trance en el curso de ceremonias ofrecidas para los cobocles, deberían recibir la misma divinidad que en las fiestas africanas, pero con un

144. *Ibíd.,* pp. 82-83.
145. *Ibid.,* p. 84.

nombre distinto; por ejemplo, los hijos de *Ogun* deberían recibir a *Urubatao.* Sin embargo, no ocurre esto. Sin duda porque el número de los espíritus de cabocles que se manifiestan es mayor que el de los orisha. De ahí que, paradójicamente, los miembros de las cofradías bantúes están simultáneamente ligados a dos tipos de divinidades, por ejemplo a *Yamsan* por la parte africana y al cabocle "Piedra Negra" por la parte india. Se da, pues, un fenómeno curioso, que hasta la fecha no ha sido analizado con profundidad, pero que una de nuestras estudiantes, especializada en una conocida secta bantú del Brasil, está actualmente investigando». [146]

Aunque Bastide señala que es difícil trazar líneas claras de demarcación entre el candomblé de cabocle, la macumba de Río de Janeiro y el espiritismo de Umbanda, nos ofrece significativas diferencias entre ellas:

«...en términos generales, diríamos que en el primer caso, es decir, en el candomble las ceremonias africana e india están separadas y son en cierta medida autónomas, mientras que en las otras dos, macumba y espiritismo, estas ceremonias se mezclan, aunque en formas diversas. En la macumba, por ejemplo, de *Espíritu Santo,* el culto comprende dos momentos álgidos; primero, la invocación de los *Eshú* que constituye la primera parte de la ceremonia, la parte africana, puesto que los *Eshú,* en la cosmología yoruba "abren los caminos" y aseguran el enlace entre el mundo de los orisha y el de los mortales, y en segundo lugar la invocación de los "viejos negros" y de los "cabocles" que constituye la segunda parte, a la vez espiritista e india.
La *macumba* de Río y del Estado de Guanabara es una alocada ronda en la que entran *Eshú, Orishas,* Almas desencarnadas y cabocles respondiendo sin orden ni concierto a las llamadas y trances de los fieles. Es el espiritismo de Umbanda, surgido de la *macumba,* se desprende una cierta dogmática: los espíritus de los muertos, particularmente los antiguos negros fallecidos, y los cabocles que constituyen las fuerzas de la naturaleza espiritualizados forman inmensos ejércitos, llamados "falanges" y a la cabeza de cada "falange" hay un general, que es un *orisha* y que puede llevar su nombre africano o el nombre de su correspondiente católico. Así Oshossi dirige las "líneas" de Urubatao; *Ararigboia* dirige a los cabocles de las siete encrucijadas, a las legiones de pieles rojas, a los tamoios y a los cabocles de *Jurema; Shangó,* o San Jerónimo, dirige las legiones de Intiasan, del sol y de la luna, de la Piedra Blanca, de los vientos, de las cascadas, de los tiembla-tiembla y de los negros *kuenguele* fallecidos.» [147]

146. *Ibíd.,* pp. 84-85.
147. *Ibíd.,* p. 85.

h. Paraguay

Una vez dada la vertiente general del *Candomblé* brasileño con sus múltiples variantes, refiero el tema ahora a una práctica guaraní, conocida en Paraguay como la *Payesería* y que es fundamental para entender el cuento incluido en la tesis *El «payé»* del uruguayo Fernán Silva Valdés. La *Payesería* es completamente diferente a la *pagelancia* descrita por Roger Bastide en Brasil y que como hemos visto ha fusionado lo indio y lo negro.

El folklorista paraguayo y director del Ballet Sudamericano, Helio Seraffini, señala que la macumba brasileña ha ejercido influencia sobre la payesería paraguaya, especialmente en las zonas limítrofes con Brasil y en especial la ciudad Pedro Juan Caballero, notablemente conocida por su «macumbería». Esta ciudad colinda hacia el río Apá con la ciudad brasileña Punta Porá. No obstante, hace hincapié en que los orígenes de la payesería son totalmente guaraníes. La descripción que hago sobre el Paraguay y la *payesería* la apoyo fundamentalmente en las obras *Caraí-Vosá* del coronel Ramón C. Bejarano y *Folklore, ritos y costumbres del pueblo guaraní* de José Cruz Rolla y de la entrevista con el citado folklorista Seraffini y de otros autores que aparecen citados en la bibliografía.

De todos los pueblos americanos, uno de los menos conocidos es el guaraní-tupí. Sin embargo, su tradición cultural, mitológica y cosmológica es como la araucana, mezcla de presencias llenas de poesía, encantamiento y fantasía.

El idioma guaraní, lengua vernácula del Paraguay, es una lengua dulce, mística y esencialmente llena de un simbolismo que recoge los más bellos matices de la singularidad humana. El guaraní lo siguen hablando los argentinos de la provincia de Corrientes. Es simbólico además el hecho de que el Paraguay haya sido el primer país de América en parangonar esta lengua indígena con el español. Como ejemplo del simbolismo y la expresividad de este lenguaje que recoge las más variadas y sugestivas vertientes del alma humana, cito al escritor José Cruz Rolla en la expresión de unos versos guaraníes que por su hondura recuerdan a Rabindranath Tagore:

> «Tiki che resá-i nde popitepe che ánga yepé hasé, nde rovaikepe.
> Amaé mombiri, mombiri, itepe...
> ¡pitú mante ahechá ku che pihape.» [148]

---

148. Traducción:

> «Gotas de mi llanto caen en el hueco de tu mano, mi alma también llora junto a tu oído; y miro lejos, muy lejos...
> ¡Sombra solamente veo en mi interior!»

Cruz Rolla, José, *Folklore, ritos y costumbres del pueblo guaraní*, Ed. Poseidón, Buenos Aires, 1954, p. 19.

Esa vertiente simbólica del guaraní se revela en las adecuaciones verbales que aluden a su flora y fauna. Paraná significa «pariente del mar»; Uruguay, «agua de los pájaros» y Paraguay, «agua del mar». Las raíces de la raza guaraní se desparramaron desde remotas épocas en las regiones comprendidas entre el Mar Caribe y el Río de la Plata, ocupando la cuenca del Amazonas y las márgenes de los ríos Paraná, Paraguay y Uruguay en cuyas riberas levantó ciudades, siendo las más importantes de la región del Caribe: «Veraguá» y «Siguaré» y en la región del «Guambaré», en las cercanías de la actual ciudad de Asunción. Las ciudades paraguayas vislumbran el color de las inmensas canastas llenas de naranjas, que apagan así el constante calor calcinante que el sol produce en estas tierras. Una vez más, el sortilegio de estos mundos míticos-mágicos ilumina con carácter permanente la idiosincrasia de unos pueblos cargados en el acontecer del tiempo, con ese lunario y solario poético que Rafael Arévalo Martínez y Miguel Angel Asturias habían de recoger más tarde en la literatura hispanoamericana contemporánea.

Lo primero que descubrimos en las creencias religiosas guaraníes es su carácter monoteísta. *Tupá* es el único dios supremo, símbolo de una raza y esencialmente puro e indefinido. Por ser así no le erigieron templo ni le ofrecieron sacrificios. Tupá es ubicuo. Ellos reconocieron, además, la inmortalidad del alma, la existencia del paraíso (yvaga), la malignidad del espíritu (añá) y el infierno (añaretá). El ceremonial religioso guaraní descansa, como en las culturas inca, azteca y maya, en sintetizados cultos al sol y a la luna, hecho común en casi todas las religiones ancestrales. Los mitos cosmogónicos guaraníes se recogieron en el antiguo idioma conocido como el avané'é. Esas correspondencias míticas conservan su antiguo significado y cito a continuación alguno de estos mitos:

> «...la fuente de su teogonía puede concretarse en: Ara (cielo, día), Tupá (dios), Tenondeté (el primero), Kuarasí (Sol) y Yasí (Luna).
> *Ara,* cielo, día, tiempo, luz; es la imagen del cosmos (para ellos, el cielo era eterno), simbolizada por Tenondeté, cuyo mito alegórico es Yaguarú (Ya, igual a ihá, fruta; guá, del; rú, padre: Padre de la fruta).
> *Tupá* es el Dios supremo; tenía por morada al Sol (kuarasi). Kuarasí (el Sol), conceptualmente, significaba fuente de luz, lenguaje luminoso de la madre (Tupá-sí). Tal nos dicen los elementos componentes de la palabra Kuarasí: *Sí, madre;* Ara, cielo, día tiempo, luz; kua, agujero, cueva: Morada de la madre luz o morada de la madre cielo.
> *Yasí* (la luna), a la que llamaban "Yasí, ñandé sí" (madre luna), creadora de la raza, es morada de Ara-sí (madre cielo), de quien se decían descendientes directos, por ser Ara-sí el vínculo relacionador entre el Avá (el ser humano) y la ley cósmica. Los elementos

componentes de la palabra que la denomina dicen que es la "fruta madre" Ya, igual a ihá, fruta; Sí, madre: Madre fruta que originó la raza».[149]

Los mitos más importantes del caudal guaraní son los que se refieren al sol, al viento, al agua, a la belleza física y a la atracción, la llanura, el horizonte, la vida y la muerte. En lengua guaraní esto se conoce sucesivamente como: Kuarasí-yara Yaguarú, Mboi-tuí, Yasí-yateré, Moñai, Kurupí y Lobisón. El fundamental de todos es el Kuarasí-yara porque simboliza el poder del sol como fuente y fecundador de la creación. Como estos mitos tienen sus figuraciones y sus caracteres esenciales así pasan al fabulario, a la leyenda y a las diversas alegorías míticas-guaraníes que se conservan, sobre todo en la tradición oral. El folklorista Ramón C. Bejarano describe varios de los más significativos: «Ka'á yary-i (Caá Yari, Caá Yaryi, etc.) (El Hada de la Yerba)».

«Es una mujer joven, hermosa y rubia, que hace pactos con los "mineros" de los yerbales. Es fiel y ayuda en sus tareas al "mensú" que le corresponde, y vengativa contra quien la traiciona. Sólo se hace visible a quien le juró fidelidad.
Karaí Vosá (el hombre de la Bolsa)
Es un señor barbudo, que suele andar con una bolsa al hombro, en la cual introduce y lleva a los chicos que vagan lejos de sus casas.
Kurupí (*Curupí*, Curupira) (piel de Sapo).
Es un indio de pequeña estatura, que tiene las partes generativas excesivamente grandes. Es feo. Raras veces se deja ver. Secuestra a mujeres y criaturas, cuyas carnes prefiere como alimento. Es considerado el hado de la fecundidad, protector de la floresta y animales silvestres.»[150]

La escritora paraguaya María Concepción L. de Chaves recoge, varios de estos mitos citados, en forma literaria en su obra *Río lunado,* edición agotada ya en Paraguay. Esta obra contiene valiosos cuentos de la tradición guaraní y sobre todo la tragedia de la Princesa de Guaranía, basada en la leyenda del mismo nombre y titulado *Urutáu.* El cuento Muá-Muá tiene un gran contenido esotérico porque en esta leyenda se encuentran casi todos los símbolos brujeriles de la payesería, tales como: el *itá carú,* el *guayaca,* el *taragüi,* y sobre todo la creación literaria de un *pyratá* frente a una hechicera.[151]

El folklorista Helio Seraffini recoge toda esta esoteria payesera

149. *Ibíd.,* pp. 30-31.
150. Bejarano, Ramón C., *Carai Vosa,* Ed. «El Gráfico», Asunción, Paraguay, 1960, p. 65.
151. Véase cuento *Muá-Muá* en *Río lunado,* Edit. Peuser, Buenos Aires, 1961, pp. 61-67.

a través de la coreografía del Ballet Folklórico Sudamericano, que no sólo reúne las variantes mágico-brujeriles de la payesería, sino los elementos esotéricos de varios países americanos. El afirma que más que la danza y el canto folklórico guaraní, la *payesería* es uno de los más ricos y auténticos trozos representativos del pueblo y del alma paraguaya y aunque generalmente sus mayores adeptos proceden de las clases populares, esta payesería se practica en casi todas las clases sociales, porque suele ser signo de protección y buena suerte. Poseer un «payé» es bastante natural en el Paraguay. La *Payesería* como el *Vodú*, el *Candomblé* y la *Santería*, se caracteriza, como casi todas estas prácticas misteriosas y poderosas, de una gran movilidad social.

¿Qué es la payesería? ¡Qué es un payé? ¿Qué similitud hay entre la «bruja» el «bokor», el «mayombero» y la «payesera»?

Entre las diferentes versiones que existen sobre la payesería recurro a la versión del profesor brasileño Paulo de Carvalho Neto, reconocido como una gran autoridad del folklore en Paraguay y quien ha hecho destacados estudios en su obra *El fetichismo y la brujería en el Paraguay*. Respecto al payé opina:

> «Un payé se reviste de minucias, requiere un aprendizaje, en él intervienen, los poderes mágicos de la música, de los números, de las palabras.» [152]

Ramón C. Bejarano describe la payesería y el payé en la siguiente forma:

> «*Payé* es el acto de hacer el mal a una persona, utilizando para ello ciertas oraciones o elementos materiales. También por medio del payé se puede evitar el mal que puede producir un payé realizado con malas intenciones, o curarse de sus efectos, o suspenderlo. Igualmente sirve para conseguir un bien, y aún curarse de ciertos males desconocidos...
> *Payé* significa también el *objeto* con el cual se efectúa el *acto* del payé: pluma o cabeza del kavure'í, tierra de cementerio, itakarú, etc.
> *Payesero* o *payesera* es la persona que efectúa el payé. ...
> *Pruebera* es normalmente una mujer que adivina el porvenir echando las cartas, sin perjuicio de dedicarse a hacer payé para hacer el mal, o para atraer el bien, o para curar a un *empayenado*, o venta de amuletos.
> Por último, quién más, quién menos, conoce algunos payés, que los utiliza o los recomienda a sus amistades, y sólo recurren a los *iniciados* o *profesionales* en última instancia, para buscar mayor efectividad.» [153]

---

152 Bejarano, Ramón C., *Carai Vosá*, Asunción, 1960, p. 50.
153. *Ibíd.*, *pp.* 50-51.

El *itakarú* en esta hechicería mágica-payesera se alimenta de hierro o acero y sirve de amuleto o talismán. Esta piedrita negra debe depositarse en una bolsita de piel para que no haga daño a la persona, porque sobre la piel corroe. Mucha gente la alimenta con agujas.

La pluma o la cabeza del *kavure'í* se usa mucho en el payé y poseer la pluma del kavure'í atrae al sexo opuesto; por eso esta creencia es muy explotada por los indígenas, quienes se dedican a la venta de estas plumas, a veces hasta de gallinas.

Tener una calavera en miniatura, confeccionada de huesos humanos, ayuda a triunfar sobre todos y especialmente sobre los rivales. Otra costumbre es tener una planta de limón, planta de ruda y siete plantas de taropé para tener suerte en todo y evitar que se haga payé en la casa. Los viernes se queman hojas de pindó karaí con laurel para evitar malos espíritus en la casa.[154]

Otros ejemplos de esta hechicería que puede causar bien es robar una imagen de San Antonio y poner la cabeza para abajo para casarse. Una vez casada, devolverla al dueño. Para enamorar a un hombre la mujer debe untarse las manos con grasa de guineo y pasarla por la cabeza del hombre sin que éste se dé cuenta. Para que vuelva un hombre que ha abandonado a su mujer ésta debe robar una cruz de cementerio, vestirla con una camisa del hombre, ponerla en una esquina del cuarto, encenderle una vela y rezarle nueve Padre Nuestro.

Como ejemplos de la magia maligna encontramos que poner sal en el fuego o una escoba con el mango para abajo detrás de la puerta hace que se alejen las visitas molestas. Para que el hombre se olvide «de la otra» se escribe el nombre de «ella» tres veces en tinta azul y el papel se lo pone en agua del mate que «tomará el hombre». Arrojar en la puerta de una casa tierra de cementerio recogida un día martes o viernes y mezclada con sal hace que los habitantes de dicha casa sean «argel», antipáticos. Agregándole pimienta se separan los cónyuges y si además se le pone aceite y vinagre causa la muerte u otra desgracia.[155]

Este elemento mágico-brujeril de la payesería ha sido incorporado por Helio Seraffini en el Ballet Sudamericano quien representa esta esoteria payesera en sus ballets «Cambuchí-Payé», término que traducido del guaraní significa «embrujamiento por medio de cántaro». «Guaicurú-payé», es obra que destaca los temibles guaicuríes de la zona del Chaco paraguayo, temidos por payeseros. Su prestigio brujeril es tal, que dice Seraffini que cuando una persona parece tener mucha suerte se le suele decir en el argot popular: «eres

154. Véase *Carai Vosá,* p. 52.
155 Véase Ejemplos de Magia Talismánica y Magia Simpática en *Carai Vosá,* pp. 52-53.

una guaicurú». Lo mismo ocurre con los términos populares «payé», «payesero», «payesera», «payesería», «empayenada», términos que el pueblo muy bien entiende en sus divergencias y variaciones. En el ballet «Cambá» se recoge el elemento negro, pues «cambá» significa en guaraní «negro». El tema de esta obra es sobre la persecución de una payesera negra que iba a ser quemada por bruja.[156]

La payesería guaraní se conoce en varias partes del Uruguay, en la provincia argentina de Corrientes y en los pueblos limítrofes. Esta brujería guaraní se conoce mucho más que sus mitos, sus rituales y sus cosmogonías, cosa que no sucede con las tradiciones incas, aztecas y mayas. Respecto a la payesería en la provincia argentina de Corrientes, el argentino José Cruz Rolla, conocedor de este mundo esotérico paraguayo escribe:

> «La creencia popular correntina presenta una característica: una mezcla de creencias religiosas y paganas. Junto con la fe católica, por ejemplo, coexisten creencias que se dio en llamar superstición o superchería, pero eso no abroga la realidad de la creencia popular, que le viene de lo más hondo de la raza. Esto es cosa fácil comprobar: es común el hecho de que el aldeano rinda culto fervoroso a la imagen de su predilección, como la Virgen de Itatí, pero no deja por eso, de llevar en el cinto, o en cualquier lugar oculto, su *kurundú,* o mal llamado *payé* (talismán)».[157]

Este sincretismo lo destaca también el musicólogo paraguayo Federico Riera en su obra *Recuerdos musicales del Paraguay* y en relación a la festividad *Kurusú* o *Curusú Yegua* (cruz engalanada). Esta fiesta a la Santa Cruz se celebra en casi todos los pueblos de América a principios de mayo y en Paraguay el 3 de mayo. Alrededor de estas fiestas de Cruz hay bellísimas tradiciones, devociones y canciones y entre éstas cito la que el profesor Riera describe dentro del ritual guaraní:

> «...es un rito que, probablemente nos llega desde los viejos tiempos de la dominación jesuítica, aunque se podría suponer que ya los guaraníes tenían esa costumbre, y que el símbolo de sus divinidades fue substituido por la cruz. Cuando las sementeras se hallaban necesitadas de agua, por efecto de una prolongada sequía, los gobernadores requerían la intervención de los sacerdotes. Estos, con numerosos fieles en su mayoría agricultores, criollos e indios, adornaban una cruz con flores y paños albos de aó po'i (género indio), saliendo en procesión de rogativas por las calles del pueblo y mu-

156. Información ofrecida por el citado folklorista en entrevista concedida en Madrid el 10 de marzo de 1974.

157. Cruz Rolla, José *Folklore, ritos y costumbres del pueblo guaraní* Ed. Poseidón, Buenos Aires, 1954, p. 36.

chas veces en el mismo predio de las sementeras. Los fieles que acompañaban al *Curusú Yeguá* entonaban cánticos religiosos, pidiendo gracias a Tupá (Divinidad guaraní) para que enviara una lluvia fecundante». [158]

Respecto al animismo y ciertas devociones espirituales que también se dan en el día de todos los Santos y de las Animas, festividades que con variantes se dan en muchos de nuestros países, sobre todo en México, en donde persiste un sincretismo cristiano unido al culto de los antepasados y a los muertos. En estos ceremoniales hay una gran mezcla de lo mágico con la esoteria popular, hecho que muy bien ha recogido Juan Rulfo y Gabriel García Márquez, innovadores y renovadores de esos cultos a los muertos y a los antepasados, dentro de un marco pretérito-histórico e histórico-mítico. Refiriéndome al animismo en Paraguay me remito a Ramón Bejarano, quien describe las siguientes creencias y devociones:

> «Existe la creencia de que hay *espíritus* que molestan a los seres humanos, y con los cuales espíritus se debe tener ciertos cuidados a fin de no ser perjudicados por ellos.
> Estos espíritus, por ejemplo, se manifiestan por medio de ruidos, o luces, o voces, y a veces hasta tocan a los seres humanos con fría mano.
> Parece que el *Pora* no tiene forma definida. No se lo ve, pero se lo siente. Amedrenta en algunas casas donde se cometió un crimen, o existe "entierro". Se dice que es un "alma en pena".
> Para hablar con los poras, se pone un poco de tierra bajo la lengua y se da la espalda hacia donde se cree que está presente, y se le pregunta: "*Ndépa cristiano del mundo terapa ánima del Purfatorio*". Luego de la contestación del Pora, se le pregunta qué necesita. Normalmente contesta que necesita de oraciones. Entonces. para neutralizar su acción se hace bendecir la casa y rezar una Misa.
> Existen otras variantes: *Ypora, Ka'aguy Pora,* etc. La *Mala Visión* es la misma familia: es un "*alma en pena*". Es una figura blanca, alta, que mora en los bosques impenetrables, y lanza unos gritos horripilantes. Si se contesta estos gritos, la Mala Visión se aproxima y come o chupa la sangre a los que le contestaron. El Añá también a veces aparece en la vida de los humanos». [159]

La continuidad de estos relatos nos separaría absolutamente del tema que preciso limitar, pero creo que estos hechos permiten hacer diferentes inferencias y un estudio detenido de la esotérica y el fervor popular en América. Respecto a estas festividades eminentemente

158. Riera, Federico, *Recuerdos musicales del Paraguay,* Ed. Perrot, Colección Nuevo Mundo, Buenos Aires, S. A., p. 36.
159. Bejarano, Ramón C., *Carai Vosá,* Asunción, 1960, p. 57.

cristianas se dan notables conclusiones que hoy corren fragmentariamente dentro del panorama histórico-religioso americano.

Para resumir esta parte que dedico al Paraguay y a la *Payesería* cito dos fragmentos de cuento: uno de eminente raíz guaraní en Paraguay y el otro sobre la provincia argentina de Corrientes. En estos cuentos, como muy bien dice José Cruz Rolla, se manifiestan: «...trozos de la vida diaria de ese retazo del pueblo guaraní que es aún en parte la población de Corrientes».[160]

De José Cruz Rolla cito el cuento «La maldicionera»:

> «...Pobres campos correntinos, todo lo que la vista podía abarcar estaba quemado, calcinado por el fuerte sol; una sequía de cinco meses había devastado la campiña. La laguna *Yakaré-hú* estaba sin agua... Todo era desolación, y una desesperante angustia subía hasta las gargantas resecas de los pobres vecinos, que con frecuencia escudriñaban el horizonte, en procura de descubrir la nube salvadora. Solamente un milagro podía salvarlos; sí, un milagro del Señor Hallado, y a él recurrieron.
>
> El vecindario de la Rinconada, precedido de la Candé, especie de sabia, bruja y curandera, se encaminó en procesión hasta el santuario, distante tres leguas. La Candé, con una imagen del Señor Hallado entre las manos y un rezo interminable entre los dientes, encabezaba, como dijimos, la procesión.
>
> La procesión siguió su camino con paso lento y, al avistar la casa de don Serapio, los integrantes resolvieron acercarse a ella para pedir agua, rogar al dueño de casa que los acompañara y solicitarle hiciera decir una misa, ya que era el único que disponía de dinero.
>
> Cuando la caravana llegó al portón principal se oyeron algunos gruñidos sordos.
>
> La embestida de los perrazos sembró la confusión... Y cuando don Serapio, solícito trató de ayudar a la vieja y pedirle disculpas, ésta, sin responder palabra, sacudiéndose la ropa se fue a unir al grupo que a la distancia la esperaba, y no bien llegó cayó de rodillas y, elevando la imagen del Señor Hallado, balbuceó una maldición: "Que se queme la casa del ricachón".
>
> Pasaron algunos días y a poco se tuvo la noticia de que una nueva guerra civil se había encendido, y no pasó mucho tiempo cuando una partida volante del ejército invasor se hizo presente en la estancia La Takuara, a la que prendieron fuego sus hombres, llevándose todas las haciendas que pudieron, y desde luego, la vieja Candé, los componentes de la procesión comentaron que el incendio y el robo "era un castigo del Señor Hallado".
>
> Desde entonces la vieja Candé, sabia, bruja y curandera, acrecentó su fama y afianzó su prestigio de "Maldicionera".»[161]

160. Cruz Rolla, José, *Folklore, ritos y costumbres del pueblo guaraní*, p. 103.
161. *Ibid.*, pp. 116-118.

En la historia «Muá-Muá» de *Río lunado* de María Concepción Chaves se traza la leyenda sobre la bruja Boní Chuá, quien se enamora del joven Azucapé, quien está casado con la joven Avatí Ky. Boní Chuá trata de embrujar a Azucapé, pero Azucapé estaba seguro de sí mismo.

«Poseía un *itá carú,* mineral que no crece por yuxtaposición sino por alimentación a modo de los seres vivos, talismán que proporciona bríos, fortuna y confianza en el propio valor. El mozo lo había extraído de las minas encantadas de Yuty,en una noche de tormenta, entre dos rayos, con el fin de usarlo contra los ensorcilamientos. Lo llevaba al cuello, en su guayaca de cuero de lobo, entre polvos de piedras ferruginosas. Nacido bajo el signo de constelaciones propicias, el caudillo desconocía los golpes adversos del sino, y atribuía su buena suerte a la influencia de los astros tanto como a la piedra sortílega. No por eso permanecía desprevenido. Diariamente bebía zumo de mil hombres y Kaá Oicó ve; se friccionaba con grasa de taragüi y resina de copal, enterraba los recortes de uñas y cabellos, los residuos de sus alimentos y sus utensilios para que no caigan en poder de los hechiceros, y no dormía jamás de cara a la luna».[162]

«Boní Chuá se untó con *Yacaré repiá Katíaraná,* especie de almizcle que comunica a la mujer un aroma que turba y atrae, y salió al encuentro del caudillo. Este pasó de largo, insensible al perfume que había trastornado a muchos. Entonces la hechicera echó manos a sus más terribles filtros, cráneos de Kauré i y corazón de niño recién nacido, tripurados y mezclados con brotes de *Kaá vó tory* y de *guatá moí Kaá,* todo una siniestra vendímia cuyo zumo anula los vínculos actuales y enciende una pasión nueva, terrible y avasalladora. Los siervos de Azucapé fueron sobornadospara suministrarle a éste el brebaje, a grandes dosis, en las comidas y bebidas.[163]

«Avatí Ky no sabía nada de la maga, menos de lo que ésta significaba como amenaza de su dicha. No comprendía tampoco por qué su marido le exigía que permaneciera todo el tiempo en su casa, que no saliera nunca sola. Impulsada por esa rebeldía innata en la mujer contra toda prohibición masculina demasiado terminante, un poco también por su natural andariego, la joven dejó su casa, llegó hasta el cerro *Iby aty pané* y quedó a orillas del arrollo Mbocayá».[164]

Para terminar este relato «Boní Chuá, la bruja, mata a Avatí Ky, la esposa de Azucapé, que después de muerta mantiene su esencia vital hecha lumbre: Muá-muá. Boní Chuá había sido derrotada por el amor de Azucapé a Avatí Ky y por la venganza de Azucapé quien era *pyratá,* invencible por tanto a todas las artimañas y encantamientos de la bruja Boní Chuá».[165]

---

162. Chaves, María Concepción L. de, *Río lunado,* Ed. Peuser, Buenos Aires, 1961, p. 63.
163. *Ibíd.,* pp. 62-63.
164. *Ibid.,* p. 63.
165. Véase el cuento «Muá-Muá» de la citada obra.

La payesería no tiene el carácter de religión popular que tienen las citadas religiones cubanas, haitianas y brasileñas, pero, sin embargo, se correlaciona con ellas en sus aspectos mágico-brujeriles. La payesería es un hecho que como el candomblé en Brasil existe en casi todo el territorio paraguayo, sobre todo en la zona oriental, que dividida en trece departamentos: Asunción, Encarnación, Villa Rica, Puerto Presidente Stroessner, Misiones, Pilar, Pedro Juan Caballero, recogen un 90 % de esta esoteria. El folklore paraguayo recoge, conserva y mantiene vivas todas estas prácticas y esto es lo importante para nuestra tesis, porque el folklore de un pueblo es lo que se mantiene vivo a través de las supersticiones, las creencias, las danzas, la música, los mitos y las canciones. Las correspondencias humanas que mantienen estas diversas esoterias siguen renaciendo y revinculándose al calor de las imperfecciones humanas cotidianas como: la envidia, la hipocresía, la búsqueda del poder y el éxito ausentes de Dios. No nos atañe hacer consideraciones sobre el bien o el mal de estas prácticas lo importante, como dice el folklorista argentino Félix Coluccio, es el valor de este aspecto en el Paraguay:

> «Y llegamos al Paraguay, país embrujado, sepultado bajo el peso de mitos milenarios, con folklore en la tierra, en el agua y en el aire, que ha estado esperando como una núbil doncella, la voz enamorada que le conquistara el corazón ... Paraguay era una laguna en el folklore sudamericano. Los trabajos nos eran desconocidos o eran imposible conseguirlos. De nada valía la más paciente búsqueda en librerías de todo el país. La desilusión era tremenda, lo mismo que cuando escribíamos al Ministerio de Educación o en Buenos Aires recurríamos a la Embajada ... El CEAP hizo más por el país que años de discursos...».

Y manifiesta luego que:

> «Sólo hay un gran deseo, una gran esperanza: que esto no se detenga y continúe brindándonos el fruto de sus pesquisas, porque sólo así podremos completar brillantemente el mapa folklórico de América del Sur.» [166]

Concluyo con estas palabras la noticia de un elemento rico y vital en vivencias, que es práctica y testimonio vital de la payesería en Paraguay.

3. Planteamientos

Después de haber descrito los caracteres generales de estas tres religiones populares: Santería, Vodú y Candomblé y la payesería gua-

166. En *Carai Vosá,* p. 115. Fragmento de una conferencia ofrecida en el Centro de Estudios Antropológicos del Paraguay el 10 de julio de 1951 por el folklorista argentino Félix Coluccio.

estructuras, apoyadas por los orígenes y las circunstancias históricoraní, podemos afirmar que hay evidentes puntos de similitud en sus sociales que las interacciones raciales, culturales y religiosas produjeron en América. Estas religiones populares son manifestaciones de un mundo que se conserva así mismo, distorsionado y transformado, pero esencialmente puro en cuanto a la tradición ancestral se trata. El hecho más relevante es la simbiosis espontánea que ocurre entre sus sistemas en donde lo europeo, lo indígena y lo africano se vincula naturalmente. La coherencia se produce por la asociación que existe entre sus simbologías y la naturaleza. Los árboles, las piedras, las plantas, las flores, los caracoles, el río, el mar, la tierra, y la luna cobran un carácter especial en estas religiones. En ellas también hay una gran distinción entre lo sagrado y lo profano, lo místico y lo telúrico. Sus rituales son sistemáticos y específicos para cada circunstancia. Sus sacerdotes son iniciados bajo sagrados rituales que exigen purificaciones y abstinencias. En todas ellas se exigen prácticas morales a los fieles y a los neófitos, y en las tres, el color blanco es símbolo de limpieza y pureza. En estas estructuras se utilizan diversas prácticas adivinatorias que operan a base de rigurosos procedimientos sujetos a ordcnadas interpretaciones en donde los cocos, los caracoles y las piedras juegan un papel fundamental. En Haití, por ejemplo, se utiliza el *Gambo,* método que emplea una concha colgada de un cordón. Si la concha se mueve ante la pregunta, su aseveración es afirmativa y si no se mueve es negativa. Lo mismo sucede con el coco en Cuba, de él se valen los lucumíes o yorubas para adivinar, para ahuyentar los malos espíritus y para «romper» enfermedades o trabajos, por eso en Cuba o en Puerto Rico, cuando una persona está «embrujada» o «trabajada» se le dice que hay que romper ese coco. [167]

Estos influjos africanos y europeos han sido descritos a la luz de las opiniones autorizadas de citados especialistas. Lo que nos interesa destacar de las mismas, es el valor de realidad y vitalidad, que como resultado de las diferentes interpolaciones, las innumerables acumulaciones de supuestos y las correspondencias simbólicas que al parecerse o asemejarse con el sistema cristiano; sobrevive y persiste por asociaciones y vinculaciones. En estas religiones lo importante es el sincretismo estructural, cultural y religioso que por estar vivo, pasa en esa misma forma a la narrativa esotérica hispanoamericana. Con carácter de originalidad, singularidad y veracidad es que se manifiestan creadores como Alejo Carpentier, Lydia Cabrera, Ramón Guirao, Nicolás Guillén, Luis Palés Matos y otros. Por esto la opinión de Roger Bastide sobre la «negritud», más que la «americanidad» de

167. Carrera, Lydia, *Por qué...,* Madrid, 1972, p. 240.

Brasil, Trinidad y Haití, me parece una negación a la realidad verdadera de América, que no responde a lo que estos influjos africanos fueron, han sido y serán en América.

> «Brasil y Trinidad son claros testimonios de la fidelidad a Africa frente al mundo de los blancos. Pero en Haití, donde los blancos, han desaparecido, el vodú ha podido evolucionar para constituir no ya religión africana, propiamente dicha, sino más bien la religión "nacional" de Haití, expresión no ya de una voluntad de "regreso a Africa" sino, por el contrario expresión de la comunidad de la isla en lo que tiene de original y de específico.» [168]

Las presencias negras en América son una bella sincronía que deja su signo y su huella en todos los aspectos de la vida. Lo importante, en mi opinión, no es delimitar América como negra, blanca, india o amarilla, sino destacar cómo esas presencias culturales, que son ramas de un mismo tronco, el hombre: fusionan a través del sincretismo religioso-cultural las diversas inquietudes, temores e inseguridades del hombre frente a la naturaleza divina y humana. La conversión de los aspectos de las citadas religiones en magia negra o brujería demoníaca, complementada con pactos con los muertos, zarabandas, bumbas o gangas, sólo nos interesa como expresiones, signos y huellas de unos pueblos que al cobrar vitalidad interaccional, pasan con carácter absoluto a la manifestación artística-literaria de cada uno de esos pueblos americanos, porque son esencialmente hispanoamericanos. Don Federico de Onís recoge y sintetiza esta idea cuando dice:

> «No hay duda en que lo negro que hay en las Antillas vino de Africa como lo español vino de España; pero de ello resultó la fusión de las culturas que trajeron, como de la sangre. Y la cultura de Cuba y Puerto Rico, como toda la de América, no consiste en una mezcla de elementos españoles con negros o indios, que se pueden de alguna manera aislar o separar; consiste en la creación, como resultado de la mezcla, de algo nuevo que ya no es ni negro ni indio ni español, sino mexicano, puertorriqueño o cubano. Un número considerable de antillanos como Palés, carecen de sangre negra y sin embargo son exponentes e intérpretes de la cultura negra antillana como su cultura propia: lo mismo que otros, entre los que se cuentan algunos de los poetas llamados afroantillanos, que son en mayor o menor medida de raza negra, son tan blancos y tan españoles como los otros por el hecho de ser cubanos o puertorriqueños.» [169]

---

168. Bastide, Roger, *Américas negras*, Alianza Editorial, Madrid, 1969, p. 131.
169. Onís, Federico de, *Luis Palés Matos - Vida y obra*, Santa Clara, Cuba, 1959, p. 38.

Por opinar que el poeta Luis Palés Matos es el que mejor recoge el ideario vertido respecto a las presencias afroamericanas del Nuevo Mundo, cito ahora, diversos fragmentos de algunas de sus poesías que revelan toda la gama espiritual de esos mundos de la negritud americana, poética, autóctona y autónoma. Palés crea mundos singulares y particulares de gran belleza, lírica, lingüística y rítmica; todo ello dentro de la realidad afroamericana. Como Nicolás Guillén en Cuba, Palés se nutre sobre todo de Puerto Rico y porque es eminentemente polifacético, su poemario destaca los temas de Africa, Cuba, Haití, Jamaica, además de otros temas que son americanos y universales. Palés nació en Guayama, el pueblo más «brujo» de nuestra Isla. Su obra resume poéticamente, lo que Gerardo del Valle y Lydia Cabrera logran en prosa y Fernando Ortiz, Roger Bastide, Remy Bastien, Nina Rodríguez y otros a través de la ciencia. Cuba ha sido, respecto al tema afroamericano, una verdadera adalid en América y nuestro poeta Luis Palés Matos también lo es desde Puerto Rico. Puerto Rico, por ejemplo, cobra conciencia del hecho a través de los poetas y todavía no hay un escritor en prosa que se haya destacado en el tema, quizá porque aún no se desea afirmar esas presencias negras, que como en todas las áreas del Caribe y en Puerto Rico también, se evidencia claramente por el mestizaje, el vocabulario, la música y algunas fiestas como la dedicada a Santiago Apóstol, celebrada el 25 de julio en Loíza Aldea. Esta es una de las pocas festividades que revela evidente sincretismo africano-católico y que aún conserva autenticidad y respeto a la tradición del patrimonio cultural puertorriqueño. Sobre esa fiesta habla don Fernando Ortiz en el Prólogo a la obra del escritor puertorriqueño Ricardo Alegría, en donde señala la influencia africana de la festividad como diluida o menguada y al respecto dice con prudencia:

> «Lo afroide de la fiesta anual de Loíza aunque menguado, parece indudable. Son los negros, dice Alegría, sus más entusiastas y fieles mantenedores desde que ésta se estableció hace mucho en "los tiempos en que Dios andaba por el mundo" como ellos dicen.» [170]

Luego concluye:

> «...solamente la intensificación del conocimiento científico y realista de nosotros mismos puede darnos la base objetiva para una acertada autocrítica y un fortalecedor autoestímulo, necesarios para sacudir los complejos inferioristas que con frecuencia nos deprimen y sofrenan nuestros progresos. En la ciencia está la luz que puede

---

170. Ortiz, Fernando, Prólogo a *La fiesta de Santiago Apóstol en Loíza Aldea,* Colección de Estudios Puertorriqueños, Madrid, 1954, p. XVI.

iluminar nuestros destinos más allá de las cortinas de humo y prejuicios que a menudo entenebrecen la conciencia».[171]

Repito, en Puerto Rico todavía se persiste en ocultar o diluir dichas presencias negras, hecho que han destacado los puertorriqueños José Colombán Rosario, Antonio S. Pedreira y Salvador Tió entre otros. Como dato interesante cito a Tió en su obra *A fuego lento* y en el artículo «Cláusula de color»:

> «...o la raza blanca es más fuerte o es que como la gente parece que prefiere ser blanca, se cruzan para "adelantarse" según se dice. Las líneas de color no existen en Puerto Rico. Existe un área extensa, una faja elástica y borrosa, color de quenepa o de guajana, a través de la cual fluyen y refluyen las dos sangres básicas de las Antillas».[172]

Hecha la digresión respecto a Puerto Rico recorramos panorámicamente y a través del poemario de Luis Palés Matos lo antes destacado.
De la poesía «Majestad Negra»

«..
....

Por la encendida calle antillana
va Tembandumba de la Quimbamba.
Flor de Tortola, rosa de Uganda,
por ti crepitan bombas y bámbulas;
por ti en calendas desenfrenadas
quema la Antilla su sangre ñáñiga.
Haití te ofrece sus calabazas;
fogosos rones te da Jamaica;
Cuba te dice: ¡dale, mulata!
Y Puerto Rico: ¡melao, melamba!

¡Sus, mis cocolos de negras caras!
Tronad, tambores; vibrad, maracas.
Por la encendida calle antillana
—Rumba, macumba, candombe, bambula—
va Tembandumba de la Quimbamba».[173]

---

171. *Ibíd.*, p. XVI.

172 Tió, Salvador, *A fuego lento*, (Cien columnas de humor y una cornisa), Ediciones de la Torre, Universidad de Puerto Rico, I Edición, 1954, p. 168.

173. Palés Matos, Luis, *Poesía 1915-1956*, Introducción por Federico de Onís, San Juan, Universidad de Puerto Rico, 1957, pp. 233-234.

De la poesía «Canción festiva para ser llorada»:

«Cuba-ñáñigo y bachata—
Haití-vodú y calabaza—
Puerto Rico-burundanga—

Antilla, vaho pastoso
de templa recién cuajada.
Trajín de ingenio cañero.
Baño turco de melaza.
Aristocracia de dril
donde la vida resbala
sobre frases de natilla
y suculentas metáforas.
Estilización de costa
a cargo de entecas palmas.
Idioma blando y chorreoso
—mamey, cacao, guanábana—.
En negrito y cocotero
Babbitt turista te atrapa;
Tartarín sensual te sueña
en tu loro y tu mulata;
sólo a veces Don Quijote,
por chiflado y musaraña,
de tu maritornería
construye una dulcineada». [174]

En su poema «Lamento» hace una crítica al hombre que aplasta al negro y al negro que pierde su personalidad:

«Sombra blanca en el baquiné
tiene changó, tiene vodú.
Cuando pasa por el bembé
daña el quimbombó, daña el calalú.

....

Sombra blanca que el negro ve
sin aviso del Gran Jujú,
dondequiera que pone el pie
suelta el maná de su fufú.
Hombre negro triste se ve

174. *Ibíd.*, pp. 252-257.

desde Habana hasta Zimbambué,
desde Angola hasta Kanembú
hombre negro triste se ve...
Ya no baila su tu-cu-tú,
al —adombe gangá mondé—.»[175]

En «Ten con Ten» alude a la ambigüedad racial y a la realidad española y africana:

«..

Y así estás, mi verde antilla, en un sí es que no es de raza,
en ten con ten de abolengo
que te hace tan antillana...
Al ritmo de los tambores
tu lindo ten con ten bailas,
una mitad española
y otra mitad africana.»[176]

Resumo pues, todo este sincretismo afroamericano, que con sin par gracia y hondura, sintetiza nuestro inigualado poeta en la mejor de sus poesías, «Mulata-Antilla», síntesis arquitectónica, recobradora y forjadora del alma americana, que no es negra ni blanca sino hispanoamericana.

«..
....

Eres inmensidad libre y sin límites,
eres amor sin trabas y sin prisas;
en tu vientre conjugan mis dos razas
sus vitales potencias expansivas.
Amor, tórrido amor de la mulata,
gallo de ron, azúcar derretida,
tabonuco que el tuétano te abrasa
con aromas de sándalo y de mirra.
Con voces del Cantar de los Cantares,
eres morena porque el sol te mira.
Debajo de tu lengua hay miel y leche
y ungüento derramado en tus pupilas.
Como la torre de David, tu cuello,

175. *Ibíd.*, pp. 222-223.
176. *Ibíd.*, pp. 241-242.

y tus pechos gemelas cervatillas.
Flor de Sarón y lirio de los valles,
yegua de Faraón, ¡oh Sulamita!

Cuba, Santo Domingo, Puerto Rico,
fogosas y sensuales tierras mías.
¡Oh los rones calientes de Jamaica!
¡Oh fiero calalú de Martinica!
¡Oh noche fermentada de tambores
del Haití impenetrable y voduista!
Dominica, Tortola, Guadalupe,
¡Antillas, mis Antillas!
Sobre el mar de Colón, aupadas todas,
sobre el Caribe mar, todas unidas,
soñando y padeciendo y forcejeando
contra pestes, ciclones y codicias,
y muriéndose un poco por la noche,
y otra vez a la aurora, redivivas,
porque eres tú, mulata de los trópicos
la libertad cantando en mis Antillas».[177]

Así concluiremos estos planteamientos, consecuencia de este examen objetivo, que nos ha permitido recorrer el ámbito cultural, ideológico, mítico y literario del Nuevo Mundo, desde 1492 hasta hoy y en los sucesivos períodos del descubrimiento, la conquista, la colonización, y dentro de ello, el mundo prehispánico y afroamericano. A través de esto, podemos observar y afirmar, ubicadas ya las influencias señaladas, lo siguiente: en América se halla Europa, Africa, Asia y casi todas las influencias culturales y, sin embargo, es plenamente América, por su originalidad y carácter. Lo que mueve todo el tinglado cultural permite identificar supervivencias sincretizadas, y esto ofrece una nueva realidad y multitud de perspectivas, tejidas por las variadas y ricas aportaciones antes destacadas. Estas aportaciones redundan en beneficio o en deterioro en estos territorios americanos, que divididos a partir de la época colonial entre españoles, ingleses, franceses, holandeses, portugueses y rusos, comienzan a dar señales definitivas de efervescencia separatista y emancipadora. Desde los mismos inicios de la conquista y a partir de 1800 específicamente, se habían producido variadas rebeldías y sublevaciones, culminando dichos ideales con las guerras de la Independencia Americana. La vastedad, el esplendor y la variedad del mundo americano, unida a la amplia gama de culturas y de razas, dio

177. *Ibid.*, pp. 258-260.

un nuevo matiz y un nuevo contorno al hombre americano. Tres razas componen la trilogía del alma americana-hispánica, si del alma americana-hispánica podemos hablar: la india, la europea y la negra. Esta realidad, que se cumple en América con carácter propio, no se logra en la otra América, la Anglosajona, pues el mestizaje no es total fusión como en la nuestra.

La estirpe india-americana nuestra está arraigada en la tierra y ella es la que nutre con savia propia a todo el continente Americano, defendiendo lo que es suyo; la africana, aunque trasplantada de la inmensa vastedad continental africana, se arraiga con carácter único a través del mestizaje y del trabajo igualador y nivelador de todos los seres humanos. Ellas dos, la india y la negra, se injertaron; se adhirieron primero y se fusionaron luego a las diversas razas europeas que llegaron a América. Esta realidad plasmada y realizada en tres siglos de convivencia, es la mejor contribución que la mezcla y la amalgama total ha producido en el Nuevo Mundo. La lengua española, en este caso, descubre el alma y el espíritu del mundo americano como decía Unamuno en su poema «La Palabra»: «mi lengua es la sangre del espíritu... y allí donde se hable... estará soberana mi patria...»

Por la lengua y el mestizaje se realiza la interacción, la convivencia y la coherencia del mundo hispánico-americano. Este hecho fundamental lo tenemos en cuenta para comprender la realidad de los elementos esotéricos, que no son entes aislados o islas separadas culturales, sino que por lo contrario, son hijos de la interacción vivencial, hecha a través del tiempo, porque los humanos nos hacemos en el tiempo y al tiempo dejamos que madure lo permanentemente humano. Este hecho, afirmado históricamente primero y logrado culturalmente luego, se recoge en todos los aspectos del quehacer humano, principalmente en la literatura, emancipando así los viejos valores para dar paso a las nuevas creaciones religiosas, espirituales, ideológicas y literarias que sintetizan el carácter de la colectividad americana.

Indios, negros y europeos están unidos en América y aunque las relaciones, por su carácter humano, no sean totalmente armoniosas, conviven, olvidados ya de si vinieron antes o después, si los trasplantaron o no, o si perdidos los contactos con sus nativas y ancestrales patrias, responden al llamado de una nueva patria, porque son ya raíces de nuevos paisanajes. Su permanencia en América ha quedado diluida entre las diarias vivencias. No hay duda de que la fe y la esperanza de un nuevo mundo mejor todavía les anima y les guía y aunque como Robinson Crusoe conlleven todo el cúmulo de patrones culturales anteriormente aprendidos en sus ausentes tierras, la simbiosis se ha operado; la yuxtaposición de almas se ha producido.

Por esto, el lenguaje, signo vital, recoge con originalidad y singularidad nuevos términos, que describen al hombre como españoles, españoles - americanos, chapetones, gachupines, criollos, indianos. Unos términos tienen carácter peyorativo, otros son sinónimos de haber nacido en las Indias o distinción de mestizaje cuando se llama a los negros: pardos, castaños, mulatos, trigueños y a los indios: cholos, indiada, mestizo. En general, la lengua colectiva va recogiendo toda clase de matices sociales o raciales; sin embargo, lo importante del hecho es que recoge la mezcla de razas, pasada por el cedazo étnico lingüístico y esto es otra prueba de la convivencia histórico-social americana.

Las razones que dan margen a la separación de los territorios americanos de España provino de dos planos: uno creado en España y otro incubado en América por los propios españoles primero, seguido luego de españoles-americanos contra europeos y viceversa, y por los indios y los negros, que disgustados luchaban entre sí y contra los demás. De 1564 a 1582 la historia recoge variadas luchas sin cuartel entre castellanos y andaluces, portugueses y extremeños, extremeños y vascos. Estos hechos y otros como la expulsión de los judíos, que ya había anticipado Francia e Inglaterra en el siglo XIII, la expulsión de los jesuitas y la francmasonería, son las simientes de la futura destrucción del Imperio Español. La expulsión de los judíos promueve en América una gran introducción de libros heréticos que proceden de diversas partes de Europa y que al solidarizarse con el espíritu de la Contrarreforma atacan las estructuras del Imperio. La expulsión de los jesuitas es también promovida, según opinión de muchos historiadores, como consecuencia del espíritu de la Contrarreforma y como secuela de la Francmasonería europea. Esta, la Francmasonería, por el carácter de su filosofía, se aparta completamente del cristianismo y promueve otra clase de ateísmo que adquiere gran poder político en varias monarquías, especialmente la de España; bajo el reinado de Carlos III, se suscita entre otras cosas, la definitiva expulsión de los jesuitas. Ya para 1752 la Francmasonería se había propagado en América.

De todo lo anterior se infiere que la Enciclopedia ha triunfado y la agitación intelectual se apresuró en América con la expulsión de los jesuitas y las consecutivas revoluciones americanas; norteamericana y haitiana: revoluciones que por diversas razones influyen favorablemente en la separación y emancipación americana. El fondo cultural de estas ideas libertarias procede de filósofos y escritores europeos como: Montesquieu, Rousseau, Diderot, Voltaire, Raynal, Padre Suárez, Feijó, Cadalso y otros. Ellos abonan el terreno a los futuros héroes de la independencia americana: Simón Bolívar y San Martín. Rousseau y Voltaire crearon gran conciencia, no sólo en Europa sino en América, respecto a los derechos del hombre y de la libertad verdadera, que en ambos lugares era predicada a veces en abstracto, pero no vivida. Es significativo el hecho de que algunas ideas de Voltaire aparezcan recogidas en ciertas obras como *Cándido, Oreillons, Eldorado, Alzire,* que se nutren de la temática y problemática americana y, aunque hayan sido tildadas a veces de meras abstracciones, tienen la importancia de recoger aspectos válidos de América en una forma más real y objetiva que otros tratadistas como Buffon y De Paw fabularon sobre América.

V. PANORAMA LITERARIO AMERICANO

1. Lo esotérico en la literatura hispanoamericana

a. Panorama general

En el arranque de la literatura hispanoamericana encontramos dos aspectos fundamentales: las literaturas y los mitos prehispánicos y las crónicas de Indias. En cierto sentido, los historiadores y los cronistas hicieron la mayor aportación a nuestra literatura, porque muchos de ellos como Motolinía, Sahagún, Las Casas, entre otros, aprendieron las lenguas indígenas y sus obras revelan una gran veracidad y un profundo conocimiento de esos nuevos mundos. Igualmente influyeron los sacerdotes, en la conservación de gran parte del caudal cultural indígena; que muchas veces fue ignorado y marginado, por los propios criollos y mestizos antes y después de la Independencia. En estos momentos, hay una gran variedad de encontrados sentimientos que se mueven entre la europeización, el criollismo y el americanismo en líneas dudosas que todavía no han madurado y que por ende no permiten una demarcación clara en la literatura de la época. Sin embargo, a partir de 1900 el sustrato prehispánico aparece ya con caracteres claros y sustanciales en nuestra literatura.

Como hemos visto en capítulos anteriores, la riqueza de los mitos prehispánicos es tal, que en ellos convergen todos los cimientos del realismo mágico y de la magia esotérica de raíz telúrica, cimientos que iniciaron los cronistas o historiadores de Indias y que han continuado nuestros creadores literarios contemporáneos. Este momento inicial de revelación de un nuevo mundo, con toda su riqueza y novedad, lo destacó Cristóbal Colón en sus primeras epístolas a los Reyes Católicos y en su *Diario*. Como hemos reiterado varias veces, los conquistadores y los historiadores sintieron ese impulso vivencial que les movió a escribir para testimoniar esas nuevas realidades, esos mitos, que las nuevas culturas con sus hombres y sus circunstancias, hicieron pasar por el cedazo de la realidad e irrealidad de un nuevo mundo, en constante trueque de valores. Lo significativo del hecho, es que estos historiadores y cronistas, con mentalidades medievales o renacentistas revivieron por comparación y por recuerdo las viejas mitologías esotéricas europeas, que al contacto con las esoterias americanas, iniciaron un nuevo sincretismo, que luego se vinculó a las mitologías africanas. Recordemos como ellos comparaban dioses y cemíes con las ideas del diablo brujeril, hechicero y medieval. Esas transferencias, que se transparentaron en el mundo mágico americano, cobraron inusitado y singular valor en el lenguaje, en la palabra llena de colorido y significación, que son hoy por hoy, la parte más bella y profunda de estas crónicas que han nutrido y continúan nutriendo a buena parte de nuestros escritores, tales como: Miguel Angel Asturias, Rafael Arévalo Martínez, Alejo Carpentier, Gabriel García Márquez, Juan Rulfo, Carlos Fuentes y otros. Bernal Díaz del Castillo sigue y continuará siendo una de las fuentes más ricas de inspiración que proviene de ese realismo mágico, que resume y sintetiza a través de la palabra llana, el encanto y la fantasía de aquellas primeras visiones que él torna en maravillosas y reales interpretaciones. Por recoger esta realidad, sentida a la luz de un carácter esencialmente espiritual, consideramos, que es el primer escritor auténticamente hispanoamericano. Se ha eternizado y se ha hecho trascendente, porque su obra fue creada por el espíritu de justicia, que le movió a decir las cosas como las vio y las sintió y movido por ese sentimiento, habló y escribió, porque también «tenía la gaviota que todos llevamos dentro» y arranca de lo telúrico, para posarse en las nubes de la fantasía, que es otra manera de decir las cosas.

La conquista espiritual ha dado margen a la conquista cultural. La literatura recoge toda la aportación política, religiosa, educativa y económica que ha ido forjando España en los siglos XVI y XVII.

En el siglo XVII se ensayan los experimentos utópios de Vasco de Quiroga en Michoacán, y se empieza a sentir la influencia cultural de las misiones jesuíticas en Paraguay que se extienden a todo lo largo del siglo hasta su expulsión. Hay una gran intensificación cultural promovida por la imprenta, establecida en México y en Perú desde 1536. Aunque las obras impresas, en su mayoría, son de carácter religioso, las hay jurídicas, históricas y de medicina. En esta época también se imprime gran cantidad de textos indígenas. Algunas de estas obras, en lengua nativa, eran traducciones de textos españoles, como la versión en guaraní del Padre Nieremberg, *Diferencia entre lo temporal y lo externo.*

El mestizaje étnico cultural-americano se realiza y se produce a través de Garcilaso de la Vega el Inca y de Sor Juana Inés de la Cruz. Garcilaso el Inca, es el genuino representante del mestizaje que rinde esplendor a las dos culturas y razas, que en él consolidan y resumen la realidad americana y la española. La grandeza del Inca está en las reminiscencias vivas y gloriosas que guardó acaudaladas y enjoyadas, siendo un caballero español de estirpe inca. *Comentarios reales,* es realmente la primera obra hija del mestizaje vital. Ahí quedan todas las magias y las esoterias de ese mundo mítico, pero no impalpable, real y a la vez ensueño. Este escritor es el verdadero iniciador de nuestra literatura, porque en él y su obra convergen tres momentos fundamentales de nuestra historia: América, España y el hombre, que ya no es ni americano ni español, sino hispanoamericano. Igual que él recordamos a Sor Juana, que queda como una reinterpretadora y recreadora de todos los movimientos literarios de la época. Ella cultiva todos los géneros en forma exquisita y asombra ver como a veces busca también dentro de su caudal cultural las raíces de su americanidad, que aflora en los villancicos populares y en la presencia de sus negros que son castaños o pardos.

El siglo XVIII en América es un emporio de diversas y encontradas ideas. En esta época de la Ilustración emanada principalmente de los filósofos franceses Diderot, Montesquieu y Rousseau se altera todo el panorama de América. El influjo enciclopedista paradójicamente nos llega sobre todo a través de España. En los dos siglos virreinales anteriores se consolida ya la aportación humanística y clasicista encarnada por los jesuitas principalmente, que no sólo renovaron y restauraron el nivel cultural de América, sino que se dedicaron a investigar casi todos los asuntos americanos y aún intervinieron en algunos, tomando parte activa en el proceso de la Independencia, sobre todo a partir de 1767 cuando fueron expulsados de los dominios españoles. En ese panorama quedan los nombres de los jesuitas Francisco Javier Clavijero, Francisco Javier Alegre, Rafael Landívar, Pablo Vizcardo y otros. A los jesuitas se les debe también, el que se haya guardado casi todo el caudal de las diversas manifestaciones indígenas, que con su carácter mágico y esotérico han quedado depositadas para siempre en archivos, manuscritos, tratados y ensayos.

Ya entrando en el momento de la emancipación, el carácter aristocrático de las élites que promovieron la Independencia, integradas por criollos y mestizos e incluso muchos peninsulares, residentes en América, que deseaban independizarse del poder constituído por España, llevó a construir y elaborar una literatura europeizante y ajena al elemento indígena. Este sustrato fundamental y vital fue preterido en este período. Por eso, la literatura de la época, aunque valiosa por muchos conceptos, es casi una entelequia europea, alienada respecto a lo indígena. Las minorías selectas de la época, censuraron el poder español en la medida en que éste les usurpaba sus derechos y privilegios políticos y económicos. Por esto podemos concluir, que el carácter de esta etapa inmediatamente anterior y posterior a la Independencia, lo resume las investigaciones científicas e historicistas que tuvieron una connotación minoritaria, pero continuaron destacando un hecho fundamental y evidente en el panorama literario de la época, la ausencia indígena. Opinamos que las Crónicas de Indias, producto de los siglos XVI y XVII, continúan siendo una de las fuentes mágicas de mayor inspiración para los escritores europeos del siglo XVIII y comienzos del XIX, sobre todo para los franceses, que se nutren, aunque abstractamente, del ideario americano. Recordemos a Voltaire con obras como *Cándido, Oreillons, Eldorado;* a Rousseau con su *Emile* e inclusive las desprestigiadas fabulaciones de De Paw y Buffon sobre América. Todo ello evidencia esa presencia de América que todavía inspira a Europa como un elemento de fantasía y sortilegio maravilloso, mejor que el iniciado por Concolorcorvo, quien habló superficialmente del gaucho y del indio.[178]

Si continuamos lo iniciado a partir de este momento, comprenderemos que la situación enmarcada dentro del período de la Independencia, que se extiende en América desde 1810 hasta 1825, produce, como es obvio, variadísimos matices culturales y filosóficos que cambian casi por completo la mentalidad de los dirigentes de la época. Cada vez que aludimos a estos cambios, ya sean políticos o económicos, nos referimos y remitimos a las minorías selectas y poderosas de la época.

La literatura de la época de la Independencia se concreta en tres planos literarios: combate, testimonio periodístico y cuadro costumbrista, que está supeditado a un fin inmediato: la propaganda escrita por revolucionarios y patriotas. En la literatura patriótica-poética se advierten ya ciertos rasgos de la magia esotérica, muy diferente, a mi juicio, del realismo-mágico inicial, recogido por los cronistas y que se trasluce en esos revolucionarios llenos de rencor hacia España, reconocedores de su estirpe americana. Ese odio, iniciado a veces por los propios españoles en América, quedó grabado en las proclamas, en los discursos, en las arengas políticas, en la poesía. La época se caracterizó notablemente por las conspiraciones, las juntas, las revoluciones y los pronunciamientos.

Un hecho notable, dentro del panorama revolucionario de la época, es la influencia de la francmasonería en América, iniciada en España en 1726, cuando la Gran Logia de Inglaterra concede licencia para abrir una logia en Gibraltar. Para 1734 había cuatro logias en Madrid y la más importante era *Las tres Flores de Lis.* Este movi-

---

178. Concolorcorvo, *Lazarillo de ciegos y caminantes,* Edit. Labor, Madrid, 1973.

miento popular social e intelectual, parece haber tenido gran propagación en España con Cagliostro, quien había fundado logias en Andalucía y Cataluña. Hay un hecho, que sólo anoto como evidencia de algunos cambios que surgieron desde España, y que ayudaron a la sublevación general que transformó a América. Me refiero a la conspiración republicana de San Blas, cuyos caudillos fueron los francmasones Juan Picornell, José Lax, Sebastián Andrés y Manuel Cortés, todos miembros de la logia *La España* con sede en la calle de Ballestero. Estos hombres fueron denunciados en 1796, pero indultados más tarde, fueron desterrados a Panamá.[179] No hay duda de que este hecho, como el de la expulsión de los jesuitas, y las revoluciones francesa, norteamericana y haitiana, tuvieron mucho que ver en las fermentaciones revolucionarias y libertarias hispanoamericanas.

El caso del patriota Simón Bolívar, es a mi juicio el mejor exponente de todas estas influencias mágica-esotéricas, que recogió particularmente a través de su influyente mentor Simón Carreño Rodríguez, muy conocido por sus controversiales ideas. Notable es el hecho, de que su famoso juramento en el Monte Aventino de Roma lo hiciese ante Don Simón Rodríguez, en 1805. Ese acto, no deja de tener cierto matiz esotérico, producto quizá de las diversas ideas espiritistas y teosóficas que circularon por América. De esas filosofías parten ideas sobre la transmisión del poder y la fuerza cósmica, que la historia humana y divina deposita en esos lugares sagrados e históricos que singularmente pueden ser el monte, la cima de un volcán o la montaña. En estos lugares es como si toda la fuerza mental y astral se fundiese en el hombre, por eso es muy significativo este juramento en el Monte Sacro, donde todavía parece ondear las enérgicas palabras del futuro guerrero de América:

> «Juro delante de usted, juro por el Dios de mis padres, juro por ellos; juro por mi honor y juro por la patria, que no daré descanso a mi brazo ni reposo a mi alma, hasta que haya roto las cadenas que nos oprimen por voluntad del poder español.»[180]

Luego, prosiguiendo ese hilo mágico que movió la esperanza y la ilusión, el idealismo y la realidad, el encanto y el desencanto, inmortaliza esas palabras anunciadoras del fuego proteico que le conmueve, y que le hará luchar hasta morir por la consecución de su meta: Meta que logra ante la ingratitud de los suyos, porque la acción precede al mito y porque la ingratitud lo crea, por eso quizá le convierten en mito de América y leyenda del mundo. Sus palabras ante el

179. Véase la trayectoria de esta idea en: Madariaga Salvador, *Cuadro histórico de las Indias*. Introducción a Bolívar, Buenos Aires, 1956, pp. 743-745.

180. Madariaga, Salvador, *Cuadro histórico de las Indias*, (Introducción a *Bolívar*), Buenos Aires, 1955, p. 18.

terremoto de 1812 en Caracas, tienen también una enorme carga de esoteria: «si se opone la naturaleza, lucharemos contra ella y haremos que nos obedezca». Su gesta gana el elocuente elogio de Don Miguel de Unamuno, quien lo equipara con Don Quijote y al equipararlo con el Quijote, revela al Mito de América. Sus famosas palabras de «guerra o muerte»; quedan para siempre como el «hombre a secas» que proponía Eugenio María de Hostos en su ideario patriótico y humano.

Bolívar ejerció gran influencia en su época y singular es el sortilegio que ejerce en el ecuatoriano Olmedo, quien se inspiró en su gesta y escribió su *Victoria de Junín: canto a Bolívar.* La crítica a la Oda la hace Bolívar, quien escribe en carta del 25 de junio de 1825 a Olmedo:
«... Usted debió de haber borrado muchos versos que yo encuentro prosaicos y vulgares; o yo no tengo oído musical...» En esa carta también revela alguna de sus particulares creencias:

> «...Todos tenemos nuestra sombra divina o heroica que nos cubre con sus alas de protección como ángeles guardianes...» [181]

Dentro de este clima polifacético, la formación del carácter de los nuevos pueblos hispanoamericanos, es unificado y en cierto modo determinado en el Nuevo Mundo, por Simón Bolívar en el norte y San Martín en el sur, proclamando la Independencia y la igualdad en estas nuevas tierras. Hispanoamérica parece revivir a través de los patriotas y escritores los mitos americanos con renovadas fuerzas sobre todo en la poesía y en los himnos, muchos de ellos carentes de verdadera calidad artística, porque se redactaron imbuidos por el odio y el rencor a España. Una rápida mirada a los himnos americanos daría la panorámica de continuadas alusiones a los héroes míticos americanos: Manco Capac, Huayna Capac, Moctezuma, Cuauthemoc, Viracocha; todos revividos por el deseo aparente de recuperar el tiempo perdido y en despertar una conciencia americana que no existía o estaba dormida. En realidad este indigenismo era evidentemente convencional y oportunista.

El momento es de transición notoria, las ideas son más liberales; las formas literarias, variadas y movidas entre el impacto de la Ilustración renovadora y restauradora del orden intelectual, humanístico y libertario que dan un nuevo tono a la época. Por ende, en literatura hay que delimitar aquellos autores y obras que, por

181. Olmedo, José Joaquín, *Poesías*, Editorial Maucci, Barcelona, pp. 19-20.

distintas vertientes literarias, también consolidan nuevas posturas significativas, para la formación del panorama literario y las perspectivas de nuestro tema. La obra que mejor recoge los ideales de la literatura de la Independencia la del mexicano José Fernández de Lizardi (1776-1827) con su obra *El Periquillo Sarniento,* obra que recoge casi todos los elementos fundamentales en tres vertientes: lo combativo, lo testimonial y lo satírico costumbrista.

Como representante de este momento crucial que supone otras perspectivas literarias, tenemos a Andrés Bello, José Joaquín Olmedo y José María Heredia Campuzano. Recordemos, que la poesía del momento, estaba supeditada a la imitación servil de los patrones neoclásicos europeos del siglo XVIII y se conservaban todavía las formas poéticas del Siglo de Oro. En general, prevalecía un tono retórico, influido por los poetas Quintana y Nicasio Gallego. En José Joaquín Olmedo y José María Heredia Campuzano, se advierte ya otro tono, que si no es esotérico, sí manifiesta cierta magia en el estilo. José Joaquín Olmedo recoge la mitología americana en su poema dedicado a Simón Bolívar, *La victoria de Junín,* pero en su poesía todavía prevalece el tono retórico-político. El mejor poeta de la Independencia, fue José María Heredia Campuzano y su obra, *En el Teocalli de Cholula,* insinúa ya la magia esotérica que desgranan los ancestrales paisajes ruinosos de un templo azteca. Su tono poético es diferente al de los discursos de Olmedo y supone un nuevo tratamiento dentro de la tradición europea.

Andrés Bello, sintetiza toda la madurez intelectual de la época; y aunque no cumplió con la misión que los patriotas venezolanos le encomendaron en Londres, su obra y la fundación de la revista *Repertorio Americano,* constituye la más valiosa aportación al caudal cultural hispanoamericano, porque supuso una significativa interacción con escritores de gran prestigio en Europa y América. Unida a su labor como pedagogo, escritor, y renovador de una época, se le añade la del precursor de las ideas románticas, que introdujo en América al traducir los poemas de Víctor Hugo.

El romanticismo llegó a América rezagadamente, y generalmente, se distingue entre una primera generación romántica, que sitúa a los autores nacidos entre 1800 y 1860; y una segunda generación, que incluye a los nacidos de 1835 a 1855 y que los ubica entre 1860 y 1880. En estos escritores se recrean las costumbres con nuevas tramas, sustancia y carácter americano; ya se han roto los lazos con España y las nuevas repúblicas comienzan a rehacerse. Hay una evidente toma de conciencia, que se traduce en la afirmación de la tradición, el localismo y el espíritu de nacionalismo. El movimiento romántico en América está lleno de esoteria, magia y fantasía, porque se reviven, sobre todo, las oleadas románticas del descubrimiento.

El romanticismo hispanoamericano, consecuencia del de Europa, manifiesta todas las influencias de sus creadores y de sus temarios exóticos, lejanos y universales; sin embargo, a diferencia de los europeos que se apoyaron en épocas lejanas, el nuestro se nutrió de su propio carácter mágico-maravilloso que desde el descubrimiento supuso el símbolo de lo fabuloso, encarnado por los mitos, los paraísos encontrados como Eldorado, el Vellocino, la Fuente de la Juventud; todo también unido a las míticas y ancestrales civilizaciones, extrañas y exóticas, fuente también de inspiración para los románticos europeos. América, por su misma raíz, fue un tesoro infinito para el ideario romántico, que más que un movimiento, o una moda literaria, fue una renovación vital a los usuales conceptos de la vida. La perspectiva de lo maravilloso siembra el camino a otros mundos, quizás alucinantes y extraños, pero vitales.

La figura más significativa del Romanticismo hispanoamericano es la de Esteban Echeverría porque, no sólo recoge el ideario romántico francés, representado por Hugo, Lamartine, Vigny, Musset, Saint Beuve, durante su permanencia en París desde 1826 hasta 1830, sino que a su regreso a la Argentina formó una escuela romántica y liberal que vinculó a su generación con lo más notable del mundo literario y político. Echeverría no sólo conoció a los románticos franceses, sino que recibió influjos de los alemanes Goethe y Schiller, del italiano Manzoni, de los ingleses Walter Scott y Byron. El es figura de cohesión, difusión y síntesis del movimiento romántico. Sus sentimientos políticos y su ideario libertario frente a la caótica situación de su país, le imprimen una capacidad tal, que él mismo era la encarnación del romántico. Su entrega total al movimiento fue sentida y vivida desde el triunfo romántico de Hugo, Saint Beuve y Emilie Deschamps. El ideario romántico se vierte en él totalmente. El romanticismo de Echeverría y el hispanoamericano en general, supuso en él y Sarmiento, más que en Jorge Isaacs, una nueva estética, una nueva ética y un compromiso dentro del quehacer histórico, literario y político de su patria. El poema *Elvira o la novia del Plata*, 1832, inicia la poesía romántica en los nuevos moldes franceses. El amor de Elvira y Lisandro se mueve entre el sortilegio y el presagio, la premonición y el fatalismo, la tragedia y el hechizo que vincula la vida, el amor y la muerte.

El poema anticipa toda esa esoteria romántica francesa, decisiva en nuestros creadores modernistas Nájera, Casal, Silva, Martí, Díaz Mirón, González Prada y que culmina Darío.

En todo el poema prevalece el más allá sin fronteras, porque está asido al amor ilimitado; la situación caótica y abismal de América se vislumbra a través de esos mundos de brujas, espíritus malignos, machos cabríos. Lo órfico, lo escatológico, lo necrofílico y lo ofídico, se vinculan magistralmente dentro de un raro amor erótico, extraño y misterioso.

La premonición, el presagio de muerte, que parece intuir Elvira desde un plano extrasensorial o espiritual, le advierte que su felicidad está pronta a terminar. Sin embargo, asida todavía a esa idea de trascendencia espiritual más allá de la muerte, que persiste en todo el poema dice:

> «Tuya seré triunfando de la muerte
> mas no sé qué fatal presentimiento
> acabará hoy mi dicha y mi contento
> y en secreto me dice: Tus amores
> finalizarán pronto, Elvira y tu ventura.» [182]

Lisandro también intuye este sentido esotérico a través de lo onírico, y de la percepción extransensorial. El poema está construido dentro de una vertiente mágica-esotérica, que en mi opinión es fuente riquísima para toda la literatura posterior, sobre todo para la gauchesca primero y luego para la narrativa del XIX, que con Darío, Lugones, Quiroga y Alfonso Reyes produce nuevas directrices. Lo importante de estas obras es el escenario: la pampa, la llanura o el mundo americano en sus mágicas vertientes. En Echeverría se hallan ya todas estas esoterias europeas y americanas. Los sucesivos cantos del poema van derramando ese ideario mágico que sobrecoge totalmente.

El mundo esotérico, mágico y brujeril queda indeleblemente marcado a través de esta extraña obra. El Canto X resume todo ese estado febril del presagio y la premonición de muerte, unido al bestiario fantasmal que luego recogen también Horacio Quiroga y Leopoldo Lugones:

> «Del espeso bosque y prado
> De la tierra, el aire, el cielo
> Al fulgor de fatuas lumbres
> Con gran murmullo salieron
> Sierpes, Grifos y Demonios.
> Pactos del hórrido Averno,
> Vampiros, Gnomos y Larvas
> Trasgos, lívidos Espectros,
> Animas en penas errantes
> Vanas sombras y Esqueletos,

182. Echeverría, Esteban, *La cautiva, La guitarra, Elvira,* Buenos Aires, 1916, Canto VII, p. 234.

Que en la tenebrosa noche
Dejan sus sepulcros yertos,
Hadas, brujas, Nigromantes
Cabalgando en chivos negros,
Hienas, Sanguiales y Lamias,
Que se alimentan de muertos,
Aves nocturnas y monstruos,
Del profundo turbios sueños.»[183]

Continúa su obra en *Los consuelos*, 1843, pero se impone absolutamente como mentor de la nueva escuela con *Rimas*, 1837, donde incluye el poema narrativo *La cautiva*, poema cuyo argumento se enlaza con *Atala* de *Chateaubriand*, así como Chactas, liberado por una hermosa india, recorre en su compañía la sabana huyendo de sus perseguidores; Brian y María también recorren la pampa huyendo de los indios. El poema recoge el elemento esotérico y enmarca por primera vez, la belleza telúrica y fantasmal de la pampa argentina. El carácter mágico-esotérico, funerario y espectral, prevalece, y en todo ello me parece ver a Juan Rulfo y a Gabriel García Márquez. La novedosa manera de tratar los temas y la rara presentación de la problemática humana, le da a Echeverría un carácter de precursor polifacético del romanticismo, el realismo y el liberalismo político de la época. *La cautiva* y *Elvira*, suponen un ideario del arte interpretativo y circunstancial. El creador es elaborador, reinterpretador y revelador de un momento histórico, subjetivado al calor de extrañas vivencias, asidas a un mundo de espíritus malignos y sabáticos. La simbología pampera adquiere nuevos visos; el ombú como la ceiba, es sagrado emporio de creencias y supersticiones populares, hecho que recoge al final del poema:

«Fama es que la tribu errante
si hasta allí llega embebida
en la caza apetecida
de la gama y avestruz
al ver del ombú gigante
la verdosa cabellera
suelta al potro la carrera
gritando; allí está la cruz.»[184]

El valor de Echeverría radica en la fuerza con que recoge la barbarie de la naturaleza, proyección de la barbarie que había

183. *Ibid.*, Canto X. p. 241.
184. Echeverría, Esteban, *La cautiva, El matadero*, Edit. Kapelusz, Buenos Aires, 1963, p. 81.

en su patria. La malignidad esotérica en el poema es hija de la corrupción humana. Vivir en ese momento político caótico es una agonía y un infortunio. El fatalismo aniquila el amor, sin embargo, en ambos poemas hay un rayo de esperanza y de salvación, porque el amor trasciende a la muerte constituyéndose en leyenda o fabulación fantasmal que permite la metamorfosis del amor más allá de la muerte, mágica y maravillosa.

«También el vulgo asombrado
cuenta que en la noche obscura
suelen en aquella altura
dos luces aparecer;
que salen y habiendo errado
por el desierto tranquilo.
juntas a su triste asilo
vuelven al amanacer.» [185]

Otras obras significativas del romanticismo hispanoamericano fueron *María* de Jorge Isaac y *Facundo* de Domingo Sarmiento.

Las influencias extranjeras que se revelan en estos dos escritores representativos, como en otros, son las de Humboldt y su obra *Viajes a las regiones equinocciales del Nuevo Continente*, que escrita con sugestiva fuerza descriptiva influyó notablemente en ambos, y la de Chateaubriand y su *Atala*. Estos dos autores, son interpretadores de la realidad americana y revelan ya originales matices dentro de nuestra literatura. La creación del paisaje y la elaboración de temas cobran precisos y objetivos caracteres. Sarmiento, sobre todo, por ser un forjador de pueblos, logra a través del *Facundo* su renovación civilizadora, que por ser hija de su pasión, desvirtúa su carácter histórico, para darle un tono poético. No obstante, aunque el *Facundo* quede como una creación poética más que una historia verídica, Sarmiento ha regalado al panorama literario de América un hecho innegable, ha creado un paisaje y paisanaje: la pampa y el gaucho, y en ello está la futura novela de la naturaleza americana que cobra inefable fuerza en Güiraldes, Rivera y Gallegos.

Otro valor de Sarmiento, es su tesis respecto a la Revolución de 1810, que supedita al medio y al poder de las ciudades, destaca el efecto perjudicial por la existencia de dos ciudades diferentes, rivales e incompatibles: la española, culta y europea y la otra indígena, bárbara y americana. Esa revolución de las sociedades sólo iba a servir como instrumento de discordia desigual, donde una ciudad absorbería a la otra. Este elemento telúrico, violento y amargo de la revo-

185. *Ibid.*, 82.

lución que él destacó, sigue siendo el tema literario vigente de los narradores contemporáneos como Miguel Angel Asturias, Gabriel García Márquez, Juan Rulfo y otros; porque aunque los poderes hayan cambiado de manos, siguen siendo los mismos y la problemática americana continúa igual frente al poder extranjero, que sigue dominando y marginando al otro hombre .

A la vez, las grandes ciudades americanas siguen absorbiendo a los pequeños pueblos o dejándoles en absoluta pobreza y soledad, hecho que muy bien destaca en nuestros días, Juan Rulfo en *Pedro Páramo* y Gabriel García Márquez en *Cien años de soledad.* Esta incomunicación y soledad que se produce en muchos lugares de América, invita a la superstición, a la brujería, como un talismán de protección y un poder sobrenatural frente al medio. Por esto, en este momento de la historia de América, el romanticismo cundió como la pólvora, porque ante la inseguridad del instante, era preciso buscar una afirmación a la esencialidad del hombre, aunque fuese a través de la exaltación y de la emoción.

Ricardo Palma (1833-1919), aunque posteriormente, va a captar todas estas simientes recogidas ya por Echeverría y Sarmiento, y las ha de traducir desde otras perspectivas valiosas para la literatura hispanoamericana, porque funde todo ese elemento maravilloso que supone paisaje, paisanaje y magia dentro de los módulos creativos y unitivos que impone la mezcla artística de la historia, el mito y la tradición. Sus *Tradiciones peruanas* emanan de la fuente gauchesca y del caudal inspirador Echeverría-Sarmiento. Un hecho innegable e importantísimo para nuestra tesis, es esa tradición que vincula al hombre con lo telúrico y lo espiritual, producida por la coexistencia entre paisaje y paisanaje. La tradición popular, las creencias, las supersticiones, el elemento mágico de la vida están ya ubicados dentro de unas cápsulas verbales que mezclan lo español, lo indígena y lo africano. Estas obras anticipan los rasgos decisivos de esa esoteria mágica que parece esconderse en el llano, la pampa y la selva y que luego reaparecerá y resplandecerá a través del sonido de los pájaros, el murmullo de los ríos o el galopar de un caballo. Todo esto lo advertiremos magistralmente y sobre todo, en la extraordinaria cuentística puramente sobrenatural y extrasensorial-mágica de Horacio Quiroga.

En general, la novela romántica en América, tuvo una excelente expresión artística-poética, que a la vez recogió la temática febril y apasionada del movimiento. Algunas fueron totalmente sentimentales, pero son importantes, porque recogieron las vertientes de Rousseau, Chateaubriand, Saint-Pierre, y aunque señalé que la mejor fue *María* de Isaacs, *Amalia* (1885) de José Mármol y *Clemencia* (1869) de Ignacio Altamirano, suponen directrices importantes. En esas tres obras citadas, hay una lucha agónica entre lo externo y lo interno, la visión de la vida es fatídica y fatalista, y aunque en las tres predomina el sentimentalismo, hay una creación de atmósfera proyectada en la naturaleza humana y en el paisaje bello, mágico, etéreo, símbolo de lo maravilloso. Entre los escritores que también se mueven dentro de ese romanticismo costumbrista y localista citamos a Gertrudis Gómez de Avellaneda (1814-1873), romántica y apasionada, figura del panorama literario español de su época, pero heredera también de la tradición literaria americana, no sólo por ser cubana, sino porque ya escribía en Cuba y siempre se sintió vinculada a ella por voluntad y emoción. Su novela *Sab* (1841), anticipa el tema del negro y en ella traza la historia de un mulato esclavo, que como Tabaré, se ha enamorado de la hija del amo. En esta obra las vivencias cubanas se recrean vivamente, anticipando la técnica que luego cultivarán los creadores cubanos. Hay otras novelas que recogen el tema del negro, pero no están totalmente maduras en mi opinión; me refiero a *Cecilia Valdés* de Cirilo Villaverde y *El negro Francisco,* de Antonio Zambrano. Cecilia Valdés carece, por su estructura, de la calidad poética y artística que por ejemplo alcanza el cuento de Gerardo del Valle, *Ella no creía en bilongos.* Los amores de la mulata Cecilia y el señorito Leonardo están trazados con superficialidad y poco valor artístico. El valor de la obra radica en el cuadro de costumbres revelador de toda la mezcla social de la época.

Durante esta segunda generación romántica, Puerto Rico hace una aportación valiosa a través de Alejandro Tapia y Rivera (1826-1882), quien escribió *La Cuarterona* (1867), buen antecedente del tema del prejuicio racial en América y de la hierética y rara obra *La Sataniada,* del mismo autor, epopeya dedicada al Príncipe de las Tinieblas. Esta obra, más que nada, supone el ideario teosófico-masónico unido a las corrientes espiritistas, que significaron otra manera de interpretar la vida. La tradición del diablo se ha cultivado desde el cristianismo, porque el diablo es una criatura producto de la desobediencia a la ley de Dios. Su presencia en esta obra, vincula las señales externas o internas diabólicas, que persisten a veces en el interior de cada hombre y que algunos escritores como Tapia, Mallarmé, Rimbaud, Valéry han revelado en sus misteriosas creaciones. Estas creaciones diabólicas, han influido sobremanera en América, sobre todo por la procedencia inglesa e irlandesa conocida como la novela gótica, representada por Mathurin, Walpole y Radcliffe y Emily Brönte con *Cumbres borrascosas,* extraña obra hija de la pasión maléfica-mágica.

No olvidemos que el romanticismo abrió diversas brechas a la literatura hispanoamericana, sobre todo en lo nacional, folklórico, pintoresco y regional, que luego dio margen al realismo. La creación de la literatura gauchesca iniciada por Echeverría y Sarmiento, revela una nueva interpretación artística social y una verdadera fuerza heroica, social y popular. Lo significativo de esta literatura radica en la creación de mitos y fabulaciones unidas a ese elemento supersticioso que vive en la mente esotérica del gaucho, del guajiro, del jíbaro, del campesino. Santos Vega, Facundo Quiroga, Martín Fierro son hombres y mitos, forjados dentro de la realidad e irrealidad cotidiana y rutinaria, pero a la vez mágica. La magia no sólo está en la caracterización del personaje, sino en el paisaje, en la flora, en la fauna toda. La literatura gauchesca supone diversas interpretaciones que empiezan con Echeverría, Sarmiento, Mitre, Gutiérrez, Obligado, Hidalgo del Campo, Gálvez, Ascasubi, culminando con la máxima creación poética y artística *Martín Fierro* de Hernández. Esta obra matiza los valores sociales y nacionales del gaucho dentro de un contenido temático universal, porque la problemática es bíblica y humana.

Este elemento de superstición lo revela José Hernández en su carta a Don José Zoilo Miguens:

> «...Y he deseado todo esto, empeñándome en imitar ese estilo abundante en metáforas, que el gaucho usa sin valorar, y su empleo constante de comparaciones tan extrañas como frecuentes: en copiar sus reflexiones con el sello de la originalidad que las distingue y el tinte sombrío de que jamás carecen, revelándose en ellas esa especie de filosofía propia que sin estudiar aprende en la misma naturaleza, nacidas y fomentadas por su misma ignorancia»... [186]

En el *Martín Fierro* se desparrama lo divino y lo humano, y lo esotérico está presente en la palabra llena de sugerencias. Ya lo dice Martín Fierro:

> «Mas ande otro criollo pasa
> Martín Fierro ha de pasar;
> nada le hace recular,
> ni los fantasmas lo espantan,
> y dende que todos cantan
> yo también quiero cantar.» [187]

Después de haber matado a un negro sin motivo alguno, Martín Fierro recoge parte de esa tradición esotérica popular respecto a los muertos y que trasluce en el siguiente verso:

---

186. Hernández, José, *Martín Fierro*, Editorial Losada, Buenos Aires 1972, p. 20.
187. *Ibíd.*, p. 26.

«Después que supe que al finao
ni siquiera lo velaron
y retobao en un cuero
sin resarle lo enterraron.
Y dicen que dende entonces
cuando es la noche serena
suele verse una luz mala
como de alma que anda en pena.
Yo tengo intención a veces,
para que no pene tanto,
de sacar de allí los güesos
y echarlos al camposanto.» [188]

La obra es una creación casi mágica, llena de esplendorosa belleza por su contenido y su forma, anunciadora ya de obras como *Doña Bárbara* y *Don Segundo Sombra.*

Los precursores del pre-modernismo en América fueron José Martí, Manuel González Prada, Salvador Díaz Mirón, Manuel Gutiérrez Nájera, Julián del Casal, José Asunción Silva. Todos ellos suponen una renovación literaria en los temas, la métrica, el ritmo, todo dentro del exotismo, el paganismo, la fantasía, la esoteria, el cosmopolitismo, y el amor a la elegancia, el lujo y el refinamiento en la expresión literaria.

La época pre-modernista se inicia generalmente en la literatura hispanoamericana con el *Ismaelillo* de Martí publicado en 1882. La renovación total, precedida ya, por los citados precursores, se sintetiza en la figura genial de Rubén Darío, quien inicia los comienzos del nuevo estilo modernista con la publicación de *Azul* (1888) y *Prosas profanas* (1896).

El modernismo como movimiento, representa un modo particular de entender y hacer las cosas, porque es una consecuencia directa de la crisis mundial producida por el período de transición del siglo XIX al XX. En todos los campos surgen nuevos valores y corrientes de pensamiento que abarcan la filosofía y el arte en general. En la primera surgen Schopenhauer, Nietzsche, Kierkegaard y Bergson. En la literatura y el arte dominan Francia e Inglaterra con las escuelas conocidas: simbolismo, impresionismo, prerrafaelismo, decadentismo, parnasianismo, y neosensualismo. En música se impone Wagner y en el teatro Ibsen, Hauptmann y Maiterlinck. Todas estas influencias llegaron a América y la revolucionaron. El problema de América, lo produjo precisamente, la proliferación de estos movimientos e influencias, que al coexistir simultáneamente imposibilitan la

188. *Ibid.*, p. 58.

delimitación de los mismos dentro de la panorámica literaria. Es muy corriente ver como el modernismo, que nace dentro del romanticismo, se mezcla a veces con el naturalismo y el realismo. Mariano Picón Salas ha dilucidado muy bien este hecho:

> «Por la época cruzan las más variadas influencias —Impresionismo, Simbolismo; agitadas teorías sobre el Arte y la vida que estaban erigiendo los maestros del pensamiento y la nueva literatura europea desde Nietzsche hasta Wilde, desde D'Annunzio hasta Barrés—. La reacción compleja del artista criollo ante estas formas e ideales de fines del siglo XIX, es lo que se ha llamado en América el Modernismo.» [189]

El modernismo como bien lo ha descrito Don Federico de Onís:

> «...es la forma hispánica de la crisis universal de las letras y del espíritu que inicia en 1885 la disolución del siglo XIX y que se había de manifestar en el arte, la ciencia, la religión, la política y gradualmente en los demás aspectos de la vida entera...» [190]

En Rubén Darío se sintetizan todas las influencias europeas e internacionales. Sobre todo significó un nuevo mundo lleno de elevación y refinamiento espiritual, para los americanos que a veces se sintieron acorralados y limitados, por las circunstancias sociales, políticas y económicas. El modernismo de Darío recoge todo ese mundo aristocrático y refinado, que emanó de Francia, Inglaterra y España y que por nacer dentro del romanticismo, recogió y vinculó todas esas fuentes raras, extrañas y misteriosas, añadiéndole toda la fabulación rica y expresiva, enjoyada ya, con las nuevas tonalidades azules de su expresividad artística y poética. América y Europa, se vinculan en ese nuevo mundo mágico y esotérico que hoy llamamos «realismo mágico» y que vislumbraron con carácter único Poe, Mallarné, Verlaine y Rimbaud, y que Darío vierte luego en nuevos moldes literarios, símbolo de un nuevo mundo imaginario y fantástico, lleno de perfecta belleza. En él se une lo ideal y lo real americano, matizado siempre dentro de lo inefable mágico.

Porque Darío representa y sintetiza un movimiento arquitectónico, poético y mágico que no sólo renueva América, sino Europa, es también el creador de una nueva escuela, basada en la palabra grácil, casi etérea, sugeridora de nuevos mundos que son viejos, y de viejos mundos, nuevos, por su sensibilidad poética.

Con él, se inicia un refinamiento espiritual que luego sintetizarán

189. Picón Salas, Mariano, *Formación y proceso de la literatura venezolana*, Impresores Unidos, Caracas, 1941, pp. 185-6.

190. Onís, Federico de, *Antología de la poesía española e hispanoamericana*, Nueva York, Las Américas, 1961, p. XV (Introducción).

en nuestra época, los grandes creadores americanos: Alfonso Reyes y Jorge Luis Borges. El, como los citados, asimila variadas influencias y las distorsiona y las transforma hasta hacerlas nuevas y originales. La obra de Darío es densa, profunda y vasta. La problemática de América y la universal, se desparrama a través del pasado ignoto y misterioso, hasta el presente incierto, y por ello sólo futuro-profético. En él se decidió, en mi opinión, el nuevo rumbo de la literatura contemporánea, pues su obra no deja alternativas, o se supera o se reacciona dando lugar al ultramodernismo o al postmodernismo, porque Darío, como Bach, Beethoven y Wagner expresa en forma artística y poética la síntesis de un momento único en la historia del hombre. Ellos son en realidad, el más bello compendio de la acumulación cultural, que al pasar por el cedazo del sentimiento y de la emoción, produce obras singularmente originales, particulares y notablemente bellas.

No olvidemos que el mundo de Darío nos había legado faunos, hadas, brujas, indios, centauros y en todo ello, Oriente y Occidente fundidos en la amalgama de la maravilla y la fantasía mágica y esotérica. La obra total de Darío es imposible examinarla de una salida, pero reitero que es fundamental dentro del desarrollo de la magia y de la esoteria americana y ahí queda el *Coloquio de los Centauros, Sonatina, Ananké, Los raros*, así como sus obras cumbres *Prosas profanas*, y *Azul*, símbolo de una magia única. La influencia de Darío es evidente en sus seguidores y continuadores, que explotaron esa nota mágica que él a veces dejó impalpable e inalterada, dentro de la insinuación de un verso o párrafo. Darío sintió la vida, casi mágicamente, porque vivió constantemente enamorado de ella. Por eso Darío influyó y decidió en vocaciones y senderos literarios. Entre 1896-1910, Darío conmueve todo el panorama literario hispanoamericano y español, y sólo quedan dos senderos, o imitarle servilmente, o separarse de él.

En este sentido Herrera Reissig (1875-1910) y Leopoldo Lugones (1874-1938) suponen nuevos encuentros con lo real maravilloso poético, en un ámbito casi mágico. El sentido de la vida se expresa desde otros significantes. El modernismo de Lugones supone nuevos momentos técnicos que muy bien destaca en *Las montañas de oro, Los crepúsculos del jardín, Lunario sentimental, El libro de los paisajes, Odas seculares, Poemas solariegos* y *Romances de río seco,* y que revelan variados matices criollos y vanguardistas.

Julio Herrera Reissig, supuso otras tendencias y otra escuela, que concretó un escapismo introvertido y aristocrático que destaca en *La Torre de los Panoramas.* Fue un poeta raro y mimético, que comenzó romántico y terminó modernista bajo la influencia francesa de Casal, Darío y Lugones. Su obra es muy significativa por el hermetismo mágico de sus exóticos mundos cargados ya de lo onírico, lo alucinante y lo surrealista mágico. Temas que se dilucidan en *Los maitines de la noche* y *Los éxtasis de la montaña.*

El núcleo más importante para nuestro tema y la influencia más notable dentro del tema, lo centralizamos en Horacio Quiroga, porque además de ser el narrador de temas anormales, alucinantes y esotéricos, es el que refunde en la acción extraordinaria y maravillosa variadas técnicas novedosas. La acción de una gran parte de sus cuentos ocurre en medio de la naturaleza bárbara y los hombres son destruidos por esas fuerzas externas e internas. A veces muchos de sus protagonistas son animales, anticipando la zoología de Borges. El problema de sus personajes parte casi siempre de la anormalidad, de la alucinación producida por la realidad vital. Sus cuentos *El hijo* y *La insolación* son perfectos. A partir de Quiroga se inician los verdaderos módulos mágicos de nuestra literatura fantástica-esotérica.

Lo mismo que Lugones, Herrera Reissig, Amado Nervo y Chocano fueron los continuadores de Darío en la poesía, Rodó lo fue en el ensayo. Rodó presupone un equilibrio dentro de los movimientos mágicos y esotéricos de la época, y la panorámica literaria hispanoamericana. El fue un verdadero orientador y maestro para las generaciones americanas, y su valor se circunscribe al carácter apostólico de su obra, valiosa y necesaria como elemento esencial para la formación de la identidad hispanoamericana. Recordemos que en aquel momento América se debatía en la búsqueda de soluciones, ante un positivismo que ya había degenerado en puro utilitarismo. Era necesario, buscar dentro de la interioridad del hombre para salvar, al calor de la espiritualidad y la sabiduría, a las nuevas repúblicas americanas, todavía y aún tambaleantes. Ese período literario, comprendido entre 1895 hasta 1910, marca una serie de encontradas y divergentes corrientes; en sus diversos creadores encontramos que hay lirismo artístico en los modernistas, en los realistas, regionalistas y folkloristas. El criollismo se mezcla con el indigenismo y el realismo con el idealismo. Unos son telúrgicos, otros decadentes, y dentro de esa área indefinida surge una estética rara, nueva, mágica y esotérica, representada por Leopoldo Lugones, Horacio Quiroga, Amado Nervo, Baldomero Lillo, Pedro Emilio Coll, Jesús Castellanos.

El realismo y el naturalismo de Zola, sustentado por las doctrinas de Conte, Taine y Darwin rompen con casi toda la magia esotérica creada a partir del romanticismo y del modernismo y aunque el realismo y el naturalismo habían sido movimientos anteriores al modernismo, el triunfo modernista había sido tal, que opacó, aunque no aniquiló, estos dos movimientos que luego reaparecieron con gran fuerza en creadores como: Carlos Reyles, Manuel Díaz Gutiérrez, Rufino Blanco Fombona y Joaquín Edwards Bello. El cansancio producido por las exageraciones del naturalismo, la rutina del realismo, y las doctrinas cientificistas, dan al traste con la frágil seguridad del hombre, que a partir de 1885, en Europa dan brecha a nuevas sensibilidades que producen una síntesis literaria de tipo sentimental y sicológica. En España se advierte este hecho en los que por su larga vida sobrevivieron al fin del siglo, como Pérez Galdós, y en los novelistas de la segunda generación, la de 1880, Emilia Pardo Bazán, Armando Palacios Valdés y Leopoldo Alas. En América ocurre luego lo mismo con las novedosas y originales creaciones literarias iniciadas por Eduardo Barrios y Pedro Prado.

En el período que conocemos como el postmodernismo se producen varias clases de novelas; nativista, indigenista, pero la más importante de todas es la novela de la naturaleza, cuyos antecedentes están en la tradición romántica de Sarmiento, Echeverría, Isaacs y Gálvez, Del Campo, Hernández. Esta literatura de la naturaleza recoge la problemática americana en dos vertientes: la búsqueda de la esencialidad del hombre y la afirmación del poder civilizador político en América.

El destino de América, parece estar entre dos corrientes antitéticas y paradójicas, que representan por un lado: *Doña Bárbara, La vorágine y Don Segundo Sombra* y por otro lado *Alsino, Los hombres del hombre* y *El niño que murió de amor.*

Estas novelas en general suponen una nueva elaboración dentro de la técnica de la narrativa y un alto sentido del arte, manteniendo vivo sobre todo el carácter criollo americano de nuestra literatura. La obra de Güiraldes, *Don Segundo Sombra,* es la figura que al encarnar al Amadís y al Quijote mantiene esa nota mágica y maravillosa del mundo hispanoamericano.

En la literatura hispanoamericana es muy común la acumulación de influencias literarias y las consabidas reacciones polifacéticas, que hacen que la época de 1910 a 1930 ofrezca una total variedad de géneros y autores individualistas, que coexisten con autonomía evidente. El panorama histórico-político es inestable, motivado por la Primera Guerra Mundial. La realidad es dura e inhóspita. Crece la angustia entre la vida interna y la realidad externa. Ante esa disyuntiva se ofrecen vertientes reinterpretativas que se revelan en dos actitudes: o se recrean en el pasado, o se vuelcan en la fantasía futurista. Alfonso Reyes, sintetizador de una época en sus planos espirituales, históricos, intelectuales y sobrenaturales y Rafael Arévalo Martínez, cuyas fabulaciones fantástico-poéticas parecen evocar un tiempo y espacio diferente y misterioso, son los mejores representantes de estos hechos. Estos creadores habían bebido en la fuente maravillosa de las literaturas y los mitos prehispánicos y las Crónicas de

Indias. Esa vertiente esotérica especial la destaca Arévalo Martínez en *Visión del cosmos:*

«Cumplí 15 años en 1899. Ese año está señalado por mi primer y único contacto con lo sobrenatural. Mi padre era católico profundo; mi madre creía en el espiritismo. Fuimos con ella a visitar a otra hermana suya, que vivía en la 13 avenida sur frente a la línea férrea, y que al llegar el momento de la despedida nos prestó una pequeña lámina de madera fina, de forma triangular, que bajo dos de sus ángulos tenía dos ruedecillas de marfil, y en el tercero un agujero del diámetro apropiado para adaptar a él un lápiz; cuando esto ocurría, el utensilio se sostenía como un trípode. Le llamaban guija y servía para prácticas espiritistas. Ese mismo día, por la tarde, mi madre y mis hermanas María y Emilia apoyaron las manos sobre la superficie del instrumento colocado sobre una página de papel en blanco, en el gran escritorio de mi padre, en ausencia de éste que no lo hubiera tolerado; yo, mientras, veía tales prácticas con la burlona y juvenil presunción de un estudiante de filosofía que no sólo se cree superior a tales supersticiones, sino que ya ha perdido toda creencia religiosa. Era, por entonces, agnóstico; es decir, profesaba "la doctrina que declara inaccesible al entendimiento humano toda noción de lo absoluto y reduce la ciencia al conocimiento de lo fenomenal y relativo". De pronto llegó al aposento la tercera de mis hermanas, Teresa, y a instancia de mi madre también apoyó su mano en la guija. Inmediatamente aconteció lo sorprendente: el pequeño instrumento se alzó sobre sus dos ruedecillas como un animalito nervioso, y empezó a escribir, con el lápiz que tenía adaptado en el tercer ángulo sobre la página de papel. En el acto Teresa volvió la cara, horrorizada, dejando sólo en contacto con la guija uno de sus dedos; y mi madre, María y Emilia retiraron sus manos por completo. A sus exclamaciones de espanto acudí y contemplé lo sobrenatural; la diminuta máquina seguía escribiendo, a pesar de que según todas las leyes de la mecánica aquello debía ser imposible...» [191]

El realismo mágico de Rafel Arévalo Martínez surgió durante el apogeo del modernismo y se inició bajo la influencia de Darío en *Cantos de vida y esperanza* (1905), pero debido a su larga vida ha sobrevivido a ese movimiento, de manera que su obra es un caso singular en la literatura hispanoamericana. Nacido en Guatemala (1884) se ha distinguido como poeta, cuentista, ensayista y autor teatral. Se inició en el verso con *Maya* (1911); aunque empezó en el modernismo, su obra poética es sencilla y clara como se revela en sus poemas: *Los atormentados* (1914); *Las rosas de Engadi* (1918); *Llama* (1934) y *Por un caminito así* (1947). La verdadera fama de Arévalo se ha debido a su prosa mágica y esotérica destacada en su

191. Arévalo Martínez, Rafael, *Concepción del cosmos*, Guatemala, 1954, p. 141.

primer libro de este tipo, *El hombre que parecía un caballo.* Esta obra introduce en nuestra literatura el llamado «*cuento psico-zoológico*» como él mismo lo llama. Esta obra es precursora de las futuras «zoologías» de Borges. Este género anticipa la mezcla de la imaginación, la intuición y el análisis sicológico, que apoyado en doctrinas espiritistas y teosóficas propone semejanzas entre lo físico y el alma de personas y animales. Sus cuentos sin acción son verdaderos estudios raros y misteriosos. En él se anticipan las técnicas de Joyce y Kafka. *El hombre que parecía un caballo* es una total revolución del mundo de la magia fantástica que continúa en sus cuentos «psico-zoológicos»: *El trovador colombiano* (1914), *El señor Monitol* (1922), quizá su más extraordinaria fantasía, aunque Arévalo Martínez afirmó que los relatos para *El mundo de los maharachías* (1938) y el *Viaje a Ipanda* (1932) los había traído una espiritista de uno de sus viajes al otro mundo. Sus novelas cortas: *La oficina de Paz de Orolandia* (1925); *Las noches en el palacio de la Nunciatura* (1927) y *La signatura de la esfinge* (1933) y su afamado cuento «La mentira», suponen variantes dentro de su temática fundada en la zoología humana.

En general su obra representa un momento singular dentro del panorama esotérico hispanoamericano. Su narrativa vuela hacia lo extraño y lo misterioso. Su obra es densa, profunda y precursora de las corrientes superrealistas y absurdas. En los últimos años, Arévalo Martínez ha resuelto su crisis personal que muy bien revela en su excelente obra *Visión del cosmos.* Actualmente continúa su labor literaria.

Frente a esa posición única y original, precedente de Miguel Angel Asturias, se destaca el criollismo y el regionalismo producido por los conflictos sociales encajados en estructuras fijas en América: feudos, latifundios, caciquismo, explotación de minas, dan a esta literatura un tono testimonial que iniciarán Ciro Alegría, Alcides Arguedas, José María Arguedas, Salarrué, Jorge Icaza, Miguel Angel Asturias y Agustín Yáñez.

El descubrimiento de las zonas oscuras del subconsciente produce en Eupora una nueva revolución en el arte, que se conoce como el cubismo, el creacionismo y el surrealismo; los vanguardistas destruyen las estructuras establecidas y contribuyen a formar nuevos mundos fantásticos, esotéricos, sobrenaturales y extrasensoriales anticipados en literatura por Hawthorne, Poe, Carrol, Stevenson, Wilde, Kipling, Wells, Henry James, France, Belloc, O'Henry, Chesterton, Wilder, Kafka y Schopenhauer. Todos estos creadores ha bían iniciado la búsqueda de lo maravilloso, lo extraordinario y lo mágico, dentro de nuevos cánones, que suponían otras técnicas y otras maneras particulares de conocer y expresar la vida. El lenguaje metafórico, la atmósfera, el ambiente, cobra perspectivas hondas y densas. El hombre penetra con paso seguro, dentro de ese mundo fantasmagórico, creado a veces dentro de un concepto del espacio y del tiempo vivencial, signo de la desesperación y la angustia, creada por el mismo hombre.

El valor supremo de todos ellos, estriba a mi juicio, en que de una manera u otra incorporaron al mundo de la literatura todo el mundo esotérico, de las filosofías irracionales, el ocultismo, el hinduismo, el budismo, el psicoanálisis y la ciencia cristiana. Todas estas nuevas vertientes, dieron un drástico cambio a las posturas interpretativas de la realidad cultural occidental inmersa ya dentro de otros contextos. El artista no es sólo un creador, sino un reinterpretador de la realidad vivida que le mueve a buscarse a sí mismo y a su realidad circunstancial; dentro de nuevas órbitas que resucitan nuevos contornos espirituales, fantásticos, mágicos y esotéricos.

La literatura hispanoamericana al calor de estos escritores citados, experimenta nuevos rumbos que muy bien representan Jaime Torres Bodet y Enrique Labrador, mundos que ya habían sido entrevistos en América por Leopoldo Lugones y Horacio Quiroga y recreados luego en la literatura antirrealista de Jorge Luis Borges, quien como Garcilaso el Inca, Sor Juana, Darío y Alfonso Reyes, sintetizan momentos únicos de nuestra literatura. Borges es el constructor de nuevos y originales mundos filosófico-fantásticos, en donde la inteligencia es el instrumento de conocimiento puro. Sus seguidores, Silvina Ocampo, Manuel Peyrou, Bioy Casares, Salarrué, Novas Calvo, Uslar Pietri, ante la imposibilidad de superar al genio creador de Borges revelan en sus obras nuevos y valiosos caracteres dentro de la literatura mágica-fantástica.

Los manifiestos surrealistas de Breton, publicados en 1924, 1928 y 1930, acogiendo las teorías freudianas sobre la vinculación entre sueño, fantasía y literatura, producen, desde Francia, una gran revolución literaria, que sobre todo va a influir en los escritores hispanoamericanos que a la sazón se hallan en París, como Lydia Cabrera, Miguel Angel Asturias y Alejo Carpentier. La influencia del dadaista Tzara también es importante, pues él, con Breton, se lanza en París en búsqueda de esa magia esotérica-ocultista que luego hallaron en la astrología, en lo onírico, en el humor negro y en el sadismo literario, produciendo una nueva perspectiva en los citados creadores hispanoamericano. Estos escritores, asidos a lo etnológico, empiezan a recoger el caudal mítico-legendario de los indios y los negros y que aún se conservaba idéntico e inédito. El impacto del vanguardismo en estos autores se revela en las técnicas expresionistas y surrealistas, por el cual recrean el mundo mágico-esotérico de estas culturas.

El surrealismo les devuelve la tradición perdida, dentro de nuevos planos de la realidad donde convergen lo tangible y el sueño, la fantasía y lo real, lo alucinante y lo lógico, la irrealidad-mágica y lo real-mágico. El realismo mágico de Asturias, Cabrera y Carpentier, nutre de forma incomparable a los creadores contemporáneos, que buscan en el trasiego de sus raíces autóctonas, el fondo esencial de una raza y una patria que no es cubana, puertorriqueña o guatemalteca, sino hispanoamericana. La continuidad establecida desde los mitos, las literaturas prehispánicas y las crónicas, ofrece las raíces trascendentes de nuestro pueblo en nuestra literatura.

Las tres últimas décadas han sido totalmente inestables, por las luchas de orden social, político y económico que han agotado el mundo. Las nuevas estructuras establecidas, comenzaron a tambalearse por el comunismo, el fascismo y las trágicas guerras civiles. La Segunda Guerra Mundial, es seguida por dictaduras y nuevas guerras civiles, en Oriente y Occidente, con su consecuente eliminación del liberalismo, que produce en los escritores de la época, notas sucesivas de angustia, desolación y amargura, pero, sobre todo, conciencia del vacío de la nada como si las raíces quedasen en el aire. Por eso, como escribir es otra manera de flotar, los escritores se «enajenan», «se evaden», o se «escapan» en la fantasía, en lo poético-órfico, en el juego detectivesco urdido en el tablero de ajedrez o en la pura matemática humana.

La antología de literatura fantástica, escrita en 1940 por Jorge Luis Borges, Silvia Ocampo y Bioy Casares, dan un importante y nuevo carácter al mundo literario hispanoamericano, singularmente expresado en el siguiente fragmento:

> «Viejas como el miedo, las ficciones fantásticas son anteriores a las letras. Los aparecidos pueblan todas las literaturas: están en el Zendavesta, en la Biblia, en Homero, en *Las mil y una noches.* Tal vez los primeros especialistas en el género fueron los chinos. El admirable Sueño del Aposento Rojo y hasta novelas eróticas y realistas, como Kin P'ing Mei y Sui Hu Chuan, y hasta los libros de filosofía, son ricos en fantasmas y sueños. Pero no sabemos cómo estos libros representan la literatura china; ignorantes, no podemos conocerla directamente, debemos alegrarnos con lo que la suerte (profesores muy sabios, comités de acercamiento cultural, la señora Perla S. Buck), nos depara. Ateniéndonos a Europa y América, podemos decir; como género más o menos definido, la literatura fantástica aparece en el siglo XIX y en el idioma inglés. Por cierto, hay precursores; citaremos: en el siglo XIV, al infante don Juan Manuel; en el siglo XVI a Rabelais; en el XVII, a Quevedo; en el XVIII a De Foe y a Horace Walpole; ya en el XIX, a Hoffmann.[192]

192. Borges, Jorge Luis, Ocampo, Silvia, Bioy Casares, Adolfo, *Antología de la literatura fantástica,* Ed. Sudamericana, Buenos Aires 1971, p. 7.

Los criterios que utilizan los citados autores dan el total panorama de terror histórico, que ha producido obras tejidas dentro de la realidad, de la malignidad humana, fantástica en su horrorosa persecución del hombre que puede ser judío, negro, o simplemente apolítico. *La náusea, La hora veinticinco, El proceso,* son obras pendulares e indicadoras de este momento.

A partir de esta circunstancia, los creadores hispanoamericanos se constituyen en representantes de los principios del ocultismo, del espiritismo, del budismo, de la vedanta, de lo cíclico de la vida humana, de la mística y el sicoanálisis, y se representa en América a través de Jorge Luis Borges, Adolfo Bioy Casares, Julio Cortázar, María Luisa Bombal, Juan José Arreola, Mario Benedetti, José Lezama Lima, Ernesto Sábato y otros.

Anteriormente, hemos hecho varias referencias a la influencia de la cultura africana en América, pero por su importancia dentro de nuestra tesis y la panorámica literaria hispanoamericana, conviene situarla nuevamente. Es a comienzos de nuestro siglo que se inicia el encuentro europeo con las culturas negras, y paradójicamente es Francia, la que descubre a través del surrealismo ese nuevo mundo a los hispanoamericanos, que lo habían ignorado y preterido. Etnólogos, antropólogos, y artistas, comenzaron a revivir aquellos mundos africanos de milenaria y gran belleza. La influencia mayor del movimiento la inició el sociólogo Leo Frobenius, con su obra, *Der schwarze Dekameron* escrita en 1910, y cuyo valor principal radicó en que dio a conocer su fabuloso descubrimiento científico que propagó luego, las leyendas y los mitos de la raza negra.

La influencia mayor del movimiento se ejerce desde todas las gamas del arte. La escultura africana ejerció un gran influjo que luego proyectaron en lo pictórico: Picasso, Braque, Derain, Vlaminck y Matisse. Otros que también revelaron esos viejos mundos cosmogónicos y fetichistas africanos con gran encanto fueron: Apollinaire, Blaise Cendrars, André Gide y Philippe Soupault. El mundo del arte ha sido transformado al impacto de la negritud. Simultáneamente, los ritmos espiritualistas de origen africano se desparramaban por el mundo a través de la música norteamericana. Esta influencia tuvo una gran repercusión en Hispanoamérica, en los conocidos escritores cubanos Lydia Cabrera y Alejo Carpentier, que paradójicamente se nutrieron de esta perspectiva en París. Ellos, como Nicolás Guillén, Luis Palés Matos, Fernando Ortiz, Emilio Ballagas, Ramón Guirao, Gerardo del Valle, afirman todo este mundo yoruba-bantú-carabalí, que con inigualada fuerza pervive y persiste en el Caribe desde 1928 hasta 1935. Esta temática apasiona a los escritores antillanos y sería interesante estudiar el impacto que la visita de Federico García Lorca a Cuba en 1928, ejerciera en el estilo y la temática de estos creadores.

Dentro de esta panorámica, que ofrece una rápida visión de los caracteres esotéricos y mágicos de nuestra literatura hispanoamericana, cabe recordar, aunque nos aparte un poco del tema, a un núcleo especial y particular conformado por las cinco mujeres de América: Gabriela Mistral, Juana de Ibarbourou, Alfonsina Storni, Delmira Agustini y Julia de Burgos. Ellas, a través de su ideario poético, suponen otra clase de magia, otra clase de embrujo, otras vertientes en el mundo literario hispanoamericano femenino donde la simbología amorosa hombre-mujer, parece revivir los nuevos mitos del agua, el cielo, la tierra, todo en un compendio maravilloso de ensueño y fantasía. Sus novedosos mundos, sus extrañas perspectivas, se entretejen al calor de un vibrante mensaje que va más allá de la realidad, para constituirse en otra vertiente del realismo mágico de la poesía, que tanto ha influido en la narrativa mágico-realista hispanoamericana.

Otros escritores, escriben sobre esas duras realidades que persisten latentes dentro del sustrato humano que crea la infamia, la injusticia, la hipocresía y la vileza del hombre. Precursores de esta nueva realidad, que hoy llamamos «realismo mágico» o «magia del realismo» y que yo opino, que debería llamarse «tremendismo mágico» o «magia esotérica» son los hispanoamericanos Alejo Carpentier, Miguel Angel Asturias, Carlos Fuentes, José Lezama Lima y los españoles Rafael Sánchez Ferlosio y Alvaro Cunqueiro, entre otros, pero los recreadores fundamentales de este momento culminan con Juan Rulfo y Gabriel García Márquez, que suponen una nueva modalidad literaria.

En estos dos últimos escritores se resucita el culto a los muertos y a los antepasados. Lo escatológico, lo órfico y lo sobrenatural, se mueven dentro de una nueva atmósfera, que teje la entrelínea cruel de algunos pueblos de América. La maldad entre algunos de sus habitantes es un rencor de fiera, que acorralada por años de injusticia, amargura y dolor, se hace hueso y muerte. En Rulfo y Márquez la vida carece de importancia; el ser humano ha llegado al colmo, a la culminación de la desesperación humana. Fuera de ellos, hay otros escritores que suponen otras técnicas, otros temas y otras simbologías y que también le han dado contorno universal a la literatura hispanoamericana: Mario Vargas Llosa, Julio Cortázar, Mario Benedetti y Severo Sarduy, entre otros.

Estos creadores arrancaron la novela hispanoamericana de lo telúrico, para detenerla en la problemática de unas nuevas consideraciones que calan el alma, por la crueldad humana, que calla la injusticia y el poder social que aniquila al ser humano confiado a su custodia. *La ciudad y los perros* de Mario Vargas Llosa, y *Los ríos profundos* de José María Arguedas, son novelas urdidas entre la hipocresía del poder humano. *El Señor Presidente* de Asturias, *El reino de este mundo* de Carpentier, *Pedro Páramo* de Rulfo, *Hijo de hombre* de Roa Bastos, son obras que se enlazan dentro de una nueva realidad americana y universal porque no se trata ya de pintar a la violencia o a la injusticia, es simplemente el testimonio de los muertos-vivos, porque cuando un hombre ha sido traicionado y humillado, marginado y aplastado, es como vivir en pena, y vivir así, es vivir como «Las Animas», por eso, a Juan Preciado en *Pedro Páramo*: «lo mataron los murmullos», y en Comala, los vivos y los muertos se vinculan, por eso también, en *Cien años de soledad*, los muertos hablan cuando los vivos callan.

VI. LA ESOTERIA EN LA NARRATIVA HISPANOAMERICANA

1. PREÁMBULO

El propósito esencial de esta tesis, es presentar un estudio crítico de la evolución y presencia de los elementos esotéricos en la literatura hispanoamericana, desde sus orígenes hasta nuestros días, dando énfasis a sus influencias europeas, indígenas y africanas y a los valores estéticos y sociales que cada una de estas influencias presupone con carácter propio dentro del panorama literario nuestro. Por el carácter denso del tema y por la enorme proliferación de esta esoteria, nos hemos visto obligados a hacer una suscinta selección de obras que además de concretar el tema dentro de una objetiva calidad esencial hispanoamericana también concreta los valores universales. Los autores que se destacan son aquellos que han ganado una trascendencia continental por muchísimos valores, y en el tema de nuestra tesis han sido verdaderos pioneros en la materia. Siguiendo este criterio, nuestro estudio se concentra además en la narrativa, por ser el género que mejor sintetiza el fondo y la forma de estos elementos, que también aparecen en el teatro y la poesía.

Hemos querido exponer la unidad de estos elementos dentro de unos contextos fuera ya del tiempo, del espacio y de la geografía. A veces ha sido necesario ubicar dichas presencias esotéricas, en las circunstancias históricas o las tendencias particulares que influencias literarias, culturales o religiosas, presentan en algunas regiones específicas como: Cuba, Haití, Brasil y Paraguay; porque suponen religiones populares o sistemas esotéricos de gran relevancia y trascendencia. Hemos procurado presentar en orden, el proceso de esta literatura esotérica, compleja, densa, variada y dispersa. A los autores representativos, se les ha hecho enfoques breves y concisos evitando caer en explicaciones repetidas. No hemos pretendido originalidades, sino rigurosa exposición de los hechos como son. Por rara que parezca la esoteria y sus variados matices, es humana, dando paso a lo increíble y lo maravilloso que el hombre crea y produce a cada momento.

El estudio está hecho en relación a las literaturas europeas e hispanoamericanas más importantes en lo evidentemente esotérico, porque nos ha parecido el único medio de destacar influencias y antecedentes, además de explicarnos algunos de los rumbos y tendencias de nuestra manifestación y producción literaria.

Nos hemos ceñido a determinados criterios históricos y literarios circunscritos a la narrativa. Cuando ha sido necesario también hemos utilizado la poesía y el ensayo; admitiendo siempre que en última instancia lo esencial es el autor, su obra y sus valores definitivos y trascendentales en nuestra literatura. Dentro de la relatividad de los conceptos podíamos haber escogido a otros autores y otras obras, pero como hemos señalado antes, nuestros criterios estéticos están supeditados no sólo a la presencia de los elementos esotéricos y a la calidad artística y poética que cada obra exhibe, porque también destacamos que toda esta esoteria produce una singular y particular dimensión de belleza extraña y misteriosa.

Hemos procurado la mayor prudencia y objetividad en la crítica, alejados, sobre todo, de los que niegan los valores de esta literatura, como de aquellos que ven obras maestras porque sólo son hispanoamericanas. Debido a la naturaleza de la obra, las citas se usan al máximo, porque es el único medio de facilitar la comprensión de hechos y términos, a veces alejados de los contextos culturales o religiosos de los lectores. Generalmente se ofrecen amplios recorridos históricos y literarios en los capítulos anteriores, para facilitar la comprensión de las obras escogidas.

Objetivadas las vertientes de nuestra tesis, iniciamos el análisis de las obras cuyo valor esotérico motiva su selección. La exégesis de cada una circunscribe en lo posible las fuentes destacadas. Los elementos esotéricos son variados, y hay obras que recogen evidentemente una o dos vertientes o varias a la vez, sobre todo las producidas por sincretismo social, cultural o religioso. Las obras son representativas de casi todos los géneros literarios que se asimilaron a veces como resultado de la interacción y la convivencia produciendo diversas y ricas transformaciones en el mundo literario. Los creadores ante el impacto de esta esoteria produjeron nuevas técnicas en el fondo y la forma de sus elaboraciones artísticas. Cada novela y cada cuento escogido responde a diversas y variados momentos esotéricos que muy bien pueden ser espíritas, vedánticos, cíclicos, brujeriles, santeros, o voduistas, por lo tanto, cada una de las obras seleccionadas está asida a esos elementos que estructuran externa e internamente el contorno de su problemática realmente humana. La selección de las novelas de carácter mágico-esotérico está representada por Rómulo Gallegos y *Doña Bárbara,* Alejo Carpentier y *Ecue Yamba-O* y *El reino de este mundo,* Gabriel García Márquez y *La hojarasca,* María Luisa Bombal y *La amortajada* y en el cuento, Lydia Cabrera y *La virtud del árbol dagame,* Gerardo del Valle y

Ella no creía en bilongos, Fernán Silva Valdés y *El payé,* Jorge Luis Borges y *El milagro secreto* y Julio Cortázar y *Una flor amarilla.*

Las explicaciones que se hacen dentro de la configuración de cada obra es aparentemente inconexa, porque se han destacado dentro de una deliberada oscilación, que no pretende otra cosa que desvincular a las obras y a sus autores del espacio y del tiempo. La esoteria no puede estar limitada a un tiempo cronológico o a un determinado lugar, porque es humana.

2. Panorama esotérico

Si analizamos la presencia del fenómeno esotérico desde una perspectiva histórica en la literatura hispanoamericana, observamos una y otra vez rasgos de evidente expresión mágica y esotérica que se mueven entre lo fantástico-mágico hasta un realismo mágico que admite lo absurdo, lo lógico, lo real y lo irreal, asido siempre a la realidad humana cambiante y conflictiva. Desde nuestros orígenes, la magia esotérica ha emanado con carácter propio de los mitos y las culturas prehispánicas y las crónicas de Indias. La pluralidad mágica de estos mundos es una de nuestras primeras fuentes esotéricas. Como hemos visto, las altas culturas indígenas americanas: mayas, aztecas e incas, desarrollaron grandes civilizaciones con conocimientos científicos y manifestaciones artísticas que desde un principio asombraron a los conquistadores. Las culturas intermedias como los taínos en las Antillas, los araucanos en Chile, los aymaras en Bolivia, los guaraníes en Brasil y Paraguay, los chibchas de Colombia, también han sido vistos dentro de la magia esotérica americana; pero nuestra atención se ha detenido en estas altas culturas indígenas por el carácter mágico de sus panteones religiosos y mitológicos y su gran caudal artístico-esotérico que se halla sobre todo diseminado en los libros sagrados mayas como, el *Popal Vuh* y *El Libro de Chilam Balam,* llenos ambos de todo el acervo mitológico, cosmogónico e histórico de estos pueblos. El mundo azteca pletórico de gran policromía cultural nos lega las soñadoras y mágicas creaciones poéticas del rey-poeta Nezahualcoyotl.

Los aztecas y los incas se vinculan mitológicamente a través de sus dioses-héroes Quetzalcoatl y Viracocha. Nunca antes los mitos han alcanzado el calibre mágico-mitológico cifrado en el poder maravilloso del sol, su dios principal al que adoran en suntuosos templos.

La semilla de nuestra magia emana de estos contextos de los mitos, las literaturas y las crónicas de Indias hecho que también constata el Dr. Luis Sainz de Medrano Arce en su artículo: *La novela hispanoamericana: Una crisis animada*:

... «Este mundo fabuloso de los amadises y Palmerines pasó a América en las mentes y, muchas veces, en los bagajes de los conquistadores, vivificó buen número de páginas de la historiografía indiana. El ejemplo más citado es el de Bernal Díaz del Castillo recurriendo al «Amadís» para expresar su admiración ante el asombroso aspecto de la imperial ciudad de Tenochtitlan.»[193]

Indudablemente, los cronistas de Indias son la fuente más rica de todo el caudal mítico americano, ellas resumen nuestra historia y conservan a través de los siglos todo el patrimonio mágico cultural en cápsulas de evidente valor estético y literario. La pluralidad y la riqueza de estos mundos se amplía y se diversifica infinitamente al contacto con la esoteria europea y africana. Sus signos y sus huellas amalgaman y estructuran unos sistemas que aparentemente no tienen más maestros que la intuición del hombre frente al elemento maravilloso de la naturaleza.

La imaginación humana parece haber sentido desde el principio una evidente predilección por curanderos, hechiceros brujos o dañeros. Las ancestrales y milenarias supersticiones han mantenido su vigencia a pesar del cristianismo.

A partir de la colonización las figuras que sintetizan esa época en literatura son Garcilaso de la Vega el Inca y Sor Juana Inés de la Cruz; ambos suponen evidentes valores dentro de nuestra literatura, sobre todo el Inca, por ser el primer escritor auténticamente hispanoamericano. A partir del siglo XVIII, el neoclasicismo europeo y el pensamiento enciclopedista estimulan un ateísmo que fomenta las variadas esoterias que en América comenzara a restringir el Tribunal de la Inquisición; sin embargo, la magia continuó a pesar de todo. En esta época comenzaron a iniciarse las guerras separatistas que fomentaron otras magias y otros senderos. El verdadero emporio de los elementos esotéricos se forma con caracteres únicos desde el romanticismo en la primera mitad del siglo XIX. El realismo y el naturalismo acaban luego con sus presencias, aunque la creación de la literatura gauchesca, dentro del movimiento romántico, permitió la persistencia de esos mundos extraños, misteriosos y alucinados, precursores ya de lo sobrenatural y lo extrasensorial. Aunque el realismo y el naturalismo habían ejercido un equilibrio dentro de este mundo distorsionado por la magia y la esoteria, el triunfo del modernismo, abre nuevos senderos al mundo infinito de la magia y el sortilegio. La narrativa modernista significó una reacción contra el costumbrismo, base casi única de la literatura realista hispanoamericana. El

193. Sainz de Medrano, Luis: *La novela hispanoamericana*: *Una crisis animada*, en *Anales de literatura hispanoamericana*, Facultad de Filosofía y Letras, Madrid, 1972, pp. 91-92.

exotismo y el cosmopolitismo abren brechas a la universalidad americana. A partir de este momento el postmodernismo determinó la disolución de aquellas tendencias y la reorientación de la literatura hispanoamericana por cauces diferentes. El postmodernismo es un concepto amplio; representa la transición entre el modernismo y la llamada literatura actual. Las dos grandes vertientes se dividen en tendencias conservadoras o radicales. Las primeras propician el retorno a las formas sencillas, clásicas y neorrománticas; la segunda propicia los «ismos» de la literatura europea sobre todo francesa, el ultraísmo, vanguardismo o escuela de vanguardia. En un sentido general nuestra literatura se supera a partir de estos procesos.

Los años en que se enmarca el postvanguardismo es uno de los períodos más dinámicos y profundos de nuestra historia. Los valores esenciales del hombre se resquebrajan a partir del triunfo de las filosofías totalitarias que no hicieron sino traer más esclavitud, infelicidad y muerte a millones de hombres, porque representaban la total negación de la libertad del hombre. Esta época supone una magia creada por el horror y el pavor de los campos de concentración, de los bombardeos infernales, y la matanza de millones de judíos. Ese mundo es el que luego adquiere autonomía a través de la novela suprarrealista en Europa y América.

La variedad y la riqueza de América, unida a los innumerables movimientos políticos, religiosos, sociales y culturales, ha dado margen a una literatura hispanoamericana moderna y americana en algunos momentos de nuestra historia. Sin embargo, los caracteres originales y maduros se forjan con sello auténtico, trascendental y universalista, a partir del siglo XIX, llegando a su total culminación estructural e ideológica en el siglo XX.

Las obras destacadas son representativas de esta madurez. En ellas prevalece una calidad lírica, artística y poética de extraordinario valor unido a una magnífica exposición de la convivencia social en todas sus vertientes; destacando la variedad de corrientes esotéricas que pululan en la periferia americana como: espiritismo, santería, brujería, vudú, macumba, candomblé, cábalas, grimorios, todo dentro de la amalgama cristiana y pagana. Su riqueza exuberante y su policromía arrancan como hemos visto, de la mezcla fabulosa y maravillosa de los elementos mágicos y esotéricos indígenas, europeos y africanos. Estos hechos, han sido reiteradamente comprobados a lo largo de nuestra investigación, como entes reales y dinámicos representativos del hombre. La fuerza de esta esoteria aflora desde unos contornos reales y cotidianos, reveladores de una de las más bellas vertientes de nuestra literatura; aquella que revela el lenguaje como elemento de unidad y permanencia, convivencia e interacción. Cada una de estas obras sustenta una temática y una problemática en el engranaje lingüístico, rico en el valor de los planteamientos que arrancan de lo telúrico y de lo mágico. Los supuestos sociales, religiosos y culturales, emanan de la circunstancia vital que acoge la literatura con carácter vivencial. Estos símbolos de nuestra narrativa representada en las obras trascienden lo artístico y lo poético por ser profundamente humana. Cada una supone un módulo estructural, poético e histórico en determinadas circunstancias vitales que el artista ha grabado en los signos y los significantes lingüísticos. Muy bien dice don Federico de Onís en el ensayo *Unidad y variedad hispánica.*

> «El hombre es un producto social y el alma de cada uno de nosotros, en aquello mismo que nos parece más natural y espontáneo, es una creación del ambiente espiritual que hemos respirado desde la infancia.» [194]

Nuestra literatura muchas veces ha ido en contra de España, cayendo en un criollismo o indigenismo exagerado, y otras veces ha seguido técnicas y movimientos servilmente, sin hacer objetivas adecuaciones culturales. Ambas posiciones son sumamente peligrosas para el arte literario, porque como muy bien señala Don Federico de Onís, en la creatividad americana hay que admitir unos sustratos que no sólo son indígenas, africanos y europeos, sino signos de la permanencia de España en América, producida por un lenguaje y una herencia común. Cito:

> «... La permanencia de España en América, tendremos que buscarla por tanto, no como peso muerto o resto arqueológico del pasado, sino como fermento vivo latente en las creaciones nuevas y originales; no en lo que España hizo y dejó en América, sino en lo que los americanos crearon por sí mismos diferenciándose de los españoles. Y será más patente y valiosa la tradición española de América si la encontramos en las creaciones americanas que más se diferencian de las españolas...» [195]

En este sentido, los autores seleccionados, representan una americanidad con raíces y por eso la asimilación de todos estos contextos da lugar a nuevas creaciones, nuevas modalidades estructurales e interpretativas, remodelando y transformando la realidad vivida.

Estas obras también hacen realidad esa observación crítica, oportuna para explicar el «boom» de estas creaciones hispanoamericanas. El lenguaje como signo de permanencia ha salvado lo insalvable, en la comprensión intelectual de la problemática, y la temá-

---

194. Onís, Federico de, *España en América,* Universidad de Puerto Rico, San Juan, P. R., 1968, pp. 20-21.

195. *Ibid.,* p. 15.

tica, fuera ya de linderos geográficos, por humana. A propósito de esta idea, he elegido un fragmento del prólogo de Octavio Paz a la obra de Carlos Fuentes, *Cuerpos y ofrendas:*

> «Escribir es la incesante interrogación que los signos hacen a un signo: el hombre; y la que ese signo hace a los signos: el lenguaje. Tarea interminable y que el novelista debe recomenzar una y otra vez; para descifrar un jeroglífico se vale de signos (palabras) que no tardan en configurar otro jeroglífico... El mundo no se presenta como realidad que hay que nombrar sino como palabra que debemos descifrar.» [196]

Toda esta creatividad lingüística novedosa hispanoamericana de las dos últimas décadas actuales, parece hacer realidad las palabras de Agustín Yánez en el ensayo: *El contenido social de la literatura hispanoamericana*:

> «Antes que producto cultural mucho antes que un fenómeno artístico, la literatura es instrumento de construcción americana. La palabra rige al acto del Nuevo Mundo.» [197]

Estos hechos citados, son fundamentales para la elaboración esquemática del tema en las obras seleccionadas, porque el punto de unidad y apoyo es la que ofrece el lenguaje español; unido a la herencia cultural española, importante para resumir el hecho, tantas veces reiterado en la tesis, que los elementos esotéricos en América no son totalmente indígenas y africanos, sino españoles y europeos. En estas creaciones, el valor principal radica en la asimilación que por interacción se hace vital y operante. ¿Qué es la literatura esotérica? La literatura esotérica en América emana de un sustrato real, contenido en las realidades originales indígenas, africanas, europeas que unidas a las variadas supervivencias y al sincretismo, reinterpreta creencias, supersticiones, mitos y vivencias. Estas pueden ser moralizadoras y benignas o destructivas y malignas. Los continentes de esta esoteria no son como en la literatura fantástica, sobrenaturales, inverosímiles o totalmente imaginarios; sino que arrancan de creencias que aparentemente ofrecen soluciones dentro de ese plano mítico y mágico y a la vez real, aunque sus soluciones resulten insólitas como en *El «payé»*, *Ella no creía en bilongos* o *Ecue-Yamba-O*. Las ficciones de Poe, Hoffman, Kafka, Cortázar, estructuran sus temas-problemas dentro de otras filosofías que pueden ser convincentes dentro de lo real-irreal o lo irreal-real muy diferente

---

196. Paz, Octavio, *La máscara y La transparencia,* prólogo a *Cuerpos y ofrendas,* Carlos Fuentes, Alianza Editorial, Madrid, 1972, pp. 8-9.

197. Yañez, Agustín, *El contenido social de la literatura hispanoamericana,* Textos de Cultura Americana No. 6. Acapulco, Edit. Americana, 1967, p. 9.

a la atmósfera de esta esoteria particular creada por los precursores Leopoldo Lugones y Horacio Quiroga con sus obras raras y extrañas. Estas distinciones no son imaginarias: el concepto espacial y temporal de los cuentos de Quiroga, por ejemplo, se cifran en la alucinación, en lo sobrenatural y hasta extrasensorial, encarnado por la premonición y el augurio en *El hijo* y *La insolación.*

Estas realidades espíritas, santeras, voduistas, son entendidas por los americanos que conocen sus efectos y sus consecuencias. Este tipo de literatura esotérica supone nuevos contextos y otros signos conceptuales afines a la materia. La búsqueda de la esperanza, de la felicidad, se condiciona a estos instrumentos de conocimiento absolutamente esotéricos y que pueden ser extrasensoriales, sobrenaturales. La esoteria no supone una ruptura con la realidad circunstancial, porque sus realizaciones responden a lo telúrico e inmediato, por ser humanas sus urgencias. El ser humano tiene fe a veces en lo que el otro hombre le hace. En ese sentido hay una predeterminación, que elimina a la autodeterminación porque la fe está en lo humano por privilegio especial o por supuestos poderes. Todo cae bajo estos nuevos módulos interpretativos: la vida y la muerte, el pasado y la muerte, el pasado y el futuro, los problemas y sus soluciones. Lo onírico es otra fuente de conocimiento, igual que la comunicación con los muertos. La literatura esotérica supone otra dimensión, que a veces, produce otras violencias, porque el hombre cree que adquiere poderes mágicos que le van a hacer dueño de otras vidas. Las soluciones que dichas creencias populares ofrecen al hombre en su vida presente, pueden ser positivas o negativas. El tema visto así ofrece un orden estructural dentro de la narrativa y su finalidad vital produce una unidad artística, espiritual y poética, superada sólo por la autonomía de los mundos creados y reinterpretados. Estos análisis no pretenden ser, por tanto, pulsaciones valorativas de patrones de conducta o de impacto de orden social y cultural, sino manifestaciones esotéricas-literarias de hechos que coexisten en la vida real y así pasan a nuestra onda narrativa.

Algunas obras como *Doña Bárbara, Ecue-Yamba-O* y *El reino de este mundo,* determinan colectividades hispanoamericanas. La veracidad de estas obras no está sujeta a irrealidades o abstracciones, ni intelectualizaciones puramente artísticas; sin embargo el sustrato dimensional de las mismas se forja en el realismo-mágico que los hechos circunstanciales en sí producen, al contacto de la naturaleza mítica de América y las circunstancias humanas del hombre hispanoamericano, sujeto a una violencia milenaria, que mezcla con el ensueño y la esperanza, o que sencillamente se hace utopía. Estas elaboraciones, movidas por esa amalgama, reflejan a los forjadores de pueblos que también son los escritores. Por tanto, en estas obras no sólo prevalece el contenido mágico-esotérico, sino que asido al mismo, se hallan los viejos postulados de la violencia hispanoamericana, que muy bien concreta Ariel Dorfman en su obra *Imaginación y violencia en América*:

> La violencia ha sido siempre importante en nuestra literatura, tal como lo ha sido en nuestra historia; pero hasta el naturalismo, las manifestaciones de este problema, aunque sintomáticas y frecuentes, no fueron el resultado de su predominio en una determinada sensibilidad generacional. La muerte se vivía en América desde tópicos literarios europeos. Sin embargo, a partir del naturalismo el problema de la violencia pasa a ser el eje de nuestra narrativa, ya que al descubrir la esencia social de América, las luchas y sufrimientos de sus habitantes, la explotación que sufrían a manos de la oligarquía y del imperialismo, la forma en que la tierra los devoraba, se descubrió, paralelamente, que nuestra realidad era violenta, esencialmente violenta. Las novelas americanas hasta 1940 se dedicaron a documentar la violencia hecha a nuestro continente, a fotografiar sus dimensiones sociales, a denunciar ante la opinión pública las condiciones brutales e inhumanas en que se debatían los pobladores de estas tierras. El énfasis está puesto en los padecimientos, en el estado socio-económico-legal que permitía ese despojo, en una naturaleza que se tragaba al hombre, quien aparece como un ser pasivo que recibe los golpes de las fuerzas sociales y naturales que se desencadenaban sobre él. La esencia de América para esa literatura se encuentra en el sufrimiento.[198]

Si observamos detenidamente a *Doña Bárbara, Ecue-Yamba-O, El reino de este mundo* y *La hojarasca,* las cuatro novelas representativas de la esoteria, vemos que en cada una de ellas la brujería y la magia, es el resultado del sufrimiento, de la humillación, de la marginación. Todos han sido en cierto modo víctimas de la injusticia social del otro hombre. Asidos a las creencias y al fervor, se subliminan el alma, ante la dura realidad que les aniquila. A veces el Dios de los cristianos parece ejercer mayor poderío y entonces vinculan sus fuerzas en búsqueda de otros poderes.

Lo esencial de esta literatura esotérica es ver cómo el hombre utiliza estos resortes en la vida diaria. ¿Por qué el hombre persiste en buscarse en la magia, en la esoteria, en la fantasía? ¿Por qué nuestros narradores andan en busca de esas sinuosidades humanas, arrinconadas a veces entre la miseria y la explotación humana y afloradas luego entre la más absurda búsqueda de un fervor que es sólo religión ausente de fe? Esto no quiere decir que se haya dejado de denunciar la injusticia y quienes la causan. Ocurre que en esta literatura se

198. Dorfman, Ariel, *Imaginación y violencia en América,* Edıt. Anagrama, Barcelona, II. Ed., 1972, pp. 9-11.

describen los actos brujeriles dentro de las consecuencias sociales, religiosas y culturales que tiene el delineamiento interior de un ser que blanco o negro tiene problemas que a veces no puede solucionar lógicamente. Como hemos reiterado varias veces, no nos compete discutir las proyecciones morales de esta esoteria, lo que nos interesa destacar es que hay una notable correlación entre la miseria y la ignorancia y la esoteria o fervor popular de varios países de América y por esto, nuestros interpretadores y recreadores literarios continúan nutriéndose de todas estas vetas que cada día adquieren mayor fuerza y vigencia.

Estos planteamientos nos dan una configuración y limitación del universo histórico y cultural, mítico y religioso y sobre todo mágico-esotérico de nuestra tesis. Los supuestos de estas obras son proyectados universalmente, porque son hijos de las acumulaciones y del sincretismo histórico-literario. Es obvio que hay escritores que se salen de la colectividad para individualizar esa esoteria mágica como en *La amortajada, El milagro secreto* y *La flor amarilla.* En ellas los supuestos son intelectualizados pero no son abstracciones, son realidades interpretadas al calor de las experiencias budistas, vedánticas, ocultistas o inclusive las corrientes extrasensoriales.

El siglo XX en América destaca ya con caracteres universales una literatura totalmente esotérica que ha de continuar por mucho tiempo los mitos populares que se mezclan con los religiosos y los históricos. Mitos son Bolívar y San Martín; María Lionza, los baquianos, los payadores, en las pampas, llanos y llanuras americanas. Cada país en América tiene su fabulario permeado de supersticiones que coexisten no sólo como realidad vivida, sino que al individualizarse como creación literaria es representativa de una determinada colectividad americana y en su vertiente más bella: la determinada por el espíritu. La esoteria vista así va más allá del hombre que sueña y que intenta una solución que le produzca la felicidad perdida o el sueño imposible.

El valor del tema esotérico en la literatura y de los creadores que se nutren de ella es extraordinario, porque emana de un juego mental en donde la realidad concreta y la subjetividad mágica, mezclan al calor del sentimiento y de las crencias nuevas dimensiones en la creación artística. El arte trasciende lo genuinamente humano aunque sea mágico, esotérico, fantástico o maravilloso.

a. DOÑA BARBARA

Rómulo Gallegos

La vida y la obra de Rómulo Gallegos son casi míticas dentro de la historia de la literatura hispanoamericana. Su obra cumbre *Doña Bárbara,* publicada en 1929, lo situó en la cúspide del núcleo de escritores hispanoamericanos que a partir de 1916 hasta 1936, le han de cambiar el fondo y la forma a la novela como género literario; símbolo a su vez de una nueva expresión de la problemática americana. Rómulo Gallegos, es síntesis y culminación de ese evidente período de madurez producto de los sucesivos movimientos e ideologías políticas, sociales y literarias que en América habían cobrado carácter propio. El romanticismo, el modernismo, el realismo y el naturalismo, produjeron en América diversas cosechas al unirse con los diferentes oleajes conocidos como criollismo, indigenismo, nativismo, pero todo en realidad era un hecho: toma de conciencia vital frente a la problemática hispanoamericana. Desde este momento, en mi opinión, se trazan los verdaderos cimientos de nuestra narrativa hispanoamericana, y los claros orígenes del actual «boom» literario hispanoamericano, que no se produjo en un día y que ha sido el resultado de toda la historia vivida y sentida a través de las diversas aportaciones de los descubridores, los conquistadores, los emigrantes. Todos en general trajeron y amalgamaron sus patrones culturales con las antiguas culturas prehispánicas, milenarias y ancestrales.

Rómulo Gallego, como tantos escritores americanos fue modernista, criollista, realista y romántico, pero su obra arranca de lo esencialmente americano. Paisaje y paisanaje se vinculan dentro de los temas de la realidad venezolana que también es América; por eso, el rotundo éxito de *Doña Bárbara,* porque hubo un doble plano: el entendido por conocido y el que se callaba en la entrelínea de la pugna, la violencia, la civilización y la barbarie, consigna de ayer y hoy en muchos pueblos de América. La problemática principal de la civilización y la barbarie en América es sobre todo la promovida por los políticos, los dictadores y las minorías selectas.

En muchas partes de América, la maldad no procede de la masa analfabeta y marginada, sino de la élite que viaja y estudia fuera, y sobre todo, de la que vive fuera de su país natal, pero que continúa el caciquismo y el caudillaje. Frente a ese desarraigo evidente, frente a esa incultura presente, Rómulo Gallegos supuso un enfrentamiento, una confrontación con la dura realidad de su patria, que también era la de Hispanoamérica. Por esto, porque había una estrecha relación entre el llano, la selva, y los ríos, primitivos e incomunicados, como los hombres; Rómulo Gallegos establece su famosa simbología entre hombre y naturaleza, civilización y barbarie. El cree que tanto el hombre como la naturaleza tiene que ser pulido, sistematizado, estructurado dentro de vías técnicas que hagan asequible y viable la interacción y la convivencia. La novelística de Gallegos se ha llamado novela de la naturaleza, pero en su temática hay que considerar una problemática cuyo núcleo principal reside en los tres planos que conforman su estructuralismo interno y externo: hombre, naturaleza y técnica. *Doña Bárbara,* es una novela aparentemente escrita dentro de los resortes tradicionales de la época, con un fondo de la naturaleza implacable y casi determinista al estilo de Zola; sin embargo en ella hay un rasgo de esperanza cifrado en el hombre. Este hecho cambia ya la estructura interna de la novela que a mi juicio da otro carácter a nuestra literatura. Si observamos individualmente las novelas que para 1936 se habían afincado con autonomía propia tales como: *Los de abajo* (1916); *Raza de bronce* (1919); *La vóragine* (1924) *Don Segundo Sombra* (1926); *Las lanzas coloradas* (1931); *El reino de este mundo* (1933); *Cantaclaro, Huasipungo* (1934). Estas novelas contienen valiosos idearios y técnicas válidos en la nueva narrativa hispanoamericana; sin embargo, la que mejor alcanza la síntesis del temario americano es *Doña Bárbara.*

Evidentemente estas novelas citadas anteriormente recogen las diversas modalidades de lo que ya somos, todo dentro de la variedad que produce el tronco común conformando por lo indígena americano, lo europeo y lo africano. Sobre todo, estos escritores vieron y señalaron mucho antes que los antropólogos y los etnólogos, la problemática real de nuestra existencialidad e identidad americana, que ellos manifiestan a través de diversas perspectivas literarias y que en mi opinión se revelan en tres planos: lo que realmente somos, lo que no somos y lo que queremos ser. El tema de *Doña Bárbara,* civilización y barbarie, se reitera en casi toda la obra de Gallegos pues de una manera u otra, el hombre es vencido por la naturaleza o por el otro hombre. Las alternativas de redención están en la educación, en la bondad del corazón y en el ideal de justicia realizado más que pensado. El hombre, para Rómulo Gallegos, ha creado un miedo producido por la anarquía, el caciquismo y el latifundio imperante. Se ha creado un mito producto de la realidad cruda, maligna y devoradora del hombre, que parece alejar cada día más la consecución de la meta y objetivos, de un pueblo que busca la paz y la seguridad, hija de la justicia social. En Rómulo Gallegos, se evidencia una simbiosis entre la naturaleza inhóspita y cruel y los hombres violentos ante el otro hombre o indiferentes al progreso del pueblo. Los símbolos en *Doña Bárbara* a veces se exageran, pero son necesarios dentro del ideario, pues justifican los signos y las huellas de hechos que transcienden la ficción, porque han sido forjados dentro de una realidad evidente. En este sentido, *Doña Bárbara* se equipara totalmente con obras como: *El reino de este mundo* y *Cien años de soledad.*

La obra de Gallegos es unitaria y en ella hay un hilo vinculador: la problemática humana, con todas sus proyecciones, que a veces no supone soluciones sino planteamientos a futuras realizaciones en el orden social, político, económico y pedagógico de Venezuela y América. Sus obras *El último solar* (1920), *La trepadora* (1925), *Cantaclaro* (1934) y *Canaima* (1935) son las mejores novelas de Gallegos, y todas tienen la misma calidad y fuerza expresiva que las constituye en obras maestras de nuestra literatura. Sus novelas posteriores *Pobre negro, Sobre la misma tierra, La brizna de paja en el viento,* suponen otras direcciones y otros tratamientos de los temas y problemas de América. Lo importante para nuestra tesis, independiente ya de los datos biográficos del autor o de la cronología de la obra, sumamente conocidos y estudiados ambos, es situar a *Doña Bárbara* dentro del mundo mágico-esotérico que condesa y sintetiza la hechicería, la brujería, la superstición y las diversas creencias populares venezolanas. En *Doña Bárbara,* el espiritismo, la brujería y la hechicería, son otros símbolos de la barbarie encarnada por la llanura, devoradora de hombres. Lo sobrenatural y lo extrasensorial, es búsqueda del poder primitivo y poderoso, ausente de Dios y creador a su vez de otros dioses encarnados por hombres. En este sentido, *Doña Bárbara* es señera al recoger todo ese caudal esotérico y brujeril que más tarde revelarán en casi todas las vertientes nuestros escritores contemporáneos. Por esto *Doña Bárbara* es nuestra obra medular, porque en ella convergen todas las esoterias europeas, indígenas y africanas que hemos delineado en capítulos anteriores. Estos mundos mágicos son autónomos, autóctonos y auténticos y en ello radica el mayor valor de la obra de Gallegos, porque habló y escribió en una época en que todos esos hechos conocidos como espiritismo, brujería y esoteria se callaban. Estos elementos esotéricos permean casi toda la obra, pero la revelación de sus distintas vertientes mágico-esotéricas las encarnan Doña Bárbara, Balbino Paiba y Juan Primito. Hay personajes como Marisela y varios peones, que creen en estos poderes, pero cuando ven que van en contra de lo que ellos aman, no los temen. Santos Luzardo, símbolo de la civilización, no admite en ningún momento los poderes de estos símbolos de incultura y barbarie. Lo importante para nuestra tesis, reitero, no es que *Doña Bárbara* represente otra manera de escribir, otras técnicas u otros supuestos; lo válido para nosotros, es la revelación pura y extrañamente original de esa realidad brujeril, que Gallegos connota con valentía, porque la ve como otro ente primitivo, devorador de lo único que salva al hombre; su capacidad de decidir y obtener las cosas por la voluntad, la razón y la integridad. El hombre no puede valerse de hechos sobrenaturales para posesionarse del otro hombre. *Doña Bárbara* supone pues, otras maneras de entender y solucionar la vida. Sin embargo, en la obra, estas malas artes no triunfan, pues prevalece el amor puro, que es otra manera de vencer a la barbarie; por eso su mensaje final, una vez vencida Doña Bárbara, la devoradora de hombres es:

> «¡Llanura venezolana! Propicia para el esfuerzo como lo fuera para la hazaña, tierra de horizontes abiertos donde una raza buena ama, sufre y espera!»[199]

Dentro de este ámbito ancho que procede del esfuerzo humano, símbolo de la esperanza, es que se concibe la obra, todo dentro de la mezcla del realismo y el simbolismo que matiza para siempre a *Doña Bárbara* como una inolvidable creación de arte. En este mundo de Gallegos, no hay resquicio para la malignidad producida por las malas costumbres o las fuerzas primitivas del hombre. Doña Bárbara es la mujer vista desde adentro y desde afuera por el hombre, que porque ha sentido su influjo malévolo o benigno, puede objetivarla. La llanura venezolana, la devoradora de hombres, se hace proyección en el hombre que la ha vinculado a la barbarie, porque la mujer como el hombre en estas tierras inhóspitas, solitarias, lejanas, se hace desaprensiva, violenta, mercenaria y cruel. El paralelismo entre llanura y mujer devoradora de hombres es mítico. Lo mítico espanta a veces, porque es el latido del hombre ante lo grandioso, lo inmenso o lo incomprensible y en este sentido es imposible de definir, porque aunque emana de la realidad, la sensibilidad humana es pequeña para comprender su magnitud. Doña Bárbara, mito de la barbarie es la antítesis del mito religioso que circula desde la Conquista, alrededor de la india María Leoncia, que según las creencias populares, era una princesa amazona que se paseaba por las monta-

199. Gallegos, Rómulo, *Doña Bárbara*, Espasa Calpe, Argentina, 1971, p. 252 (Edición consultada).

ñas del norte en el estado de Yaracuy, sede de su templo en la región centro de Venezuela que colinda con los estados de Lara, Falcón y Carabobo. A María Leoncia le rinde culto toda clase de gente, y su estampa mítica unida a sus extraños poderes, ha creado toda una liturgia alrededor de su figura. Su estatua en Caracas, en la autopista del Este, frente a la Universidad Central de Venezuela, en donde aparece Leoncia india, con los brazos extendidos y montada en una danta como otro reto de la esoteria americana.

Rómulos Gallegos, nacido en Caracas el 2 de agosto de 1884, es hombre cuyo valor principal radica en la valentía con que supo afirmar la esencialidad de su patria a través de una narrativa briosa, vital y auténtica. Su recia personalidad, su inmensa vocación de escritor y creador artístico, también lo destacó como hombre público y maestro. Pocos hombres pueden desplegarse como él lo hizo desde la pedagogía, la literatura y la política y siempre en servicio a su pueblo.

La presencia de los elementos esotéricos en la narrativa hispanoamericana como extraordinaria dimensión de belleza, comienza a nuestro juicio con la novela *Doña Bárbara*, obra ejemplar para nuestro tema, porque en ella el mundo de la agorería, de la brujería, de la hechicería y de la premonición se mezclan exóticamente, dando lugar a la malignidad violenta que la llanura venezolana parece conjurar de manera especial y que Rómulo Gallegos ha percibido en su total dimensión. El encuentro de Gallegos con el llano fue casi un acto de magia, porque toda magia es arte, y cuando él descubrió aquel paisaje llanero lleno de misterio, de susurros milenarios llenos de violencia y de maldad, la maldad que había sentido ya en manos de la dictadura de Juan Vicente Gómez, su alma se tritura; todo el dolor que lleva encerrado tanto tiempo, se devela en la magistral reinterpretación que hace de la dañera, representación simbólica de su Venezuela hecha malignidad. Gallegos, ha escrito en el prólogo de la edición conmemorativa de los veinticinco años de *Doña Bárbara* cómo forjó su personaje y cómo creó su obra:

> «Estaba yo escribiendo una novela cuyo protagonista debía pasarse unos días en un hato llanero y para recoger las impresiones de paisaje y de ambiente, fui yo quien tuve que ir a los llanos de Apure, por primera vez en el dicho abril de 1972» ... «Llegué, adquirí amigos y al atardecer estaba junto con ellos en las afueras de San Fernando. Gente cordial, entre ella, un señor Rodríguez, de blanco pulcramente vestido, de quien no me olvidaré nunca, por lo que ya se verá que lo debe...» Pero el espectáculo no era para reflexiones pesimistas y mi venezolano deseo de que todo lo que sea tierra de mi patria alguna vez ostente prosperidad y garantice felicidad, tomó forma literaria en esta frase: Tierra ancha y tendida, toda horizontes como la esperanza, toda caminos como la voluntad.» Es-

toy seguro de que la formulé mentalmente y no tenía, ni aún tengo en qué fundarme para creer que el señor Rodríguez poseyese virtud de penetración de pensamientos; pero lo cierto es que lo vi sonreír "como cosa sabida", cual si me hubiera descubierto que tenía yo personaje principal de novela destinada a buena suerte... «Y en efecto, ya lo tenía, el paisaje llanero, la naturaleza bravía, forjadora de hombres recios. No son criaturas suyas todos los de consistencia humana que en este libro figuran.» [200]

El señor Rodríguez le habló de la historia de Mier y Terán, del abogado que prosperó y luego se alcoholizó, pero sobre todo le habló de Francisca Vázquez:

> «Una mujer que era todo un hombre para jinetear caballos y enlazar cimarrones, codiciosa, supersticiosa, sin grimas para quitarse de por delante a quien lo estorbase...» [201]

Rómulo Gallegos vio en todo ello la recreación y la figuración de su personaje:

> «¿Y devoradora de hombres, no es cierto?, pregunté con la emoción de un hallazgo, pues habiendo mujer simbolizadora de aquella naturaleza bravía ya había novela.
> Han pasado veintisiete años. Yo no me olvidaré nunca de que fue él quien me presentó a Doña Bárbara. Desistí de la novela que estaba escribiendo, definitivamente inédita ya. La mujerona se había apoderado de mí... Era, además, un símbolo de lo que estaba ocurriendo en Venezuela». [202]

Como observamos la suerte de Doña Bárbara ya estaba echada, Gallegos la encontró en el llano porque ya la llevaba consigo; por eso los días pasados en el Hato La Candelaria, con el baquiano Antonio José Torrealba, quien le vinculó con el mundo y las costumbres apureñas, sólo develaron lo que ya había cuajado en sus entrañas. Opino que todo hombre, todo autor asido a una cultura y a una circunstancia, se mueve dentro de unas particulares y singulares determinantes, que suponen adherencias, aceptaciones y rechazos. Hoy la novela telúrica no se justifica, porque la realidad es otra y porque su problemática inicial, quizá, se ha superado aunque no totalmente. *Doña Bárbara* fue un signo de afirmación, un grito valiente, dentro del silencio cobarde y humillante de su época y sobre todo, fue un testimonio y un compromiso de un hombre íntegro frente a su pueblo y su patria. La simbología Bárbara-Luzardo-Marisela, es algo

---

200. Gallegos, Rómulo, *Cómo conocí a Doña Bárbara*, Prólogo de la edición conmemorativa de los 25 años de *Doña Bárbara*, Fondo de Cultura, México, 1954, pp. 88-89.
201. *Ibid.*, p. 90.
202. *Ibid.*, p. 90.

más que una trilogía conceptual, es una ecuación símbolo de la barbarie, la civilización y el amor. El hilo argumental de la obra motivada por la lucha entre la civilización y la barbarie se libra entre las fuerzas del bien sobre el mal. Un acto de amor salvará al pueblo venezolano en términos de la educación niveladora y justa. El amor como todo, arranca de lo telúrico, porque sólo el hombre asido a la tierra, puede entretejer la ilusión y la esperanza y otear desde las puntas de sus pies el horizonte y las estrellas. *Doña Bárbara* contiene un mensaje humano universal porque lo forjó la esperanza afincada en el sufrimiento.

Veamos, pues ahora, los elementos externos e internos de la esoteria que dan lugar a una de las más hermosas vertientes de la obra y que singularmente encarnan: Doña Bárbara, Juan Primito y Marisela. Estos tres personajes están vinculados entre sí, Doña Bárbara disputa el amor de Santos Luzardo con su hija Marisela, objeto a su vez del amor de Santos Luzardo. Juan Primito conoce a su ama Doña Bárbara y quiere con pureza de casi un padre a Marisela. Marisela y Juan Primito, conocen todas las vertientes malignas y brujeriles de la Dañera, por eso ellos, son la contrapartida de la actividad brujeril de Doña Bárbara. Doña Bárbara fue víctima de la llanura y sus hombres y por eso es la victimaria y la devoradora de hombres. Ella ha olvidado los derechos y los privilegios humanos sociales-cristianos, para asirse a las malas artes y a la brujería como fuente de poder. Doña Bárbara no es una abstración, existe como mujer, como devoradora de hombres, como la dañera o bruja y sobre todo destructora de la civilización. Sólo un sentimiento noble acuna su alma algunas veces: el recuerdo de su primer amor, Asdrúbal.

El problema que plantea la novela es la civilización como coto a la desidia, la infamia y la humillación del hombre hacia el otro. El tema fundamental, a mi juicio, reside en que el verdadero ideal ya sea patriótico, social, religioso, cultural o ideológico no puede ni debe excusar la injusticia ni la humillación siquiera hecha a un solo hombre; y mucho menos cuando esa injusticia es producto de la incultura y la ignorancia, que es otra forma de la barbarie.

La recreación de la personalidad de Doña Bárbara en su vertiente brujeril se ofrece desde el principio: no es sólo: «capitana de una pandilla de bandoleros» sino:

> «... es una mujer que ha fustaneado a muchos hombres y al que no trambuca con sus carantoñas, lo compone con lo que se le antoje, porque también es faculta en brujerías.»[203]

---

203. Gallegos, Rómulo, *Doña Bárbara*, Espasa Calpe, Buenos Aires, 1971, p. 11 (edición consultada).

Sus atributos hechiceros y brujeriles, como dice el autor, no eran creencias del pueblo:

> «... a la conseja de sus poderes de hechicería no todo era, tampoco invención de la fantasía llanera. Ella se creía realmente asistida de potencias sobrenaturales y a menudo hablaba de un «Socio» que la había librado de la muerte, una noche, encendiéndole la vela para que se despertara a tiempo que penetraba en su habitación un peón pagado para asesinarla y que, desde entonces, se le aparecía a aconsejarle lo que debiera hacer en las situaciones difíciles o a revelarle los acontecimientos lejanos o futuros que le interesara conocer. Según ella, era el propio milagroso Nazanero de Achaguas; pero le llamaba simplemente y con la mayor naturalidad: «El Socio» y de aquí se originó la leyenda de su pacto con el diablo... Mas, Dios o demonio tutelar, era lo mismo para ella, ya que en su espíritu, hechicería y creencias religiosas, conjuros y oraciones, todo estaba revuelto y confundido en una sola masa de superstición, así como sobre su pecho estaban en perfecta armonía escapularios y amuletos de los brujos indios y sobre la repisa del cuarto de los misteriosos conciliábulos con el "Socio", estampas piadosas, cruces de palma bendita, colmillos de caimán, piedras de curvinata y de centella, y fetiches que se trajo de las rancherías indígenas consumían el aceite de una común lamparilla votiva.[204]

Doña Bárbara es, pues, el compendio de todos los vicios, las pasiones, las malas costumbres, la brujería y la superstición. Ella y Melquíades hablaban sin mirarse a los ojos porque:

> «Brujos ambos, habían aprendido de los "dañeros" indios a no mirarse nunca a los ojos.»[205]

Doña Bárbara, se apoya en falsedades, como ver la imagen de Santos Luzardo en el vaso, delante de Melquíades y Balbino, pero Melquíades astuto como ella, no lo cree y dice:

> «Perro no come perro. Que te crea Balbino. Todo eso te lo dijo el peón.
> »Era, en efecto, una de las innumerables trácalas de que solía valerse Doña Bárbara para administrar su fama de bruja y el temor que con ello inspiraba a los demás».[206]

El mundo brujeril en esta obra está dividido en diversos planos que permiten la objetivación de los diferentes móviles de los personajes. Juan Primito es un caso singular porque en él se hallan matizadas

204. *Ibíd.*, p. 31.
205. *Ibíd.*, p. 47.
206. *Ibíd.*, p. 49.

con gran socarronería e ironías las características de un «bobo con alternativas de lunático furioso». Entre sus manías había una muy curiosa y consistía en no beber el agua de las casas del Miedo y en colocar sobre los techos de las casas cazuelas llenas de líquidos para que bebiesen «unos pájaros fantásticos» que él llamaba «rebullones»:

> «... los rebullones eran una especie de materialización de los malos instintos de Doña Bárbara, pues, había cierta relación entre el género de perversa actividad a que ésta se entregara y el líquido que él les ponía a aquéllos para que aplacaran su sed: sangre, si fraguaba un asesinato; aceite y vinagre, si preparaba un litigio; miel de aricas y bilis de ganado mezcladas, si tendía las redes de sus hechizos a alguna futura víctima.[207]

La sagacidad de Juan Primito no pasa desapercibida entre los peones del Miedo, pues: «más que por bobo Juan Primito pasaba por bellaco. Sólo Doña Bárbara que era la única que no estaba en el secreto lo tenía por tonto de remate».

Juan Primito, juega una parte muy importante en la obra, porque es el elemento unificador entre las actividades brujeriles de Doña Bárbara. Hay una correlación entre lo que él intuye y lo que Doña Bárbara hace y como su único afecto verdadero es el que siente hacia Marisela, se constituye también en un elemento de premonición que salvaguarda a la «niña de mis ojos» como la llamaba él.

Doña Bárbara ha usado todas sus artes de mujer para atraer a Santos Luzardo, pero este hombre se resiste a sus encantos y a los bebedizos embrujadores que solía dar a los hombres que enamoraba para destruirle la voluntad. Ella se sentía trastornada por el solo hecho de pensar que Luzardo la amase:

> «... por un momento se le ocurrió valerse de sus "poderes" de hechicería, conjurar los espíritus maléficos, obedientes a la voluntad del dañadero, pedirle al "Socio" que le trajera al hombre esquivo; pero inmediatamente rechazó la idea con una repugnancia inexplicable. La mujer que había aparecido en ella la mañana de Mata Oscura quería obtenerlo todo por artes de mujer.[208]

La otra vertiente de la esoteria la revela Marisela, quien al enamorarse de Santos Luzardo, lucha contra todo aquello que pueda hacerle daño al ser amado. Ella se percata de que Doña Bárbara trama algo malo en contra de Luzardo y por eso cuando oye a la india Eufrasia decirle a Casilda:

207. *Ibíd.*, p. 115.
208. *Ibíd*, p. 133.

«—¿Para qué iba a ser, pues, ese empeño de Juan Primito en que el doctor se dejara medir? ¿A quién puede interesarle esa medida si no es a Doña Bárbara, que es voz corriente que se ha enamorado ya del doctor? —¿Y tú crees en eso de la medida, mujer? —Replicó Casilda—. ¿Que si creo? ¿Acaso no he visto pruebas? Mujer que se amarre en la cintura la medida de un hombre, hace con él lo que quiera. A Dominguito, el de Chicuacal, lo amarró la india Justina y lo puso nefato. En una cabuya le cogió la estatura y se la amarró a la pretina. ¡Y se acabó Dominguito!»[209]

Santos Luzardo no cree en esas supercherías y como muchos hombres duda; sin embargo, la brujería que existe para amarrar a un hombre es infinita y variada. Este tipo de brujería como medir para «amarrar», dar brebajes para «hechizar», o rezar determinadas oraciones para «encadenar», son prácticas muy antiguas y que aparecen registradas en casi todos los libros esotéricos tales como: la *Clavícula de Salomón;*[210] el *Dragón Rojo;*[211] *El gran libro de San Ciprián*[212] y otros. Ya hemos visto en capítulos anteriores, como las mujeres despliegan todas sus artes para provocar y seducir a los hombres a través del *bilongo,* del «amarre del cordón»; del alcanfor para reducirle su virilidad o la canela como afrodisíaco. En México, por ejemplo, las mujeres del pueblo ignorantes suelen dar a los hombres «taloache», planta que crece en el campo y que produce alteraciones en el cerebro hasta dejarlos tontos, y estas mujeres piensan que al dárselo como brebaje, ellos se van a enamorar más de ellas. La práctica es tan conocida en México, que cuando un marido es medio tonto se suele decir que le han dado «taloache.» Lo mismo sucede con el bilongo en Cuba y con el amarre en Puerto Rico, muy parecido al «sentar en el baúl», en España.

En Nueva York y Miami circula un libro llamado *La guía espiritual* (Espiritismo Ilustrado), conocido generalmente como *El Akoni,*[213] cuyos servicios se prestan a través del teléfono y tiene por sede el Bronx. En este manual se hallan variadas recetas, baños y oraciones para perseguir distintos fines, entre ellos los amorosos, todo dentro de lo que ellos llaman: «El maravilloso mundo-común de los vivos con los muertos».

En ese mismo libro se ofrece un dato interesante que cito como evidencia de este mundo sobrenatural y extrasensorial que pervive cada día con más fuerza en las grandes metrópolis. Como nota

---

209. *Ibíd.,* p. 176.
210. *Clavícula de Salomón,* Colección Ciencias Ocultas, Buenos Aires, 1970.
211. *Dragón Rojo,* Colección Ciencias Ocultas, Buenos Aires, 1969.
212. *El gran libro de San Cipriano,* Colección Ciencias Ocultas, Buenos Aires, 1970.
213. *El Akoni, La guía espiritual,* Great Northern Offset Printing Corp., Bronx. New York, 1969.

especial, este librito, se vende en casi todas las «botánicas» de Nueva York, Puerto Rico y Santo Domingo.

> «existen en la ciudad de Nueva York quién sabe más de quince o veinte mil médiums, que celebran sesiones de tres a cuatro personas. Esta fragmentación suicida le resta a la religión toda la fuerza social, política y económica que se necesita para hacerla respetar, para asegurar su permanencia en el Tiempo y su existencia en el Espacio, no teniendo nadie que avergonzarse de ser espiritista, de ser santero, de pertenecer y ser integrante de la Iglesia Universal de Olofi.» [214]

Volviendo otra vez al tema de la medida de Santos Luzardo, hecha por Juan Primito y por órdenes de Doña Bárbara, vemos como Marisela se estremece al oírlo, aunque fuese lo más «burdo y primitivo que en materia de superstición pudiera darse» pues Marisela:

> «A pesar del empeño que había tomado Santos en combatir la creencia en supercherías y aunque ella misma aseguraba que ya no le prestaba crédito, la superstición estaba asentada en el fondo de su alma. Por otra parte, las palabras de las cocineras, oídas conteniendo el aliento y con el corazón por salírsele del pecho, habían convertido en certidumbre las horribles sospechas que ya le habían cruzado por la mente: su madre, enamorada del hombre a quien ella amaba.» [215]

Este capítulo XIII, titulado «La Dañera y su Sombra» es síntesis y resumen de otdo este concepto del arte esotérico que hemos estado elaborando a la luz de las distintas vertientes señaladas como: espiritismo, magia negra, santería, vodú, fuerzas extrasensoriales o sobrenaturales. En este capítulo se parangonan y se equilibran las diversas fuerzas afectivas encarnadas por Doña Bárbara y Marisela. Madre e hija, se disputan el amor de un mismo hombre: Santos Luzardo. El término dañera en Venezuela, alude a la persona que según la superstición popular causa daños por arte de brujería. En este singular momento presenciamos el ceremonial de «amarre» de un hombre, todo dentro de un sincretismo total y evidente; en este ritual se hallan mezcladas las influencias indígenas, europeas y cristianas. El simbolismo brujeril cuenta con la ayuda del espíritu evocado dentro de las doctrinas espíritas llamado aquí el «Socio». Juan Primito, ha traído el ovillo de cordel con la medida de Luzardo. Doña Bárbara, sola, despreciada y humillada por su hija y su amante, quiere ponerse en contacto con el espíritu que la acompaña y la

---

214. *Akoni, La guía espiritual,* Great Northern Offset Printing Corp., Bronx, New York. p. 31.

215. Gallegos, Rómulo, *Doña Bárbara,* Espasa Calpe, Buenos Aires, 1971, p. 176.

aconseja a la luz de sus creencias. Doña Bárbara ha cobrado conciencia de su femineidad, ya no es el «marimacho» de las sabanas. Conserva su altivez y su fuerza apoyada en lo que ella admite como sus poderes sobrenaturales. Ella es un «medium» dentro de la doctrina espiritista, porque ha establecido contacto con el «periespíritu», que ella llama el «Socio», permitiendo una comunicación entre el encarnado y el desencarnado. ¿Cómo se manifiestan los mensajes de los espíritus? [216] Los mediums han sido clasificados en tres grupos. Se llaman *típticos* o golpeadores los que se comunican con los espíritus por ese medio; se denominan *motores* o transportadores, los que son usados por el espíritu para mover o empujar personas u objetos; y reciben los nombres de *parlantes,* videntes y psicógrafos los que logran hacer hablar a los espíritus o hacerlos ver, o que escriban por su mano. Doña Bárbara farsante o no, es un «médium parlante». Su «Socio» no es imaginario ni irreal. Es un espíritu evocado, pues dentro de la doctrina espírita, los espíritus de los muertos pueden ser evocados, para comunicarse con los seres vivientes. Este es un elemento esencial, de la doctrina de Allan Kardec, que presupone otros principios extraídos del patrimonio de varias religiones antiguas. ¿Lo sabe el autor? Sí, porque la presencia del espiritismo en Venezuela y muchísimos países americanos y europeos es un hecho real y evidente. Para el 1935 y constatado por muchísimas librerías en América, es notable el gran número de libros espiritistas que circulan en casi todas las clases sociales. Rómulo Gallegos ha recogido esa vertiente oscura de su pueblo, desde el fondo de la realidad vivida, por eso vemos las diversas variantes esotéricas en boca de distintos personajes, representativas de distintas clases, aunque en general sean ignorantes y así oímos a Melquíades, Balbino, Marisela, Juan Primito, Eufrasia, Casilda, los peones. Todos tienen una idea, una concepción, de ese mundo brujeril, encarnado por la Dañera, Doña Bárbara. El valor extraordinario de Gallegos, precisamente estriba en que para el 1929, año en que publicó la obra, y antes, pues la forjó en 1927, el espiritismo se practicaba pero se ocultaba, ahora no.

El capítulo está elaborado artísticamente, todo dentro de la técnica surrealista que presupone la yuxtaposición impresionismo y el expresionismo. Por un lado domina el impresionismo porque reproduce exactamente las diversas sensaciones sentidas por Doña Bárbara y Marisela. Hay un afinamiento del análisis de las experiencias internas, sensualizando y estilizando lo físico y lo psíquico. Gallegos ha transformado sus impresiones en expresiones, dentro de la

216. Véase la trayectoria de esta idea en: *El evangelio según el espiritismo de Allan Kardec,* Crusader Enterprises, Inc., Río Piedras, Puerto Rico, 1969.

magia bella y esotérica del momento; no sabemos qué prevalece más, si el contenido de sus percepciones o la vertiente de su conciencia en encuentro con las impresiones que daría dominio a la vertiente expresionista. Opino que la extraña belleza procede precisamente en este capítulo de ese reflujo que permite que la experiencia vivida se dé en dos vertientes simultáneas: expresionismo e impresionismo, que nos llevan a los objetos y hacia los sujetos vitalmente.

Doña Bárbara y Marisela son retratadas dentro de la desesperación de la enamorada, que lucha en contra de la otra. Doña Bárbara ha comenzado su ritual de «amarre» y Marisela enterada, viene a destruir toda su brujería. En este momento prevalece toda la simbología brujeril y sincrética del mundo venezolano.

> «Y se quedó pensativa, contemplando aquel pedazo de cordel pringoso que tenía algo de Santos Luzardo y que debía traerlo a caer entre sus brazos, según una de las convicciones más profundamente arraigadas en su espíritu. Ya los apetitos se habían convertido en pasión, y puesto que el hombre deseado que debía de ir a entregársele "con sus pasos contados" no los encaminaba hacia ella, de la tiniebla del alma supersticiosa y bruja había surgido la torva resolución de apoderarse de él por artes de ensalmadera.» [217]

Entretanto, Marisela se acerca a la casa, para luchar por su amado y enfrentarse a su madre. Mientras tanto Doña Bárbara, decidida ya a usar todos sus poderes sobrenaturales, ha pasado a la habitación de los conjuros:

> «Ante la repisa de las imágenes piadosas y de los groseros amuletos, donde ardía una vela acabada de encender, Doña Bárbara, de pie y mirando al guaral que medía la estatura de Luzardo, musitaba la oración del ensalmamiento: —Con dos te miro, con tres te ato: con el Padre, con el Hijo y con el Espíritu Santo Hombre que yo te vea más humilde ante mí que Cristo ante Pilatos y deshaciendo el ovillo, se disponía a ceñirse el cordel a la cintura, cuando de pronto se lo arrebataron de las manos.» [218]

Era la primera vez que madre e hija se encontraban desde que Lorenzo Barquero fue obligado a abandonar la casa. La lucha entre ellas se ha desatado.

> «Marisela se había precipitado a la repisa y echando al suelo, de una sola manotada, toda la horrible mezcla que allí campaba: Imágenes, piadosas, fetiches y amuletos de los indios, la lamparilla que ardía ante la estampa del Gran Poder de Dios y la vela

217. Gallegos, Rómulo, *Doña Bárbara,* Espasa Calpe, Buenos Aires, 1971, p. 177.
218. *Ibid.*, p. 178.

de la alumbradora, mientras con una voz ronca, de indignación y de llanto contenido, rugía: Bruja, Bruja.»[219]

Lucha casi cuerpo a cuerpo por la cuerda del sortilegio, cuando Santos Luzardo, aparece en el umbral de la puerta y las separa. A partir de este momento, comienza la derrota de Doña Bárbara, que aún persiste en su empeño pero:

> «Y fue tan profundo el trastorno de su espíritu que ni aun con el "Socio" pudo entenderse aquella noche. Ya había recogido del suelo y vuelto a colocar sobre la repisa las imágenes piadosas y los groseros fetiches y amuletos que derribó la manotada de Marisela; otra vez ardía la lamparilla votiva... y ya por varias veces había formulado el conjuro a que tan obediente se mostraba siempre el demonio familiar; pero éste no acudía a presentárselo, porque, en la mecha de la lamparilla, también había inconciliables cosas mezcladas en el pensamiento que lo invocaba.»[220]

Perdida, desolada, aterrada, sin poderse comunicar con su «Socio», alucinada, ya parece oír una frase que no había llegado a pronunciar; «las cosas vuelven al lugar de donde salieron». Ya dentro del ideario espiritista, Doña Bárbara comprende:

> «Era insólita esta conducta del demonio familiar, cuyos consejos y premoniciones siempre los había percibido Doña Bárbara claros y distintos, como originados de un pensamiento que no tuviera comunicación inmediata con el suyo, palabras que otro pronunciaba y que ella percibía, ideas que a ella no le habían cruzado por la mente; mientras que ahora sentía que todo lo que decía y lo que escuchaba, estaba ya en ella poseía el calor de intimidad de su espíritu.»[221]

Sin embargo, logra por fin la comunicación y perdida ya la razón vuelve a escuchar otra frase: «—Si quieres que él venga a ti, entrega tus obras—.» A partir de este momento ella entrega sus obras como un símbolo de purificación que le permita ganarse al hombre amado; pero ella sabía que: «para ser amada por un hombre como Santos Luzardo es necesario no tener historia». La hija de los ríos empezaba a sentir el peso del presagio encerrado en la frase, las cosas vuelven al lugar de donde salieron. Su derrota la marca la misteriosa atracción que Doña Bárbara parece sentir por el paisaje fluvial.

El capítulo «La estrella en la mira» es la culminación de su total derrota. Doña Bárbara, mezcla superticiosa del régimen corrupto,

219. *Ibíd.*, p. 179.
220. *Ibíd.*, p. 179.
221. *Ibíd.*, p. 181.

de la Venezuela anárquica, llanura y barbarie, ha sucumbido ante el poder civilizador y la fuerza del amor puro. Su magia brujeril, suma de diversas creencias populares venezolanas y europeas, no ha tenido valor. Ella, *Dañera,* que es el nombre que se le da a los brujos y a su arte, ha fallado totalmente. En medio de la belleza del paisaje llanero, en magnífico doble plano, Doña Bárbara ve la felicidad de su hija y Luzardo y amparada en el único buen recuerdo de Asdrúbal, vence su malignidad y se retira ante algo contra lo cual no puede luchar: el amor puro y desinteresado. Ya había sentido una premonición:

> «Presentía el fracaso de las esperanzas puestas en la entrega de sus obras y el fatalismo del indio que llevaba en la sangre la hacía mirar ya, a pesar suyo, hacia los caminos de renunciación. Las evocaciones del pasado, de su infancia salvaje sobre los grandes ríos de la selva fueron formas veladas de una idea nueva en ella: la retirada.» [222]

La noticia corre por la llanura, ha desaparecido «la cacica del Arauca», desaparece del llano el nombre de El Miedo y todo vuelve a ser Altamira. Doña Bárbara y toda su amalgama brujeril queda a través de estos fragmentos citados como la más bella expresión artística de este momento real y verídico que parece increíble para los neófitos en el mundo brujeril, y que sin embargo Gallegos ha plasmado con gran autenticidad y poesía. El ha penetrado en ese mundo interno e íntimo de la superstición popular mezcla de candor, socarronería y malignidad, con valentía y arte. Su obra en general parece recoger la frase que Rafael Arévalo Martínez vierte en su obra *Visión del cosmos*:

> «La superstición llena de temores a los hombres, los aturde con maravillas, los alucina con misterios y unas veces los espanta con sus fábulas.» [223]

Rómulo Gallegos, no tiene igual, dentro de las vertientes de la novela regional de la tierra y la literatura esotérica. Su obra fue una verdadera anticipación a la narrativa suprarrealista, con su mundo distorsionado por la angustia y el dolor de vivir a medias y sin amaneceres. El es un verdadero interpretador de esas vertientes oscuras y densas de la realidad humana que trascienden para siempre el alma y la llanura venezolanas, para desparramarse con señorío por el mundo americano nacional y universal con otra obra mágica y maravillosa, *Don Segundo Sombra.*

---

222. *Ibid.*, p. 247.
223. Arévalo Martínez, Rafael, *Visión del cosmos,* Edit. Landívar 1964, p. 12.

b. LA AMORTAJADA

María Luisa Bombal

María Luisa Bombal pertenece a la generación ubicada en la literatura entre 1925 y 1940, y que sitúa a los autores nacidos entre 1900-1915. Hispanoamérica ha sentido las consecuencias de la Primera Guerra Mundial con su rebelión de las mesas en búsqueda del poder, la revolución comunista, las luchas oligárquicas y la crisis económica iniciada en 1929, conocida como la depresión económica. La caída de la República Española y el triunfo del fascismo internacional producen sensibles cambios en Hispanoamérica.

En literatura se disuelve el modernismo y aparece el vanguardismo como reacción a la nueva sensibilidad producida por la pérdida de unidad y estabilidad, tanto en el orden espiritual y moral como en la estética y la ideología. Hay además una notable escisión en los valores religiosos y sociales. El hombre busca una salida a ese caos producido por el mismo hombre. El superrealismo fue un movimiento nihilista y polémico, que al deslindar las formas tradicionales se hace totalmente hermética y difícil. El romanticismo persistió dentro de estos cambios conocidos como: simbolismo, superrealismo y existencialismo. En España ejerce gran influencia Federico García Lorca y en América Pablo Neruda; ambos suponen distintas vertientes mágicas, Lorca juega con la forma y Neruda con el contenido. La influencia mágica del *Romancero Gitano* (1928) es notablemente evidente en los escritores hispanoamericanos, sobre todo por su policroma imaginería que sublimiza los elementos pintorescos con gran calidad lírica, mágica y misteriosa. En la producción poética de Pablo Neruda cabe señalar su obra *Residencia en la tierra* (1925-1931) donde con técnica cercana al superrealismo, manifiesta una angustiosa y pesimista visión del mundo. Por caminos diferentes, estos dos poetas ejercen un gran influjo en nuestros escritores por sus contextos llenos de expresividad lírica, mágica y maravillosa, y que en mi opinión, tiene su más alta expresión en la prosa poética de María Luisa Bombal.

María Luisa Bombal, nació en Viña del Mar el 8 de junio de 1910.

Su madre la llevó a París en 1922, donde estudió en Notre Dame de l'Assomption y más tarde en la Sorbona. Sus estudios predilectos: literatura y filosofía. En 1931 regresó a Santiago; pero dos años después partió a Buenos Aires y allí permaneció hasta 1940, vinculada a la revista *Sur,* que publicó algunos cuentos («Las islas nuevas» y «El árbol). La editorial de la mencionada revista dio a conocer, en 1935, el volumen de cuentos *La última niebla,* y en 1938, la novela *La amortajada.* Ambas obras se reeditaron en Santiago de Chile en 1941. Al año siguiente, *La amortajada* obtuvo el Premio Municipal de Novela.

La escritora vive actualmente en los Estados Unidos. Allí publicó sus dos excelentes libros, traducidos al inglés por ella misma bajo los títulos *The House of Mist* y *The Shrouded Woman.* Tiene una obra escrita en inglés, y que se ha traducido bajo el título de: *El Canciller.*

Una de las razones que nos ha movido a escoger esta autora es su eminente calidad lírica artística en el tratamiento del tema esotérico. Las zonas mágicas de su obra emanan de las corrientes surrealistas, de las doctrinas espíritas, hinduístas, panteístas y existencialistas, que el citado surrealismo promoviera desde Francia. Su obra recoge lo humano, lo sobrenatural y lo extrasensorial, en planos simultáneos con la realidad, el ensueño y la fantasía. Sus obras *La última niebla* (1934) y *La amortajada* (1941) son dos sugestivas obras donde lo humano aparece vertido en los moldes mágico-esotéricos.

Su fuerza poética es tal, que toda esta magia extrasensorial parece incorporarnos a ese mundo misterioso, a través de la palabra sugeridora de esos otros mundos. Hay otras escritoras, como Matilde Puig, Chela Reyes, Marcela Paz, Magdalena Petit, María Flora Yáñez y María Carolina Geel, que se apartaron del criollismo chileno y que cultivaron como la Bombal estos desdoblamientos síquicos, superrealistas, enajenadores y eróticos pero ninguna cultiva con tanta intensidad estos elementos como María Luisa Bombal.

Los procesos mentales de los individuos importan más que la exposición realista de lo externo. María Luisa Bombal inicia un tipo de novela diferente a los que habían producido en Chile, generalmente realista, en cuanto a la novela y el cuento se refiere. Aunque desde Eduardo Barrios y *Los hombres del hombre* se había manifestado otra estética, en donde se iniciaba ya el tratamiento sicológico y el señalado desvío hacia las vertientes oscuras, subconscientes y mentales del ser humano. María Luisa Bombal es la más alta voluntad creadora del realismo mágico como expresión de lo misterioso. En ella se consolida la vocación poética, en forma artística y mágica. Sus dos raras novelas: *La última niebla* (1934) y *La amortajada*

(1941), revelan la problemática humana dilucidada a través de lo insólito-real y de lo mágico-esotérico. La impresión sujeta a la palabra y al signo. En *La última niebla,* la mujer ama, entre líneas que recogen la realidad y el ensueño. En *La amortajada,* muerta ya Ana María, hace un examen de conciencia y evoca en forma de impresiones sucesivas, las diversas evocaciones de la vida y de la muerte.

En sus cuentos, escritos dentro del rocío mañanero mágico e inefable, destaca su cuento *El árbol* por la técnica introspectiva, y sus elementos surrealistas, que el contacto con la interioridad humana, connotan bellísimos y extraños ribetes sicológicos. Hay en toda su obra un avasallador intento de vivir al límite del existencialismo consciente. *El árbol* es el retrato del análisis sicológico de una mujer, que como muchas, se engaña a sí misma dentro de un matrimonio falso y de conveniencia. *El árbol* es la trepadera de su mentira, por eso, cuando derriban el gomero, le quitan su verdad y descubren su mentira.

> «Lo habían abatido de un solo hachazo... Le habían quitado su intimidad, su secreto; se encontraba desnuda en medio de la calle, desnuda junto a un marido viejo que le volvía la espalda para dormir, que no le había dado hijos... ¡Mentira! Eran mentiras su resignación y su serenidad; quería amor, sí, amor y viajes y locuras, y amor, amor... —Pero Brígida, ¿por qué te vas?, ¿por qué te quedabas? —había preguntado Luis.
> —¡El árbol, Luis, el árbol! Han derribado a gomero.» [224]

Esa misma mentira formará parte, luego, de la vida de Ana María, personaje principal de *La amortajada.*

La amortajada

Es una novela donde la vida y la muerte se contraponen en un juego de verdad y mentira. Ana María, muerta ya, hace un examen de conciencia; dentro del lapso en que muere, la amortajan y la velan, hasta que la entierran. Las sucesivas etapas de su vida, niñez, adolescencia, matrimonio y maternidad, pasan a través de la técnica cinematográfica, que trastrueca las escenas del surrealismo sugerido. La interpretación de la vida muerte y de la muerte-vida, opera desde los resortes de la falsificación humana. La muerte la afinca en la vida.

> «¿Era preciso morir para saber ciertas cosas? Ahora comprende también que en el corazón y en los sentidos de aquel hombre ella

224. Bombal, María Luisa, *Antología de lecturas,* Ed. Universitaria, San Juan, 1969, pp. 24-33.

había hincado sus raíces; que jamás, aunque a menudo lo creyera, estuvo enteramente sola; que jamás, aunque a menudo pensara, fue realmente olvidada...
¡Ah, Dios mío, Dios mío! ¿Es preciso morir para saber?»[225]

Desde un principio nos enfrentamos a la muerte inquisitiva, y su interpretación no es sólo poética, sino que es el instrumento de desdoblamiento interior que se vincula y se distorsiona constantemente para buscar en las profundidades del alma, la idea que ella tiene de sí y de sus acciones, cosa que no había hecho en vida. Por eso, su vida en vida, fue la de los muertos, porque muertos están los que viven a la deriva, o por conveniencia, o peor que todo, por la indiferencia. Ha anochecido, y amortajada ya...:

«... se le entreabrieron los ojos. Oh, un poco, muy poco. Era como si quisiera mirar escondida detrás de sus largas pestañas.
A la llama de los altos cirios, cuantos la velaban se inclinaron, entonces, para observar la limpieza y la transparencia de aquella franja de pupila que la muerte no había logrado empañar. Respetuosamente maravillados se inclinaban, sin saber que Ella los veía. Porque Ella veía, sentía.»[226]

Cobra conciencia, ve y siente, porque de acuerdo al espiritismo, los muertos pueden ser evocados y comunicarse con los seres vivientes. Seguirá asida a la vida, mientras no se desprenda de sus pasiones: amor y odio. Hasta que no se «reconozca», vagará imprecisa por todos los recovecos de su casa y cerca, como siempre, de sus seres queridos. Ella continúa viva como espíritu dentro del mundo de los vivos y de los muertos, por ende, la muerte se fragmenta igual que la vida, porque Ana en pos de sus recuerdos, ama y odia sucesivamente.

A partir de la toma de conciencia espírita, comienza a cobrar vida desde su mortaja y el análisis de su existencia lo va haciendo desde los tres hombres que la conmovieron: Ricardo, Antonio y Fernando. A los tres los enmarca dentro de cápsulas verbales sugeridoras de varios sentimientos; sus conceptos son rápidos y certeros, porque es la única forma que tiene para encontrarse a sí misma y purificarse, redimirse de sus mentiras, de la nada que ella creó en vida y que fue la tenaza de su angustia. Encadenada entre su sed de amar y de su orgullo ante Ricardo, se casa con Antonio y al final comprende que Ricardo y ella se equivocaron, y dice:

---

225. En el análisis de *La amortajada* citaremos una sola vez por ser la siguiente edición la única usada:
Bombal, María Luisa, *La amortajada*, Cuarta edición, Ed. Nascimento, Santiago de Chile, 1968, p. 39.
226. *Ibid.*, p. 5.

«La verdad es que, sea por inconsciencia o por miedo, cada uno siguió un camino diferente... Pero ahora, ahora que él está ahí, de pie, silencioso y conmovido; ahora que, por fin, se atreve a mirarla de nuevo, frente a frente, y a través del mismo risible parpadeo que le conoció de niño en sus momentos de emoción, ahora ella comprende.
Comprende que en ella dormía, agazapado, aquel amor que presumió muerto. Que aquel ser nunca le fue totalmente ajeno.
Y era como si parte de su sangre hubiera estado alimentado, siempre, una entraña que ella misma ignorase llevar dentro, y que esa entraña hubiera crecido así, clandestinamente, al margen y a la par de su vida.» [227]

Y luego ante esa rotunda afirmación reafirma su falacia, su mentira, su engaño hacia sí misma y los demás:

«Y había logrado en efecto muy a menudo ser juiciosa. Había logrado adaptar su propio vehemente amor al amor mediocre y limitado de los otros. Temblando de ternura y de verdad a menudo logró sonreír, frívolamente, para no espantar aquel poquito amor que venía a su encuentro. Porque el no amarlos demasiado sea tal vez la mejor prueba de amor que se pueda dar a ciertos seres, en ciertas ocasiones. ¿Es que todos los que han nacido para amar viven así como ella vivió?, ¿ahogando minuto a minuto lo más vital dentro de sí?» [228]

Ricardo, es la primera vertiente descubridora de sí misma; este hombre encarna el amor juvenil, con su correspondiente entrega, y el niño trunco, perdido, abortado. Todo sucede dentro de una naturaleza que opera en doble vertiente, externa y surrealista. Las pasiones de Ana María suscitan contrarios efectos que trasluce la palabra y el marco poético de la naturaleza pródiga y hermosa, de las pasiones sentidas dentro de una órbita mágica. Ella siente la llegada de Ricardo:

«A la madrugada cesa la lluvia. Un trazo de luz recorta el marco de las ventanas. En los altos candelabros la llama de los velones se abisma trémula en un coágulo de cera. Alguien duerme, la cabeza desmayada sobre el hombre, y cuelgan inmóviles los diligentes rosarios. No obstante, allá lejos, muy lejos, asciende un cadencioso rumor. Sólo ella lo percibe y adivina el restallar de cascos de caballos, el restallar de ocho cascos de caballos que vienen sonando .... Es él, él .... —Te recuerdo, te recuerdo ado-

227. *Ibíd.*, p. 39.
228. *Ibíd.*, p. 102.

lescente. Recuerdo tu pupila clara, tu tez de rubio curtida por el sol de la hacienda, tu cuerpo entonces, afilado y nervioso.»[229]

Ana María amó apasionadamente, con todas las ansias de su juventud briosa y lujuriante, por eso lo describe dentro del hálito mágico que se desprende de su virilidad fogosa. Por eso, la entrega amorosa se opera, desde las fuerzas externas e internas que matizan la pasión de Ricardo y Ana María, frente a una naturaleza inmersa en la lujuria de ellos.

> «El alazán tascó el freno, se revolvió enardecido..., y yo sentí, de golpe, en la cintura, la presión de un brazo fuerte, de un brazo desconocido .... Te miré... Mi mejilla fue a estrellarse contra tu pecho... Durante tres vacaciones fui tuya.»[230]

Cuando él la abandona, se debate entre encontradas emociones, una de ellas, hasta matarse, porque está embarazada y así lo expresa en maravillosa comparación con la naturaleza:

> «Cierta mañana, al abrir las celosías de mi cuarto reparé que un millar de minúsculos brotes, no más grandes que una cabeza de alfiler, apuntaban a la extremidad de todas las cenicientas ramas del jardín... Era curioso; también mis dos pequeños senos prendían, parecían desear florecer con la primavera.»[231]

Y en el colmo de la rebeldía, dice:

> «Me habían marcado para siempre. Aunque la repudiaras, seguías poseyendo mi carne humillada, acariciándola con tus manos ausentes, modificándola.»[232]

Zoila, la nana de Ana María, india araucana, es la única que conoce su secreto y por eso la apremia para que aborte y entre palabras recriminatorias va apurándola y ella revela estas imprecisiones, diciendo:

> «—Mañana, mañana buscaré esas yerbas que... o tal vez consulte a la mujer que vive en la barraca...»[233]

La pérdida del hijo se realiza otra vez entre la naturaleza circundante y todo ello envuelto dentro de la imprecisión surrealista.

229. *Ibíd.*, p. 10-12.
230. *Ibíd.*, pp. 23-24.
231. *Ibíd.*, p. 27.
232. *Ibíd.*, p. 28.
233. *Ibíd.*, p. 30.

«Un estampido me arrojó fuera del lecho ....
Corrí hacia la puerta y la abrí... Zoila vino a recogerme al pie de la escalera. El resto de la noche se lo pasó enjugando, muda y llorosa, el río de sangre en que se disgregaba esa carne tuya mezclada a la mía ....» [234]

Entre ese proceso simultáneo recuerda, reflexiona y discurre sobre los procesos anímicos que le movieron a perder aquel hijo, símbolo de su amor con Ricardo. A partir de este momento sus caminos se bifurcan, la falsificación ha comenzado. No puede vivir a plenitud porque se ha engañado a sí misma. Entre frases sucesivas se va desdoblando interiormente, dentro de constantes interpolaciones sobre Dios, el amor, la naturaleza, la soledad. El fluir de la conciencia integra dos procesos: el de la liberación de sus pasiones y la reivindicación de su mentira. Ella había vivido muerta en vida, porque se había engañado y había engañado a los demás. La muerte es un acto de vida, porque la reivindica e incesantemente opera su naturaleza, mediante la doctrina espiritista que le permite comunicarse con los seres vivientes. Ana María, asida a este engranaje espírita que permea la obra y asida ya a las regiones de lo fantástico y lo maravilloso, acepta como hecho natural y consustancial, la preexistencia de las almas, la reencarnación y la concreción del periespíritu. Ese estado fluídico posee todavía un lazo semimaterial y semiespiritual que une al cuerpo y el espíritu, y le permite establecer contacto entre los seres encarnados y desencarnados. Todavía la muerte de los vivos no se ha operado, porque no ha aniquilado sus pasiones, no se ha desprendido de sus imperfecciones materiales. La muerte, sin embargo, le ha afinado sus sentidos.

«¿Es natural que se afine en los muertos la percepción de cuanto es signo de muerte?» [235]

Cuando sus hijos Fred, Alberto y Anita lloran ante su muerte, ella se dirige especialmente a su hija y le dice:

«No llores, no llores, ¡si supieras! Continuaré alentando en ti y evolucionando y cambiando como si estuviera viva; me amarás, me desecharás y volverás a quererme. Y tal vez mueras tú, antes que yo me agote y muera en ti. No llores...» [236]

Como Ana María se casó por conveniencia con Antonio, a partir de su matrimonio se produce una indiferencia suscitada por el desamor de Ana María hacia él. Los años matrimoniales pasan de la

234. *Ibíd.*, pp. 37-38.
235. *Ibíd.*, p. 50.
236. *Ibíd.*, p. 114.

amargura y el rencor a un odio creciente. A la muerte de ella, él llora, y Ana María al verle llorar, se hace indulgente en su odio y por eso al final admite que:

> «No, ya no odia. ¿Puede acaso odiar a un pobre ser, como ella destinado a la vejez y a la tristeza? No. No lo odia. Pero tampoco lo ama. Y he aquí que al dejar de amarlo y de odiarlo siente deshacerse el último nudo de su estructura vital. Nada le importa ya. Es como si no tuviera ya razón de ser ni ella ni su pasado. Un gran hastío la cerca, se siente tambalear hacia atrás. ¡Oh, esta súbita rebeldía!
> Este deseo que la atormenta de incorporarse gimiendo: «¡Quiero vivir. Devuélvanme, devuélvanme mi odio!» [237]

Fernando, el otro hombre de la vida de Ana María, sufre hondamente debido a su amor no correspondido. Es el confidente de ella y como no puede lograr su amor, se conforma con gozar su dolor. Ella se acostumbra a él y aunque no desea su amor, le complace verle a su lado. De los tres personajes, él es el único que reflexiona frente a la amortajada, porque la muerte de Ana María le libera de sus pasiones, convenientemente dice para sí:

> «Sí, volveré a gozar los humildes placeres que la vida no me ha quitado aún y que mi amor por ti me envenenaba en su fuente ...
> .... Tal vez deseé tu muerte, Ana María.» [238]

Los personajes de María Bombal son trágicos y agónicos; porque se pierden en el marasmo de la rutina y de la tontería humana. Los demás personajes se diluyen ante la arrolladora presencia de Ana María. La novela supone otras doctrinas de evidente raíz hinduista y que presupone la liberación del hombre espiritualmente, hecho que le permitirá unirse en uno con el Ser infinito. En estas doctrinas, cuando el hombre muere, sólo desaparece su cuerpo, su fluir síquico permanece unido al alma inmaterial y entra así en reencarnaciones sucesivas. Esta doctrina samkhya ha sido significativa en la teosofía y en el budismo. Se fundamenta principalmente en la negación del mundo y de la vida material. Algunos fragmentos recuerdan estas doctrinas:

> «Liviana. Se siente liviana. Intenta moverse y no puede. Es como si la capa más secreta, más profunda de su cuerpo se revolviera aprisionada dentro de otras capas más pesadas que no pudiera alzar y que la retienen clavada, ahí, entre el chisporroteo aceitoso de dos cirios.

237. *Ibid.*, p. 110.
238. *Ibid.*, p. 78.

> El día quema horas, minutos, segundos.
> —«Vamos.»
> —«No.»
> Fatigada, anhela, sin embargo desprenderse de aquella partícula de conciencia que la mantiene atada a la vida, y dejarse llevar hacia atrás, hasta el profundo y muelle abismo que siente allá abajo. Pero una inquietud la mueve a no desasirse del último nudo. Mientras el día quema horas, minutos, segundos.» [239]

> «Una corriente la empuja, la empuja canal abajo por un trópico cuya vegetación va descolorándose a medida que la tierra se parte en mil y mil apretados islotes. Bajo el follaje pálido, transparente, nada más que campos de begonias. ¡Oh, las begonias de pulpa acuosa! La naturaleza entera aspira, se nutre aquí de agua, nada más que de agua... Y sobre todo este mundo por el que muerta se desliza, parece haberse detenido y cernirse, eterna, la lívida luz de un relámpago. El cielo, sin embargo, está cargado de astros; estrella que ella mire, como respondiendo a un llamado, corre veloz y cae.» [240]

La muerte, con todas sus vertientes, se desliza entre el cortejo:

> «Hay pobres mujeres enterradas, perdidas en cementerios inmensos como ciudades —y horror— hasta con calles asfaltadas. Y en los lechos de ciertos ríos de aguas negras las hay suicidas que las corrientes incensantemente golpean, roen, desfiguran y golpean. Y hay niñas, recién sepultadas, a quienes deudos inquietos por encontrar, a su vez, espacio libre, en una cripta estrecha y sombría, reducen y reducen deseosos casi hasta de borrarlas del mundo de los huesos. Y hay también jóvenes adúlteras que imprudentes citas atraen a barrios apartados y que un anónimo hace sorprender y recostar de un balazo sobre el pecho del amante, y cuyos cuerpos, profanados por las autopsias, se abandonan, días y días, a la infamia de la morgue.
> ¡Oh, Dios mío, insensatos hay que dicen que una vez muertos no debe preocuparnos nuestro cuerpo.» [241]

Ante esa segunda muerte que se acerca, el Padre Carlos le dice:

> «Que la paz sea contigo, Ana María, niña obcecada, voluntariosa y buena. Y que Dios te asista y reciba en Sí. Ese Dios del que te empecinaste en vivir apartada.» [242]

El tema principal de *La amortajada*, que más bien parece un canto a la vida desde la muerte, lo resume el fragmento que cito a continuación:

239. Ibíd., p. 53.
240. *Ibíd.*, pp. 112-113.
241. *Ibíd.*, pp. 122-123.
242. *Ibíd.*, p. 124.

> «¡El Paraíso Terrenal, Ana María! Tu vida entera no fue sino la búsqueda ansiosa de ese jardín ya irremisiblemente vedado al hombre por el querubín de la espada de fuego.» [243]

La muerte de los muertos se concreta porque se ha desprendido de sus pasiones. La desaparición del odio y del amor, le abre el camino a la muerte de los muertos, y le afirma la pureza del espíritu. Dentro de una técnica totalmente surrealista, la segunda muerte se opera iniciando el descenso telúrico:

> «Y alguien, algo atrajo a la amortajada hacia el suelo otoñal. Y así fue como empezó a descender, fango abajo, por entre las raíces encrespadas de los árboles .... Descendía lenta, lenta, esquivando flores de hueso y extraños seres, de cuerpo viscoso, que miraban por dos estrechas hendiduras tocadas de rocío. Topando esqueletos humanos, maravillosamente blancos e intactos, cuyas rodillas se encogían, como otrora en el vientre de la madre.» [244]

Inmersa ya, Ana María, la amortajada refluyó a la superficie de la vida.

> «En la oscuridad de la cripta, tuvo la impresión de que podía al fin moverse. Y hubiera podido, en efecto, empujar la tapa del ataúd, levantarse y volver derecha y fría, por los caminos, hasta el umbral de su casa. Pero, nacidas de su cuerpo, sentía una infinidad de raíces hundirse y esparcirse en la tierra como una pujante telaraña por la que subía temblando, hasta ella, la constante palpitación del universo.» [245]

La creación de esta novela es artística. En ella se sintetizan el misterio de la vida y de la muerte. Las palabras se convierten en símbolos de ese fluir que mana de un solo punto de vista, el de *La amortajada,* Ana María. El tiempo en que se proyecta la obra es vivencial, asido a los recuerdos y a la confesión que pierde su carácter cronológico-temporal para entrar en el mundo ilusorio de una muerte que es vida y de una vida que es muerte. Las cosas no son en la medida en que se falsifican. Por eso, misterio y muerte se recogen en una simbología de la naturaleza, encarnada por la cineraria, la piedra, la lechuza, los árboles, el río y la tierra. El odio y el amor, son los eternos vitalizadores de la vida y de la muerte, sólo la indiferencia aniquila. El realismo mágico vertido en la palabra y en la descripción irreal-real y real-irreal, connota para siempre la atmósfera poética de la novela. El sentido

243. *Ibíd.,* p. 128.
244. *Ibíd.,* pp. 137-138.
245. *Ibíd.,* p. 139.

de la muerte se sintetiza en la frase que recuerda a los versos de Juan Ramón Jiménez...: «y yo me iré y se quedarán los pájaros cantando... se morirán aquellos que me amaron; y el pueblo se hará nuevo cada año; y en el rincón aquel de mi huerto florido y encalado mi espíritu errará nostálgico...» [246]

Muerta ya para siempre, Ana María revela con estas palabras su definitiva entrada en el mundo de los muertos:

> «¡Adiós, adiós piedra mía! Ignoraba que las cosas pudieran ocupar tanto lugar en nuestro afecto.» [247]

Esta novela recoge todo el ideario misterioso y arcano, difundido a través del surrealismo definido por André Breton, en su manifiesto de 1924. En ella se representa la vida del subconsciente, con influjo de las doctrinas freudianas y las formas panteísticas del existencialismo. El amor pasa por sucesivas etapas de frustraciones, alucinaciones y fantasías. El mundo síquico está supeditado a la irrealidad de la realidad misma de la vida, que escapa casi siempre a nuestros anhelos y deseos.

La despedida final de la vida, que la separa para siempre del mundo de los vivos, para penetrar en el mundo de los muertos no connota al Dios cristiano, sino a la fuerza cósmica natural extrasensorial, que a la vez mueve al alma como ente individual que se integra a la unidad cósmica. En este sentido, la concepción emanada no es sólo surrealista, sino teosófica. Ella ha renunciado a todo como destaca Annie Besant, en *Pláticas sobre el sendero del ocultismo:*

> «... Otro punto más: debes renunciar a todo sentimiento de posesión, karma podría separarte de las cosas que más estimes; aun de las personas quienes más ames.
> También en este caso deberás estar contento y pronto desprenderte de cualquier cosa y de todo.» [248]

Ana María ha eliminado todo sentimiento de posesión, el de las personas y las cosas. Ella ha librado sus males karmáticos. Su renuncia es total. Ana María ha comprendido que eran falsas muchas cosas que supuso verdaderas, pero también reconoce muchas cosas que ignoraba, sobre todo el afecto que las cosas materiales a veces producen, y comprende que otra forma de morir es desprenderse del afecto de las personas y las cosas.

---

246. Jiménez, Juan Ramón, «*El viaje definitivo*».
247. Bombal, María Luisa, *La amortajada*, Ibíd., p. 118.
248. Besant, Annie, *Pláticas sobre el sendero del ocultismo*, Edit. Orión, México, 1970, p. 372.

c. ECUE-YAMBA-O

Alejo Carpentier

Alejo Carpentier nació el 26 de diciembre de 1904. Hijo de padre francés y madre rusa, recibió el impacto híbrido cultural que le caracteriza en su obra. Antes de los 10 años, Carpentier viajó por Europa visitando Rusia; Australia y luego Francia, donde ingresó al Liceo Johnson de Sailly.

Inició sus estudios de arquitectura en la Universidad de La Habana, estudios que abandonó en 1921. A partir de esa época se dedicó al periodismo y colaboró con artículos sobre crítica musical en los periódicos *La Discusión* y *El Heraldo de Cuba.* Durante esta época se integró al llamado «Grupo Minorista», grupo que se mantuvo vinculado a las últimas corrientes de Arte dictadas en París. Ese grupo y la revista *Avance* lo interesó por lo cubano. En 1924 fue nombrado director de la revista *Carteles.* Durante el 1928 y el 1929 escribió libretos y partituras para Amadeo Roldán: «La rebambaramba» (1928), ballet colonial; «El milagro de Anaquillé» (1929), misterio coreográfico afrocubano y dos poemas coreográficos: «Matacangrejo» y «Azúcar». A través de estas creaciones musicales se revelan los antecedentes de su futura obra *Ecue-Yamba-O.* Encarcelado por sus protestas políticas bajo el machadato, comenzó a escribir la primera versión de *Ecue-Yamba-O,* en agosto de 1927, en la cárcel de La Habana. La versión definitiva la concluye entre los meses de enero a agosto de 1933, publicándola el mismo año en Madrid. En 1927, a la salida de la cárcel, participó en la fundación de la revista *Avance.* Temeroso de nuevas represalias, embarcó clandestinamente a Francia y permaneció hasta 1939, fecha en que regresó a Cuba, donde fue codirector de la estación de radio C.M.Q. Viajó a distintos países de América y se estableció en Venezuela en 1945, donde se asoció con Arturo Uslar Pietri en la compañía publicitaria ARS. Colaboró en *El Nacional.*

Su viaje a Haití en 1943 le lleva a la creación de *El reino de este mundo,* cuya primera edición produce en 1949. En 1953 edita *Los pasos perdidos.* A partir de estas obras se despierta el interés de

Europa y América por su obra. La versión francesa de *El reino de este mundo* es catalogado como «el mejor libro publicado en octubre de 1954». *A Los pasos perdidos* le corresponde el honor del «Premio al mejor libro extranjero». En 1958 aparece *La guerra en el tiempo* y en el 1963 publica su última y reciente novela *El siglo de las luces.* Ultimamente ha publicado un libro de ensayos titulado *Tientos y diferencias.*

La permanencia de Alejo Carpentier, Lydia Cabrera y Miguel Angel Asturias en París durante la revolución en el arte promovida por Tzara, Breton y sus corrientes surrealistas, produjeron en estos creadores una vuelta a lo auténticamente nativo, que la lejanía de la patria había producido, a la vez que en el caso de Carpentier le compenetró con las ideas renovadoras de Proust, Gide, Sartre, Camus y otros intelectuales contemporáneos franceses. Sobre todo, lo enfrenta a la literatura formalista europea, la impresionista y la expresionista. Ellos aportaron su influencia, al introducirla en América, en las mitologías africanas que impregnaban el vodú, la santería, el ñañiguismo y el indigenismo que a partir del siglo XVIII había sido ignorado en América.

En este momento, la vuelta a lo indígena y a lo negro les viene a estos autores a través de Francia, de Paul Morand, de Frobenius, del «fauvismo» y del surrealismo. Por eso, el realismo mágico de Carpentier es arte híbrido, pues en él se reúnen los citados movimientos, unido a las corrientes fantásticas de Poe, Hoffman, Tiek. Las ideas expresionistas expuestas por Frank Wedekind, Karl Capek y Ernst Toller, siendo precursor August Strindberg, creador de los futuros prototipos del expresionismo. También influyen las ideas marxistas con su correspondiente anulación del individuo y su solidaridad con el proletariado. La siquiatría, moda del momento, también propulsa la idea de la anormalidad de los seres normales, hechos que presuponen en literatura las nuevas modalidades determinantes de un mundo irreal. Kafka, con sus nuevas reinterpretaciones de una realidad alucinante, descrita dentro de lo real convincente, produce en nuestro autor evidentes influencias que dan dos corrientes claras en su obra: la búsqueda y la afirmación de la cubanidad que es americanidad y una deliberada concreción universalista, conseguida por su formación europea, hispánica y afrocubana. El arte de Carpentier es arquitectónico porque en él se reúnen lo antropológico, lo etnológico, lo histórico, lo mitológico-religioso, lo musical, todo dentro de un realismo-mágico que es poético y artístico. En *Ecue-Yamba-O* el autor revela, aunque levemente, el ideario de los «mundonovistas», que tras el universalismo del modernismo reaccionaron contra todos los movimientos que trataran de buscar, fuera de América, su esencialidad. En cierto modo se quisieron borrar las raíces de los antecesores y se volvieron en un sentido de nueva génesis literaria a buscar y fecundar raíces autóctonas. Lo americano fue pues la raiz de la universalidad. Ese interés inició la búsqueda y la afirmación de lo autóctono en lo indigenista, en lo criollo, y en ese sentido ya se había conseguido cierta resonancia internacional con *Zurzulita* (1920) de Mariano La Torre. *La vorágine* (1924) de Rivera; *Don Segundo Sombra* (1926) de Güiraldes; *El socio* (1928) de Prieto; *El águila y la serpiente* de Martín Guzmán y *Doña Bárbara* (1929) de Gallegos. Este es un momento de grandes creadores hispanoamericanos, cuyas obras suponen diversos matices dentro del ideal común que es la búsqueda y la afirmación de América a través de la tesis social, del testimonio y condena de los males nuestros. La obra de Carpentier supone una transición entre ese naturalismo-realismo que impregna estas obras imbuidas también, de ese elemento mágico esotérico y del realismo mágico. Carpentier ha recogido las influencias de Breton, Louis Aragón, Tristán Tzara, Paul Elouard, Georges Sadoul y otros surrealistas que le hacen entender a Cuba y América desde otras perspectivas que ya señalaré en el análisis de *Ecue-Yamba-O.*

Alejo Carpentier reside en Cuba desde 1959. Actualmente es Ministro de Educación. Fue director de la Editora Nacional de Cuba fundada en 1962. A partir de 1964 dirigió un programa cultural de Radio Habana en onda corta, titulado «La cultura en Cuba y en el mundo». A fines de 1964, publicó en México su colección de ensayos titulada *Tientos y diferencias,* que contiene diversos temas como: «Problemática de la actual novela latinoamericana», «Folklorismo musical», «La ciudad de las columnas», «Ser y estar», «De lo real y lo maravillosamente americano». En 1965 realizó una gira por universidades francesas. Acaba de publicar el libro «*El año 59* (primera parte de una trilogía inspirada en la Revolución Cubana). El primer capítulo de esta obra ya apareció en la revista *Casa de las Américas* de octubre-noviembre de 1964. Actualmente escribe una obra en torno a Hernán Cortés y Doña Marina, tragedia titulada *El aprendiz de brujo.*[248]

Carpentier pertenece a la nueva promoción cubana de la generación vanguardista, siendo el precursor de la corriente afrocubana que continuaron Rómulo Lachatañere en *¡Oh, mío Yamanya!* (1928), Lydia Cabrera con sus *Cuentos negros* (1940) y Ramón Guirao con su recopilación de *Cuentos y Leyendas negras de Cuba* (194?).

Por creer significativa la entrevista, hecha a Carpentier en 1971 por Joaquín Santana y que titula, «Los pasos encontrados», nos re-

248 bis. Véase la trayectoria de estos datos en Klaus Muller-Bergh: *Alejo Carpentier y obra en su época* en: *Historia y mito de Alejo Carpentier,* Madrid, 1973, pp. 10-23.

mitimos a varios fragmentos de la misma que el periodista los sitúa dentro del mundo de la Revolución cubana:

> «Su casa de La Habana está llena de cuadros, libros, curiosidades de estilo. Miró y Lam; Portocarrero y Amelia Peláez, Cuevas y Picasso se disputan las largas paredes del hall... No puedo precisar en qué momento ha comenzado esta entrevista.»[249]

Después de recorrer la casa, le muestra un estante cuajado de gavetas. Las señala sonriente y le dice: «Están llenas de novelas mías y totalmente inéditas. No las he publicado y creo que jamás las publicaré. Piensa que forma y contenido deben de marchar juntos y esas novelas que parecen dormitar... no le satisfacen...» Entre esas novelas está una obra sobre el grupo Minorista, aquel grupo de escritores cubanos del año 27. Se llama *El Clan disperso.* No la publicaré. De su obra publicada tiene opiniones categóricas: «Ese relato *Los fugitivos* que publican ahora en todas partes no me gusta tampoco. Responde, en realidad, a un estilo que no es mío, lo mismo que mi novela *Ecue-Yamba-O.* No creo que sean malos como literatura.»[250]

Esta opinión sobre *Ecue-Yamba-O* es bastante rara, porque precisamente el valor de la obra radica, a mi juicio, en el estilo firme, seguro y valiente que le da a una realidad cubana que estaba desprestigiada en aquel momento, el ñañiguismo. Independiente además, de que fue Alejo Carpentier el primero en escribir una novela diferente a las demás, afrocubanas, novela de verdadera transición entre el puro criollismo, realismo y naturalismo de la época. En general Cuba, como Argentina, siempre han sido europeas, teniendo muchas veces a Francia como símbolo de la más alta expresión artística, y lo es, pero no debe desarraigar lo autóctono y lo verdadero, por eso quizá, el valor más notable del surrealismo francés fue hacerle entender y comprender a los escritores hispanoamericanos, sobre todo, a descubrir la belleza de un mundo mágico y maravilloso que ellos habían preterido por otras culturas. Lydia Cabrera lo admite, cuando siendo estudiante de arte oriental, se topa con una serie de efigies que le recordaron a sus negros en Cuba.

Respecto al notorio desarraigo de varios de los escritores hispanoamericanos, núcleo vital del «boom» literario, Carpentier lo atribuye a dos razones: una económica y otra de temperamento. Alude a Cortázar, a Vargas Llosa, a García Márquez y al desaparecido He-

---

249. Flores, Julio, *El realismo mágico de Alejo Carpentier,* Ed. Orellana, Valparaíso, 1971, pp. 73-74.
250. *Ibid.,* pp. 76-77.

mingway. Las razones económicas son harto conocidas para entrar en detalles, pero sí cito la que él llama de temperamento:

«La otra razón es un problema de apreciación personal. Cortázar me ha dicho, en muchas ocasiones, que él nunca ha sentido a Buenos Aires tan cercano, ni lo ha sentido tanto, como todo el tiempo que ha vivido en París. Yo, personalmente te confieso que jamás he sentido tan intensamente La Habana (nacía en la calle Maloja, en una época donde sólo la transitaban chivos y vacas) como los años que he vivido fuera. Yo fui un desterrado mucho tiempo.» [251]

En esa entrevista anuncia un anticipo inédito de una novela que quizá titule *La rusa de Baracoa*:

«... está a punto de concluir una novela. Totalmente planificada, imaginada, "escrita" en el aire; sólo le resta transformarla en palabras o imágenes... Su último personaje es una rusa. Lo encontró en Baracoa, una población muy apartada de la región más oriental de Cuba. Allí "ella" tenía una pensión, una casa de huéspedes. Esa mujer le "zafó" el cuerpo a la revolución durante muchos años. Venía huyendo desde Rusia y carenó en Cuba. Aquí, un primero de enero, unos hombres tocaron en su puerta y le dijeron: "Señora, somos revolucionarios. Ha triunfado la Revolución. ¿Adónde irá de nuevo a parar? Tal vez sea el título definitivo. *La rusa Baracoa*. Tal vez no.» [252]

A la pregunta si existe en su obra una uniformidad técnica, contesta:

«Realmente no. Si observas mis obras en conjunto verás que *El siglo de las luces* es una novela tradicional narrativa; *Los pasos perdidos,* una especulación del tiempo; *El acoso,* un experimento sobre una forma musical; y en los relatos, técnicas distintas. No tengo una "escuela". Me muevo en la literatura con gran libertad expresiva. Creo que ese es el camino justo.» [253]

—¿Y de todas cuál de ellas prefiere?
—Si tuviera que preferir alguna, te diría: Me gusta *El siglo de las luces.* [254]

Respecto a su rigor literario dice lo siguiente:

«*Los pasos perdidos* la escribí tres veces. La primera vez no me gustó; la segunda me desencantó; entonces tuve un período de re-

251. *Ibíd.*, pp. 84-85.
252. *Ibíd.*, pp. 87-88.
253. *Ibíd.*, pp. 87-88.
254. *Ibíd.*, pp. 87-88.

capacitación en mi trabajo y la escribí por tercera vez. Fue el momento en que quedé satisfecho.»[255]

Con estas noticias hay significativos datos para comprender algunos aspectos de Carpentier y su obra.

Ecue-Yamba-O

Ecue-Yamba-O, fue escrita en la cárcel de La Habana en 1927, concluida en Francia en 1933 y publicada ese mismo año en Madrid. Aunque él diga que esa obra, «responde, en realidad a un estilo que no es mío», yo sí creo que forma parte de ese estilo sincero, que como él dice, no deriva de «su escuela», sino de su «libertad expresiva». Esta obra es muy importante por varios hechos. Primero, rompe con la tradición novelística que hasta ese momento había sido indigenista, criollista, realista o naturalista. Hasta entonces había un canto a la naturaleza y los personajes encajaban dentro de ese mimetismo. Había una vinculación tácita entre la problemática, la temática y la naturaleza, porque ella se había constituido en el personaje principal. Segundo, Carpentier como Echeverría en el romanticismo, ha asimilado las nuevas corrientes surrealistas parisinas y las incorpora dentro de la órbita cubana del ñañiguismo, sin aislarlo, metido dentro del meollo y la amalgama vital cubana. No es el retrato de una tribu lo que él hace, sino la estructura arquitectónica por donde aflora toda la sustancia social cultural, política, religiosa, mágica y mítica del pueblo cubano. En esta obra Carpentier es etnólogo, antropólogo, sociólogo, periodista pero, ante todo, es un creador de transición. Por el surrealismo se hunde en ese mundo afrocubano que estaba oculto; pero no marginado, porque los ñáñigos estaban organizados en sociedades secretas. La sociedad ñáñiga está muy bien estudiada por Lydia Cabrera en la obra titulada: *Anaforuana, Ritual y símbolos de la iniciación en la sociedad secreta Abakuá,* obra que he citado anteriormente. Esta obra de Carpentier anticipa ya esa africanía cubana sin prejuicio, porque, aunque a veces interviene su mentalidad ajena a estas doctrinas; generalmente presenta estos hechos documentados objetivamente y a la luz de su historia real. Por eso, la pintura de toda esta diversa esoteria está libre de temores que le permiten desentrañar el impacto del espiritismo, de las teosofías, y de los rituales de santería yoruba y ñáñiga. Otro hecho, que avala la obra, es la objetividad con que devela el mundo ñáñigo, que durante esa época estaba bastante desprestigiado por las riñas, las peleas y el robo. La niña Zoila, según la tradición cubana, fue raptada y sacrificada por unos brujos ñáñigos. El ñañiguismo llegó a ser en una época en Cuba, símbolo de pavor y horror. Lo que más interesa a nuestra tesis, son esos aspectos esotéricos de las diversas religiones populares que se reviven en Cuba. La novela *Ecue-Yamba-O* sugiere desde el título su temática principal: *Ecue* en ñáñigo es *Ekué* y alude según Lydia Cabrera:

> «Ekué es un espíritu varonil, demasiado fuerte, bravo... guerrero que detesta a las mujeres y a los afeminados, y sólo consiente a su servicio a hombres recios y valerosos.»[256]

Luego dice respecto a ese mismo término sagrado:

> «Ekué también quiere decir pez. Ekué, el tambor, es materialización del Espíritu que asumió la forma de un pez.»[257]

Las ceremonias que se celebran en estos rituales ñáñigos tienen por objeto rendirle culto a Ekué, «alimentarlo» y mantenerlo fuerte; iniciar a los que han solicitado ingreso en la confraternidad. Esa ceremonia se conoce como el juramento de Indisemes. Carpentier, igual que Lydia Cabrera, retrata el ñañiguismo cubano dentro de una total y compleja gama histórica vital. Los aspectos mitológicos, cosmogónicos y teogónicos se tratan con sobriedad y no se ven como un elemento retrógrado o vulgar, sino como hechos connaturales a sus ancestrales patrones y mentalidades que así persisten. El valor documental de la obra radica, sobre todo, en la afirmación del sincretismo práctico, representativo ya de una cosmovisión cubana. El título de la obra sugiere totalmente su temática fundamental. *Ekue* es el *Fundamento* y tiene un gran carácter sagrado. En todos los cultos africanos en Cuba, *Fundamento* es «raíz, principio y origen de alguna cosa inmaterial». Así se les llama a las piedras habitáculos de los orishas y a las cazuelas de ngangas. Toda cosa que es objeto de culto porque en ella se incorpora un dios o un espíritu, es un *Fundamento.*[258] *¡Yamba-O!* equivale en el dialecto ñáñigo a *Loado seas,* así que el título significa «Ekué, alabado seas». El hilo principal de la novela afrocubana, radica en el elemento religioso del mundo mágico particular de este sector ñáñigo cubano. Por eso el trazado argumental de la obra se vierte desde el nacimiento, la niñez, la adolescencia y la mocedad del joven ñáñigo cubano, Menegildo Cué, criado en el campo y encarcelado por apuñalear al amante haititano de su Longina. Menegildo muere luego, tras innumerables peripecias, por un bando rival de negros, en un arrabal habanero. Longina consigue huir y vuelve al campo, en búsqueda de un hogar para su hijo.

---

255. *Ibíd.,* p. 77.
256. Cabrera, Lydia, *Anaforuana,* Madrid, 1973, p. 6.
257. *Ibíd,* p. 18.
258. Véase la trayectoria de esta idea en la citada obra de Lydia Cabrera, *Anaforuana,* pp. 15-16.

Lo importante de la novela es cómo la historia de Menegildo, hijo del mundo ñáñigo y del ceremonial del «rompimiento» con toda su magia esotérica, interpolariza además la vida del campo, después de la Primera Guerra Mundial, limitado ese mundo espacial a la *zafra*, que en El Caribe tiene gran importancia económica pero que se reduce a un corto tiempo de cosecha, recolección de caña y elaboración del azúcar. En aquellos tiempos del 1930, la miseria y la explotación cundían por doquier. Ese problema lo ha planteado en Puerto Rico Enrique Laguerre en *La llamarada*. Como decía dentro de la acción lineal de Menegildo, se mueve el mundo rural con toda su injusticia y todo el elemento extranjero usurpador y explotador, que Carpentier caricaturiza en forma «quevedesca». La obra se desarrolla en esas cuatro partes que atañen a la vida y muerte de Menegildo, pero entre esos hilos, Carpentier va tejiendo una total maraña que recoge todas las vertientes de la esoteria. Al inicio nos describe al padre de Menegildo, Usebio Cué, como «siervo de la central». La zafra es símbolo de poder y esclavitud:

> «Los latidos de sus émbolos-émbolos jadeantes fundidos en tierras olientes a árbol de Navidad, podían alterar a capricho el ritmo de la vida de los hombres, bestias y plantas, imprimiéndoles frenéticas trepidaciones e inmovilizándolo de modo cruel.»[259]

Con la zafra se incorporan todos los elementos del «melting pot» que sitúa y enfrenta a europeos, africanos, asiáticos y en ello a los cubanos, dominicanos, haitianos, jamaiquinos, todos retratados desde sus variadas ocupaciones y sus rasgos esenciales, rasgos en donde Carpentier revela su ironía, su sarcasmo ante un mundo falso.

La atmósfera que prevalece es de rencor por un lado hacia la presencia del gringo, del extranjero que usurpa y margina al campesino cubano, sea negro o blanco. Y dentro de esa urdimbre injusta y humillante en la cual participa y es víctima también Usebio Cué y su prole, se demarca la historia de los Cué, todo ya dentro de esa mentalidad arcaica, mágica y esotérica que mueve y conmueve a todos los miembros de esta familia desde el principio al fin.

Ecue-Yamba-O es una obra artística, y temática y problemática incorpora arquitectónicamente una realidad que funde lo europeo y lo afrocubano— en la cápsula hispanoamericana, vinculando las realidades pretéritas con las elocuentes realidades de hoy.

Como el tema esencial para nuestra tesis es el descubrimiento de esa magia esotérica que permea la obra como elemento de poesía

259. Carpentier, Alejo, *Ecue-Yamba-O*, Edit. España, Madrid, 1933, p. 10. (Edición consultada).

y belleza, iré fragmentando diversos aspectos de esta esoteria, asidos siempre al argumento. En todo ello observaremos como Carpentier va develando ese mundo con absoluta serenidad, sobre todo desembarazando los rituales ñáñigos de los conceptos atribuidos a prácticas hechiceras o brujeriles y que no forma parte de la liturgia ceremonial ñáñiga. Con ello Alejo Carpentier sitúa a Cuba y a la novela en un nivel nacional e internacional. Veamos, pues, estos dos planos: el histórico-cultural unido al artístico poético que consolida el espíritu de la obra.

Las vertientes de la novela operan desde tres vertientes: Salomé, la madre de Menegildo, Menegildo y Beruá, el médico brujo de la familia Cué, por generaciones. Menegildo está supeditado a ese mundo y toda la problemática de él y su familia se ventila y se dilucida desde ese plano.

Salomé es bruja pequeña, sus poderes están limitados; sin embargo, tiene su altar y conoce ciertas prácticas, que usa para defender a los suyos. El mundo mágico y el real lo proyecta Carpentier con gran calidad artística revelando, sobre todo, al musicólogo, al creador y al conocedor del arte puro. En prodigio maravilloso se inicia desde la órbita del niño que gateando entre los rincones de la casa descubre por primera vez aquel mundo extraño y desconocido que luego será eje y móvil de su vida:

> «... de pronto un maravilloso descubrimiento trocó su llanto por alborozo: desde una mesa lo espiaban unas estatuillas cubiertas de oro y colorines. Había un anciano, apuntalado por unas muletas, seguido de dos canes con la lengua roja. Una mujer coronada, vestida de raso blanco, con un niño mofletudo entre los brazos. Un muñeco negro que blandía un hacha de hierro. Collares de cuentas verdes. Un panecillo atado con una cinta. Un plato lleno de piedrecitas redondas. Mágico teatro, alumbrado levemente por unas candilejas diminutas colocadas dentro de tacitas blancas... Menegildo alzó los brazos hacia los santos juguetes...» [260]

Esta escena pertenece a la santería cubana, con sus santos orishas sincretizados como San Lázaro (Babalú-Aye). La Virgen de las Mercedes (Obatalá) y Santa Bárbara (Changó), todo dentro del mundo simbólico de cazuelas, velas y collares característico de la santería. Salomé revela su dependencia a ese mundo símbolo de la terapéutica social y religiosa. Y al ver al niño metido en ese mundo sagrado:

> «... para preservar al rorro de nuevos peligros, la madre encendió una velita de Santa Teresa, ante la imagen de San Lázaro que presidía el altar.» [261]

260. *Ibid.*, p. 25.
261. *Ibid.*, p. 25.

El bohío de los Cué es el emporio mítico-mágico, de esta mítica. Carpentier anuncia ese mundo de los Cué poéticamente y acentuando sucesivamente lo mágico, prodigioso y esotérico, que revela el «tamarindo con sombras de encaje... las palmeras quietas como plantas de acuario...» y «volando muy alto, las auras parecían sostener las nubes petrificadas sobre sus alas abiertas».[262]

El nacimiento de Menegildo se produce entre el trepidar de la zafra, con sus múltiples y frenéticos ruidos, producto de la vinculación entre los hombres y las máquinas. En ese mundo de trabajo externo, está también el esotérico de Salomé, quien dentro de ese «ajetreo» alumbra a Menegildo. Todo esto es simbólico. En esta forma, Carpentier traza el destino de este niño sujeto desde un principio a una «moira» mágica que ha de presidir casi todos los actos de su vida.

Cuando a Menegildo le muerde un cangrejo ciguato, el viejo Beruá, brujo de la familia:

> «... echar los caracoles y aplicar con sus manos callosas tres onzas de manteca de majá sobre el vientre del enfermo... Después sentado en la cabecera del niño recitó por él, la oración al Justo Juez, que lo pondría a cubierto por largo tiempo de la persecución de hombres y alimañas.»[263]

Menegildo pasa sus distintas etapas juveniles en nuevas y complicadas magias que van unidas paralelamente a su crecimiento y a su madurez emocional. El aprendizaje de su religión es constante y para todo hay una explicación, un proceso y una solución. Cuando conoce a Longina, no basta su pasión ni su vehemencia amorosa. No hay seguridad en las posibilidades del ser humano. Y recurre a Beruá y a Ma-Indalesia; para que la «amarren». Lleva el trozo de tela blanca recogido junto al campamento de los haitianos. Presenciamos el ceremonial de amarre concebido dentro de la liturgia santera. Menegildo lleva la comida del santo en un bulto en la mano:

> «... Envueltos en su pañuelo se encontraban una botellita de aguardiente mezclado con miel de purga, tres bolas de gofio, algunas frituras de ñame, un corazón y una mano de metal, como los que testimoniaban de promesas cumplidas en la iglesia del caserío.»[264]

El ceremonial final se produce en el santuario, donde Carpentier une el testimonio histórico-etnológico-religioso con su carácter poético y artístico:

262. *Ibíd.*, pp. 18-19.
263. Ibíd; p. 26.
264. *Ibíd.*, p. 82.

«¡Arrodillao!
Cuando el mozo hubo obedecido, Beruá encendió una vela. Un estremecimiento de terror recorrió el espinazo de Menegildo ... Se hallaba, por vez primera, ante las *cosas grandes*, de las cuales el altar de Salomé, sólo resultaba un debilísimo reflejo, sin fuerza y sin prestigio verdadero. A la altura de sus ojos, una mesa cubierta de encajes toscos sostenía un verdadero cónclave de divinidades y atributos. Las imágenes cristianas, para comenzar, gozaban libremente de los esplendores de una vida secreta, ignorada por los no iniciados. En el centro, sobre la piel de un chato tambor ritual, se alzaba Obatalá, el crucificado, preso en una red de collares entretejidos. A sus pies, Yemayá, diminuta Virgen de Regla, estaba encarcelada en una botella de cristal. Shangó, bajo los rasgos de Santa Bárbara, segundo elemento de la trinidad de Orishas mayores, blandía un sable dorado. Un San Juan Bautista de yeso representaba la potencia de Olulú. Mama-Lola, china pelona, diosa de los sexos del hombre y de la mujer, era figurada por una sonriente muñeca de juguetería, a la que habían añadido un enorme lazo rosado cubierto de cuentas.» [265]

Con este ceremonial Menegildo fiel a su creencia amarra a Longina, a través del culto de Beruá y Ma. Indalesia.

En estos amores se opera un constante contraste, porque mientras Menegildo acude al brujo para asegurar sus amores, su madre, Salomé, contrarresta la «salación» que esa mujer le pueda hacer a través de alguna brujería disuelta en una taza de café.

Salomé teme que su hijo sea víctima de un «bilongo». [266] Sin embargo, la suerte está echada, pues Menegildo y Longina se apasionan y aunque ella está amancebada con un haitiano, a Menegildo no le importa. El haitiano, enterado, golpea a Menegildo. A partir de este momento la tragedia de Menegildo se cumple cuando apuñala al haitiano.

Esto trae como consecuencia su encarcelamiento y su muerte firmada ya por este hecho final.

La configuración esotérica de la novela se sintetiza en este fragmento:

«Tenían por atavismo, una concepción del universo que aceptaba la posible índole mágica de cualquier hecho.» [267]

En la estructuración de esta mentalidad mágica que todo lo soluciona a través de estos rituales ñáñigos mezclados con el espiritis-

265. *Ibíd.*, p. 83.

266. *Bilongo*, brujería para amarrar a los hombres y que consiste en agua pasada por la genitalia femenina e incorporada al café. Es muy temida por sus efectos perjudiciales.

267. *Ibíd.*, p. 56.

mo y la santería cubana, impera constantemente la mentalidad del autor, posición que refleja claramente cuando dice:

> «Basta tener una concepción del mundo distinta a la generalmente inculcada para que los prodigios dejen de serlo y se sitúen dentro del orden de acontecimientos normales.»[268]

Carpentier reitera sucesivamente esta postura:

> «En las órficas sensaciones causadas por una ceremonia de brujería volvían a hallar la tradición milenaria-vieja como el perro que ladra a la luna que permitió al hombre, desnudo sobre una tierra aún mal repuesta de sus últimas convulsiones, encontrar en sí mismo unas defensas instintivas contra la ferocidad de todo lo creado. Conservaban la altísima sabiduría de admitir la existencia de las cosas cuya existencia se cree.»[269]

Frente a esa posición está la de Menegildo, quien en su reflexión:

> «... sabía que era malo entablar conversaciones sobre semejantes temas. Sin embargo, pensaba muchas veces en la mitología que le había sido revelada, y se sorprendía entonces de su pequeñez y debilidad ante la vasta armonía de las fuerzas ocultas... En este mundo lo visible era bien poca cosa. Las criaturas vivían engañadas por un cúmulo de apariencias groseras, bajo la mirada compasiva de entidades superiores. ¡Oh, Yemayá, Shangó y Obatalá, espíritus de infinita perfección...! Pero entre los hombres existían vínculos secretos, potencias movilizables por el conocimiento de sus resortes arcanos.»[270]

En este fragmento se mezclan dos sistemas diferentes, uno es el de la santería de origen yoruba-lucumí mezclada con el cristianismo y la otra es la de potencias ñáñigas de la Sociedad Secreta Abakuá, que hemos reseñado antes.

Dentro del orden estructural de la novela se mezclan diversas y encontradas esoterias tales como la macabra, encarnada por Paula Macho, quien no sólo es una desatinada moral, sino la «trastorná», la «contra» echadora de mal de ojo, la invocadora del «Ánima sola». Está vinculada además a los haitianos de la colonia Adela, quienes hacen «brujería de muertos», práctica que consiste en profanar cementerios para robar cráneos y huesos destinados a la brujería. La escena del temporal, que arrasa a Cuba, está entrelazada a esta mala escena; tan mal como la fuerza desencadenada por la naturaleza. El surrealismo articula lúcidos contrastes de la gama

268. *Ibíd.*, pp. 62-63.
269. *Ibíd.*, p. 63.
270. *Ibíd.*, p. 60.

externa, mágica y realista, de la naturaleza, frente a la naturaleza, humana, interna, oscura y atormentada. Cuando Cué, el padre, se acerca en medio del temporal a la casa de la colonia, ve un grupo de negros que blandían mochas:

> «... En el fondo del barracón había una suerte de altar, alumbrado con velas que sostenía un cráneo en cuya boca relucían tres dientes de oro. Varias cornamentas de buey y espuelas de ave estaban dispuestas alrededor de la calavera.» [271]

En ese ambiente macabro, Eusebio Cué ve a Paula Macho, la bruja, «la dañosa», con una corona de flores de papel y oficiando con los haitianos en el ceremonial de sacar a los muertos.

En la ciudad la calidad de la esoteria varía, es más sofisticada y mejor organizada. Hay personajes como Antonio, que revelan la picardía de los políticos y de los arribistas, que se aprovechan de estas prácticas para obtener y devengar poderes e influencia. Esa posición la afirma Antonio cuando le reafirma a Menegildo que le sacará de la cárcel porque... con el espiritismo, la política y el ñañiguismo va uno pa «arriba». [272]

Igualmente en la ciudad se describe el espiritismo refinado de Cristina Valdés, hecho que en Cuba ha tenido siempre gran aceptación, igual que en Puerto Rico, Santo Domingo y varios países hispanoamericanos, donde es notorio y público la proliferación de «templos» espiritistas. El centro espiritual de Cristina Valdés se describe en esta forma:

> «En la sala un retrato de Allan Kardek, avecinaba con un triángulo masónico, un Cristo italiano, el clásico San Lázaro, «printed in Switzerland», una esfinge de Maceo y una máscara de Víctor Hugo.» [273]

Según las teorías espíritas de Cristina Valdés, teorías sustentadas por la doctrina espiritista, es deseable tener las fotografías o imágenes de «hombres grandes» porque operan como *transmisores* de una fuerza cósmica.

El análisis, ha detenido aquellos resortes de la magia esotérica que mejor conforman el idealismo místico-mágico de este mundo afrocubano en una obra, donde converge lo religioso, lo antropológico, lo lingüístico, lo musical, en planos y superplanos yuxtapues-

---

271. *Ibid.*, pp. 54-55.
272. *Ibid.*, p. 159.
273. *Ibid.*, p. 198.

tos que revelan constantemente la complejidad poética-cultural de las polifacéticas herencias europeas y africanas, en un contexto vitalmente americano y profundamente revelador de ese aspecto maravilloso que Carpentier maneja con excelencia a través de toda su obra.

d. EL REINO DE ESTE MUNDO

Alejo Carpentier

El reino de este mundo, publicado en 1949, e inspirado por el viaje que hiciese a Haití, en 1943, es un nuevo intento con lo real maravilloso, que ya había revelado en su primera novela, *Ecue-Yamba-O.* La visión que nos da de esta tierra mágica, exótica y misteriosa, la ofrece desde dos vertientes: la rigurosa histórica, y la mítica-mágica, encarnada en personajes reales como Mackandal y Henri Christophe. El ambiente, se traza en una órbita que respeta los sucesos históricos fundamentales, en un lapso de sesenta años que cae a la misma vez, dentro de una transparencia intemporal y espacial en donde las acciones se yuxtaponen como por un orden sobrenatural y extrasensorial. La visión del lector está sujeta como en *Rayuela,* a un ir y venir, del tiempo vivencial, asido a la cronología circunstancial de la historia.

Este criterio fundamental para entender la urdimbre de una historia que representa alegóricamente al personaje principal Ti-Noel y a la colectividad haitiana, la advierte Carpentier; en su elaboración poética-histórica, supeditada a ese mundo de ficción que escribe a diario la rutina de la vida y que una mayoría de las veces es mezcla de realidad, magia y esoteria. Leamos:

> «... el relato que va a leerse ha sido establecido sobre una documentación extremadamente rigurosa que no solamente respeta la verdad histórica de los acontecimientos, los nombres de personajes, —incluso secundarios—, de lugares y hasta de calles, sino que oculta bajo su aparente intemporalidad un minucioso cotejo de fechas y de cronologías, y sin embargo, por la dramática singularidad de los acontecimientos, por la fantástica apostura de los personajes que se encontraron en determinado momento en la encrucijada mágica de la Ciudad del Cabo, todo resulta maravilloso en una historia imposible de situar en Europa, y que es tan real, sin embargo, como cualquier suceso ejemplar de los consignados, para pedagógica edificación, en los manuales escolares. ¿Pero qué es la historia de América toda sino una crónica de lo real-maravilloso?» [274]

---

274. Carpentier, Alejo, *El reino de este mundo,* Edit. Seix Barral, S. A., Barcelona, 1959 (Edición consultada).

La superposición de planos que supone la liberada comprensión histórica, divide la novela en cuatro grandes áreas que podrían titularse: signos y huellas de Ti-Noel y su adalid Mackandal; rebelión y revelación del reino de Henri Christophe y la redención de la aventura liberadora. El argumento lo sintetiza. Ti-Noel, desde el joven brioso e ilusionado, hasta su senectud dolorida llena todavía de la fe y la esperanza que no muere.

La cápsula histórica recoge todos los procesos de la independencia de Haití, durante la segunda mitad del siglo XVIII, y a principios del siglo XIX. Conocemos a Ti-Noel, el esclavo negro cuando visita la Ciudad del Cabo Francés en compañía de su amo Lenormand de Mezy, símbolo del poder colonial y dueños de una hacienda en la Llanura del Norte. En esta época, el desconteto ante el maltrato, ha culminado en la insurrección de esclavos, que bajo las órdenes de Mackandal, héroe de la insurrección y futuro símbolo de la libertad de su pueblo, comienza por envenenar ganado y hombres. Mackandal como Viracocha y Quetzalcoatl, es el héroe de la esperanza y la fe de su pueblo. La derrota de Mackandal es una victoria, porque su ejecución es símbolo de la sangre que redime y salva. Bajo el prisma de lo real-maravilloso, no valen a veces las soluciones inmediatas, sino los planteamientos. Ti-Noel y Mackandal funden al ideal libertario la colectividad haitiana.

El segundo hecho fundamental se inicia dentro del espacio histórico fijado por la Revolución Francesa y la Declaración de los Derechos del Hombre. La noche del 15 de agosto de 1791, teje sus ribetes mágicos, alrededor de los revolucionarios Bouckman, Jean Francois, Brassou, Jeannot y otros rebeldes. Este hecho lo cita Remy Bastien como un acto donde por primera vez se conjuran las fuerzas mágicas del Vodú en sus dos grandes vertientes: el rito Rada y el rito Petro. Los tambores que veneran a Damballah y al Carnero retumban al unísono por los montes y llanuras haitianas. Remy Bastien describe el juramento de Bois Caimán así:

> «... un numeroso grupo de esclavos y cimarrones bajo el mando de Bouckman, se reunió en las espesuras del Bosque del Caimán en el norte de Saint-Domingue para concertar la sublevación general. En medio de una espantosa tempestad después de sacrificar un cerdo negro a los dioses propicios, los conspiradores juraron ser fieles a sus jefes y destruir a los blancos para ganar su libertad.» [275]

Y luego añade según la leyenda de Samba Zaca:

> «... hubo reuniones similares en varios puntos del territorio de la colonia y fueron celebradas, en la noche de Navidad, fecha es-

275. Véase la trayectoria de esta idea en Bastiem Remy, *El vodú en Haití*, Cuadernos Americanos, feb. de 1952, p. 153.

cogida a propósito, pues los amos ocupados en festejar aquel acontecimiento se darían menos cuenta de la ausencia de los esclavos. Fueron los violentos *loas* petros quienes propusieron la reunión a sus fieles. Además del sacrificio arriba mencionado se procedió a la preparación del *Kiman,* mixtura secreta compuesta de la sangre del cerdo, del jugo de ciertas hojas, y de pólvora; tenía la virtud de proteger contra las balas y de inspirar actos de valor a los más tímidos. Durante la ceremonia, *loas* rada y petro se unieron para el buen éxito de la empresa.»[276]

A partir de esta rebelión se suceden los motines y las luchas entre los colonos, bajo la rebelión y la revolución sucesiva de los esclavos. La corrupción moral del colonialismo francés lo representa Leonormand de Mezy, y lo caricaturiza su tercera esposa. La injusticia del colono francés contrasta con el período paralelo a la Revolución Francesa, con su Declaración de los Derechos del Hombre, que en Haití es pura caricatura. A partir de este momento, comienza el éxodo de los colonos franceses a Santiago de Cuba. Hay un intento, por parte del gobierno francés, restituir su poder, esta vez representado por el General Leclerc y su esposa Paulina Bonaparte. La muerte de Leclerc anuncia la tiranía de Rochambeau. La derrota francesa es absoluta.

La descriptiva histórica de Henri Christophe ocupa la tercera parte y el primer capítulo de la cuarta y última de la novela. En este momento Ti-Noel, viejo, regresa después de muchos años de Santiago, a su tierra natal. Piensa que su tierra está liberada, y se decepciona ante la situación de esclavitud de su pueblo y comprende cómo el hombre pierde entre la mentira y la verdad, la irrealidad y la realidad de las leyes humanas. Primero fueron oprimidos y humillados por los blancos, y ahora se enfrenta a su circunstancia de negro y esclavo, frente a otro rey, negro como él. Las señales son las mismas; es la injusticia del hombre hacia el otro hombre.

«... Ti-Noel halló a la ciudad entera en espera de una muerte, era como si todas las ventanas y puertas de las casas, todas las celosías, todos los ojos de buey, se hubiesen vuelto hacia la sola esquina del arzobispado, en una expectación de tal intensidad que deformaba las fachadas en muecas humanas.»[277]

Los negros que habían derribado a sus amos, son esclavizados por Henri Christophe, quien al coronarse emperador, ha traicionado a su pueblo y se ha traicionado a sí mismo. Porque se ha vestido con ropajes falsos, y al falsificarse, ha falsificado a su pueblo. Por eso su suicidio es la culminación de su mentira.

---

276. *Ibíd.*, p. 159.
277. Carpentier, Alejo, *El reino de este mundo,* Edit. Seix Barral, S. A., Barcelona, 1969, p. 140.

«...El domingo siguiente, a la puesta del sol Henri Cristophe tuvo la impresión de que sus rodillas sus brazos, aún entumecidos, responderían a un gran esfuerzo de voluntad dando pesadas vueltas para salir de la cama, dejó caer sus pies al suelo, quedando, como quebrado de cintura, de media espalda sobre el lecho. Su lacayo Soliman lo ayudó a enderezarse.» [278]

En estas escenas comienza el derrumbamiento de este hombre que ha perdido la confianza de su pueblo. El ha marginado su pueblo que después de su suicidio, se tambalea políticamente otra vez. Todo se evapora con el exilio de los Christophe en Europa. La historia de los Mulatos Republicanos se insinúa en el segundo capítulo y en el primer párrafo de la última parte de la novela. Después de derribar a Christophe, parece que los esclavos han logrado la libertad y pueden vivir en paz según su fe. Sin embargo, la lucha por el poder es la misma y los esclavos siguen a merced de la injusticia, que es parte de la temática de la novela. Ti-Noel va constrastando desde distintas perspectivas de la acción, las sucesivas injusticias, representadas por el gobierno. El vodú es símbolo de una magia unitiva y de un sistema de creencias que expresan una concepción del universo y del hombre. La esperanza de este pueblo se cifra, pues, en ese elemento simbólico, que encierra la religión como cúmulo de la esperanza y la fe, en un mundo ausente de amor y respecto hacia el otro ser humano. La simbología del mundo haitiano se transforma en el mito que encarna Mackandal y concluye Ti-Noel. *El reino de este mundo* es la piedra angular de lo que se ha llamado lo real-maravilloso que no es sólo privilegio de Haití, sino caudal patrimonial de América. El mundo agónico que se revela a través de la colectividad haitiana, revive el antiguo Averno y los futuros hornos, de la humanidad. Según Alejo Carpentier no hay que morir para conocer el infierno, porque el verdadero infierno está en el Reino de este Mundo. Por eso, la temática central de la novela se sintetiza en la reflexión de Ti-Noel, quien no muere, sino que desaparece con un ciclón verde, metamorfoseado en buitre, que se hunde en las «espesuras de Bois Caiman»:

«... comprendió oscuramente que aquel repudio de los gansos era un castigo a su cobardía. Mackandal se había disfrazado de animal, durante años, para servir a los hombres, no para desertar del terreno de los hombres. En aquel momento, vuelto a la condición humana, el anciano tuvo un supremo instante de lucidez. Vivió, en el espacio de un pálpito los momentos capitales de su vida; volvió a ver a los héroes que le habían revelado la fuerza y la abundancia de sus lejanos antepasados del Africa, haciéndole creer en

278. *Ibid.*, p. 115.

las posibles germinaciones del porvenir. Se sintió viejo de siglos incontables. Un cansancio cósmico, de planeta cargado de piedras, caía sobre sus hombros descarnados por tantos golpes, sudores y rebeldías. Ti-Noel había gastado su herencia y a pesar de haber llegado a la última miseria, dejaba la misma herencia recibida. Era un cuerpo de carne transcurrida. Y comprendía, ahora, que el hombre nunca sabe para qué padece y espera. Padece y espera y trabaja para gente que nunca conocerá, y que a su vez padecerán y esperarán y trabajarán para otros que tampoco serán felices, pues el hombre ansía siempre una felicidad situada más allá de la porción que le es otorgada. En el Reino de los cielos no hay grandeza que conquistar, puesto que allá todo es jerarquía establecida, incógnita despejada, existir sin término, imposibilidad de sacrificio, reposo y deleite. Por ello, agobiado de penas y de tareas hermoso dentro de su miseria, capaz de amor en medio de las plagas, el hombre sólo puede hallar su grandeza, su máxima medida en el Reino de este Mundo.» [279]

El valor artístico de esta novela, no sólo radica en su mensaje mesiánico de redención del hombre, sino en la esperanza en que se le respete y se le restituya el orden civil, humano y divino, que por derecho inalienable le pertenece. *El reino de este mundo* no es de negros, blancos ni amarillos, el reino de este mundo, según Carpentier, es el reino de los hombres íntegros, que saben ganarse un puesto en la sociedad a base de la igualdad humana; que no radica en poderes materiales, sino en los privilegios espirituales que nos da el derecho de sentirnos libres.

El elemento esotérico que permea la obra, lo cala Carpentier desde el primer momento. La calidad de la obra se teje precisamente desde la poesía que enmarca todos los sucesos de la obra. La atmósfera que prevalece es sugerida por la palabra cargada de belleza casi sobrenatural. Todos los símbolos de la esoteria mágica prevalecen dentro del elemento histórico-real de la acción, que ocurre siempre en tres planos: hombre-esoteria-naturaleza. Cito a continuación lo que, a mi juicio, es el tema, hombre-naturaleza, encadenado al mensaje mesiánico que encarnan sucesivamente Mackandal y Ti-Noel, entre medio del elemento vinculador y poderoso del Vodú. Las figuraciones descriptivas alcanzan un fundamental valor histórico, poético y artístico que eterniza para siempre el encanto de esta obra que perdura en la creación y recreación de tres mitos haitianos: Mackandal, Henri Cristophe y Ti-Noel, representativo de Haití, en la trilogía Tierra-Vodú-Esperanza, de este mundo.

Veamos la descripción de Alejo Carpentier y la trilogía mítica Mackandal, Henri Christophe y Ti-Noel:

279. *Ibid,* p. 144.

MACKANDAL — HÉROE MAESTRO

«Todos sabían que la iguana verde, la mariposa nocturna, el perro desconocido, el alcatraz inverosímil, no eran sino simples disfraces. Dotado del poder de transformarse en animal de pezuña, en ave, pez o insecto, Mackandal visitaba continuamente las haciendas de la Llanura para vigilar a sus fieles y saber si todavía confiaban en su regreso.»[280]

»Un día daría la señal del gran levantamiento, y los Señores Allá, encabezados por Damballah, por el Amo de los Caminos y por Ogún de los Hierros, traerían el rayo y el trueno, para desencadenar el ciclón que completaría la obra de los hombres. En esa gran hora —decía Ti-Noel— la sangre de los blancos correría hasta los arroyos, donde los Loas, ebrios de júbilo, la beberían de bruces, hasta llenarse los pulmones.»[281]

HENRI CHRISTOPHE — TRAIDOR PATRIA VODÚ — REDENTOR

«El rey se sentó en el trono, viendo cómo acababan de derretirse las velas amarillas de un candelabro. Maquinalmente recitó el texto que encabezaba las actas públicas de su gobierno: «Henri, por la gracia de Dios y la Ley Constitucional del Estado, Rey de Haití, Soberano de las Islas de la Tortuga... Primer Monarca Coronado del Nuevo Mundo, Defensor de la Fe... Pero, en ese momento, la noche se llenó de tambores. Llamándose unos a otros,... tronaban los tambores radás, los tambores congós, los tambores de Bouckman, los tambores de los Grandes Pactos, los tambores todos del Vodú... El rey volvió a su habitación... Ya había comenzado el incendio.»[282]

TI-NOEL — HÉROE Y ESPERANZA

«El anciano lanzó su declaración de guerra a los nuevos amos, dando orden a sus súbditos de partir al asalto de las obras insolentes de los mulatos investidos. En aquel momento, un gran viento verde, surgido del Océano, cayó sobre la Llanura del Norte, colándose por el valle del Dondón con un bramido inmenso... Y desde aquella hora nadie supo más de Ti-Noel ni de su casaca verde... salvo, tal vez, aquel buitre mojado, aprovechador de toda muerte, que esperó el sol con las alas abiertas: cruz de plumas que acabó por plegarse y hundir el vuelo en las espesuras de Bois Caimán.»[283]

La policromía verbal de estos pasajes se une en un mensaje que trascendaliza al hombre en su más bella ranura espiritual, que en-

280. Carpentier, Alejo, *El reino de este mundo*, Ed. Seix Barral, S. A., Barcelona, 1969, p. 33.
281. *Ibíd*, p. 34.
282. *Ibíd.*, pp. 113-114.
283. *Ibíd.*, pp. 144-145.

treteje la esperanza y consolida el amor y la fe, puesta en la raza y la patria.

La redención de América está, según Carpentier, en la afirmación de todos nuestros valores, sin falsificaciones. Una cosa es recibir influencias beneficiosas otra cosa es disfrazarnos, copiar servilmente, porque, entonces, al perder la autenticidad original que da la integridad, nos desarraigamos y nos negamos, perdiendo para siempre la única solución, que es la afirmación de nuestra propia identidad, única esperanza de salvación de la problemática humana que sólo se resuelve aquí, en este mundo, lleno de maldad, amor y poesía.

Ecue-Yamba-O y *El reino de este mundo* son dos obras que no sólo recogen la problemática colectividad del mundo haitiano y cubano, sino que retratan como Macondo, la infamia humana.

e. LA HOJARASCA

Gabriel García Márquez

Los acontecimientos políticos, económicos y sociales que surgieron a partir de 1950, tales como la revolución cubana contra el régimen de Batista en 1956, y la toma de Castro al poder en 1959, alteran bastante el panorama de Hispanoamérica. El presidente Kennedy inicia el programa de Alianza para el Progreso, plan de ayuda económica y social para esa región. Nuestros países continúan enfrascados en la lucha contra las dictaduras, la distribución de la riqueza y las reformas agrarias.

La literatura de la época es una mezcla de nacionalismo y universalismo. La angustia y la actitud de protesta iniciada por Joyce, Huxley, Breton, Apollinaire, Kafka, Proust, todo dentro de novedosas técnicas y objetivos, se revela a través de los escritores Carpentier, Yáñez, Asturias, Uslar Pietri, María Luisa Bombal, Sábato, Torres Bodet, Novas Calvo.

A partir de ellos el monólogo interior, el contrapunto, la libre asociación de ideas y de conciencia, la fragmentación del tiempo cronológico en múltiples planos, adquiere nuevas modalidades en nuestra literatura; en donde prevalece el simbolismo mítico, las alegorías, el realismo mágico y la magia esotérica.

La narrativa se intelectualiza y se sublimiza, porque el hombre no sólo se busca en su circunstancia, sino dentro de sí mismo. El artista testimonia la soledad, el aislamiento y el abandono social, político y económico. El hombre trata de hallar un significado en un mundo que se distorsiona por guerras «frías» y revoluciones que a nada conducen.

Estas corrientes de la novela suprarrealista son continuadas por Roa Bastos, Rulfo, Cortázar, Fuentes, y hoy, en su promoción más reciente por Vargas Llosa y García Márquez. En estos últimos autores se refleja la influencia de los escritores norteamericanos Dos Passos, Hemingway y Faulkner.

En Gabriel García Márquez la influencia fundamental es la ejercida por Cervantes y El Quijote.

La obra de Gabriel García Márquez está llena de la magia esotérica que hemos ido destacando a lo largo de la tesis. En cada una de sus obras hay una evidente carga mágica. Su obra cumbre *Cien años de soledad*, exhibe encontradas perspectivas de este mundo apoyado por los muertos. Como muy bien le caracteriza Ricardo Gullón, García Márquez ha creado un mundo que:

> «...Fue realista en la presentación de la realidad y realista en la presentación de la irrealidad; mejor dicho, arbitró una realidad propia en la cual se borran del modo más sencillo y tolerable las fronteras entre lo real y lo fantástico...
> Prodigios y milagros aparecen mezclados con referencias a acontecimientos, grandes y chicos, del pueblo y del hogar. El narrador nunca deja traslucir por una exclamación, un gesto de asombro, que haya diversidad de sustancia entre lo prodigioso y lo diario...» [284]

La realidad aparece dentro de un nuevo realismo-naturalismo, cuyo fundamental cambio lo traduce la magia esotérica que lo humedece con carácter propio. Gabriel García Márquez presenta la realidad dentro de las técnicas fantasmagóricas iniciadas en pintura por el Bosco con sus diminutos demonios y continuadas por Goya en sus famosas «pinturas negras» imbuidas de las visiones mágicas esotéricas y brujeriles y en América por Diego Rivera Ziqueiro y Orozco.

Por el tratamiento singular y particular de esos mundos autónomos trágicos nihilistas y mágicos su narrativa exhibe nuevas modalidades dentro de la literatura esotérica.

Gabriel García Márquez es el escritor que mejor define a la nueva generación de narradores hispanoamericanos que han incorporado las nuevas tendencias y técnicas que han revitalizado y renovado la literatura americana. Nació en Arataca, en 1928, realizó estudios en Barranquilla y en las universidades de Bogotá y de Cartagena. No se licenció en ninguna de ellas, pero en 1971 obtuvo el doctorado en letras *Honoris causa* en Columbia University. Su carrera literaria comenzó en 1947 con la publicación de relatos en *El Espectador* de Bogotá. Su primera novela *La hojarasca* apareció en 1955. A partir de esa obra publicó sucesivamente: *El coronel no tiene quien le escriba* (1961), *Los funerales de la mamá grande* (1962), *La mala hora* (1962), *Madrid y México* (1966), *Cien años de soledad* (1967), *Relato de un náufrago que estuvo diez días...* (1971), *La increíble y triste historia de la cándida, Eréndira y de su abuela desalmada* (1972), *Isabel viendo llover en Macondo.*

---

284. Gullón, Ricardo, *García Márquez o El olvidado arte de contar*, Edit. Taurus, Madrid, 1970, pp. 18-20.

> «*La hojarasca* fue el primer libro que yo publiqué cuando vi que no podía escribir *Cien años de soledad.* Ahora me doy cuenta que el verdadero antecedente de *Cien años de soledad* es *La hojarasca.*»[285]

Es considerado uno de los mejores escritores de lengua española y en 1955 obtuvo el primer premio en un certamen literario de Bogotá con su novela *La hojarasca.* Con la publicación en el 1967 de *Cien años de soledad* se iluminó el resto de su obra y rápidamente se internacionalizó.

El valor más grande de la obra de García Márquez radica, en mi opinión, en la unidad que mantiene a través de Macondo y en la vitalidad y la continuidad de sus personajes que dan un orden arquitectónico a toda su creación. Colombia se ha convertido ya en Macondo, que a su vez es representación de Hispanoamérica.

La hojarasca, publicada en 1955, ha sido opacada muchas veces por el éxito resonante de *Cien años de soledad* (1967). Sin embargo, en la obra de Vargas Llosa sobre Gabriel García Márquez éste dice:

La obra de Gabriel García Márquez ha suscitado muchísimo interés por la multiplicidad de sus interpretaciones; la nuestra se delimita a aquella porción esotérica que se encuentra en esta obra.

La hojarasca reúne en sí toda la problemática y la temática que luego desarrolla en sus obras. Macondo adquiere fuerza propia en *Cien años de soledad* indudablemente, pero la técnica, la novedad del tratamiento, la simultaneidad de sucesos y la caracterización magistral que hace del extraño doctor y del Cachorro, con sus llegadas simultáneas, quedan plasmadas para siempre en el marco literario de su obra.

La hojarasca se sucede dentro de un marco motivado por la muerte y el entierro del odiado doctor que en vida y muerte fue acumulando el odio acumulado de Macondo. Más que *La hojarasca* debía llamarse *Odio.* En este pueblo, todo se vive a medias y en una constante atmósfera de rencores y odios ascendentes. La estructura interna de la novela la entretejen, la dilucidan y la resuelven, aunque a medias, tres personajes: un viejo coronel, su hija y el hijo de ella. Los tres, símbolo de tres generaciones, suponen tres modelos diferentes que muy bien pueden llevarse a las ecuaciones lingüísticas: padre-abuelo; hija-madre; hijo-nieto. Los tres se proyectan automáticamente, al recordar diversos hechos de su vida, pero por la relación conceptual que el parentesco infiere, los pensamientos entre padre e hija se entremezclan e interfieren con una continuidad tal, que los sucesos fundamentales pasan a su vez, por diferentes prismas que permiten objetivar los hechos principales con bastante claridad. El hilo principal de la historia gira en

285. Vargas Llosa, Mario, *La novela en América Latina: Diálogo;* Perú (s. f.) p. 47.

torno al misterioso, raro y dudoso doctor francés. No sabemos de dónde vino, y los ocho años que vive en casa del coronel, transcurren dentro de una total y completa lejanía. Sabemos que se ha ahorcado y que su cadáver lo está velando el coronel en abierto desafío al pueblo, que, lleno de rencor, no desea que lo entierren hasta que no huela a muerto, hasta que no se acerquen a él los alcaravanes. El Coronel, se caracteriza a sí mismo por sus acciones, hijas de sus principios. En ningún momento se ha llamado bueno o malo y, sin embargo, es un hombre a secas. Dos hechos significativos le revelan como tal: primero su apoyo a Meme, en medio de la burla socarrona del pueblo y su respeto al amigo muerto. El se enfrenta actuante ante el padre Ángel y el alcalde, quienes por razones religiosas uno y por venganza el otro, se niegan a permitir que el doctor sea enterrado. Ante ese hecho, le dice al padre Ángel: «enterrar a los muertos como está escrito, es una obra de misericordia». Este hombre habla poco y piensa mucho, por eso, consolida la dignidad y la integridad que falta en este pueblo podrido por la peor de las miserias: la inercia y la cobardía espiritual, que se deja llevar como la hojarasca adonde la lleve el viento.

El epígrafe de la obra lo constituye un fragmento de *Antígona* y de ahí emana el contenido libertario de la obra. Estamos frente a la muerte-vida y a la vida-muerte. El coronel, como Antígona, ha de enterrar al doctor por un principio inalienable que como la felicidad y la vida ha sido otorgado por Dios. La atmósfera de la novela la constituye una dimensión casi extrasensorial y es la constituida por el olor a la muerte que permea la obra desde el principio. Macondo es el símbolo de la muerte-vida, y de la vida-muerte que acorrala a veces al hombre en muchos países hispanoamericanos, víctimas de la horrenda situación política y social que parece vivir los mundos de Sartre y Kafka. Macondo, se detiene en el tiempo y como en muchos países americanos, parece revivir los siglos medievales. La obsesión de ese mundo telúrico fantasmal que aparece en toda la obra de García Márquez se inicia con gran fuerza en *La hojarasca* y alcanza un total crescendo en *Cien años de Soledad*. La soledad, en realidad, es el motivo principal de toda la narrativa de García Márquez. Esta soledad es la que entrelaza a estos tres personajes de *La hojarasca*. Por otro lado, el odio acumulado hacia el doctor vincula y hermana al pueblo y se concreta en un solo hecho: los abandonó y les negó la ayuda cuando más lo necesitaban. El alcalde, símbolo del pueblo, parece representar a esa colectividad rencorosa; sin embargo, él también es victimario de la incomunicación, y el pueblo muere, sin que él se percate de ello. El doctor, a su vez, ha estado incomunicado totalmente, salvo las pocas veces que habló con el coronel. Sabía que el coronel era un hombre decente, y por eso su único acto de bondad es el que realiza cuando le salva de la muerte. En este momento, doctor y coronel, se han vinculado por el agradecimiento y, a cambio de ello, el coronel se compromete a enterrarlo. Todos los personajes de esta obra al final, están solos como en *El túnel* de Sábato, e inmersos en sus propias vidas y ajenos al dolor ajeno. En *La hojarasca* hay dos túneles, además de los creados por los personajes, uno externo y formado por las presiones sociales, y otro interno y colectivo forjado por la indiferencia, la hipocresía y el marasmo de vivir días sin ventura, acuciados por una nada desesperante. Dentro de esta inercia, el doctor sigue siendo el móvil de casi todos los actos del pueblo, por su desparpajo moral y su humillante indiferendia, desafío constante a la rutina de Macondo; que como en Vetusta, parece nublar todo deseo de superación. El doctor, como Ana de Ozores, mueve el odio, la envidia y el rencor en un sentido catalítico que mantiene vivo a un pueblo casi muerto. Su carácter bestial y deshumanizado, lo acentúa el autor, con el sugestivo hecho de que se alimentaba tan sólo de hierbas. Esta creación rumiante y bestial vincula a Gabriel García Márquez con las divagaciones poético-telúricas de Arévalo Martínez, sobre todo en su obra *El hombre que parecía un caballo.* Por eso, cuando Adelaida respondiendo a su deseo de comer hierba, le pregunta «qué clase de hierba come, doctor», él, con su parsimoniosa voz de rumiante, todavía perturbada por la nasalidad: contesta: «hierba común señora, de esa que comen los burros».[286]

En toda la obra hay un sentido de misterio, de esoteria mágica, que estructura a casi todos los personajes: el doctor, Isabel, Martín, Meme. Meme, la sirvienta india del coronel, quien se amancebó con el doctor, permanece rodeada de misterio. Al final, no sabemos qué ha pasado con Meme, porque lo que sabemos con certeza, lo dice el doctor y él a veces no es totalmente claro...

La misma niebla fantasmal destaca a Martín, quien llega como el doctor a la casa del coronel, sin ninguna razón convincente. Sólo intuimos que mantiene unos abstractos negocios con el coronel y se casa con su hija Isabel y de esa unión tienen un hijo. Ambos, Martín y Meme, desaparecen. En este personaje, sin embargo, se objetivan las ideas imprecisas de sea esoteria de carácter espiritista que sombrea la obra. En *La hojarasca* hay cinco hechos evidentes, que destaco dentro de la yuxtaposición de los sucesivos dramas que interpolarizan la obra: el entierro del doctor en desafío al pueblo, el triste y vacío matrimonio de Isabel y Martín, la desgracia de Meme en manos del doctor; el abstracto amor del doctor con la hija del pelu-

286. García Márquez, Gabriel, *La hojarasca,* Edit. Sudamericana, Buenos Aires, 1971, p. 29. (Edición consultada).

quero y la desmadejada vida del coronel con su segunda esposa Adelaida. Y en medio de todas estas historias, la vida rara del Cachorro y el mundo hueco y vacío del niño. El elemento vinculador de estas historias es un personaje que permanece inalterado y a la vez es un testigo mudo y sin aparente compromiso: Macondo. Macondo es un pueblo asido al espacio y al tiempo, donde se cuece la amalgama social, política, cultural, religiosa y esotérica. En el delineamiento fantasmal de los personajes claves, sólo hay tres claros y objetivos: el coronel, el doctor y Adelaida. Adelaida, por ser la madrastra, es como una intrusa y por su carácter y su interrelación se mantiene casi siempre ajena al drama. Sin embargo, cuando interviene, es la única que parece decir las cosas como son. Respecto al entierro, le dice al coronel:

> «Sólo a ti se te podía ocurrir ese entierro... Después de todas las desgracias que han caído sobre nosotros. El coronel le advierte: «No podemos negar que le debo la vida». Y ella le contesta: «Era él quien nos debía a nosotros». «No hizo otra cosa al salvarte la vida, que saldar una deuda de ocho años de cama, comida y ropa limpia...»[287]

En ella hay cierta superstición que desde el primer momento le hace intuir el hálito de desgracia y malignidad del doctor y cuando el coronel piensa en sus palabras, reflexiona y siente que debe estar sentada:

> «Aún debe de estar allí, con los ojos nublados por la pesadumbre y la superstición».[288]

El coronel le pide que rece, mientras ellos regresan del velorio. Ella, recordando a la bruja de la ramita del toronjil, le reitera:

> «Ni siquiera voy a rezar. Mis oraciones seguirán siendo inútiles mientras esa mujer venga todos los martes a pedir una ramita de toronjil».[289]

Las corrientes que predominan en la novela son de carácter espiritista, aunque en Colombia existe una brujería muy particular, producto del elemento indígena, mezclado por sincretismo con el catolicismo y el espiritismo de Allan Kardec. Hay regiones específicas, sobre todo la de Santa Marta, que tiene brujas-médiums de gran fama y que trabajan toda clase de «hechizos», bebedizos y sobre todo, lo que se conoce como «trabajos» de amarre, de matrimonio, de «rompimiento» matrimonial o noviazgo. En muchas casas privadas y en muchos lugares colombianos donde se suele jugar

287. *Ibid.*, p. 118.
288. *Ibid.*, p. 118.
289. *Ibid.*, p. 119.

el «poker» y el «bridge», se hacen sesiones adivinatorias en donde se usan las barajas, la copa de agua o la tabla «ouija». Las «brujas» o «brujos» de más fama son de orígenes indios y esto puede constatarse en varias partes de Colombia. Procedo a destacar varias de estas acciones que dentro de la estructura novelística dan margen a esa esoteria, que en García Márquez se revela sutilmente y a través de las diferentes creencias populares que como tal, quedan en la penumbra de la palabra. Sin embargo, se advierte en todo ello, el conocimiento ya maduro de ese espiritismo kardeciano, que presenta el mundo espiritual y sus relaciones con el mundo corporal en dos planos: como una cosa sobrenatural y como una fuerza viva que incesantemente obra en la naturaleza humana y en la naturaleza. Hay una multitud de detalles en la novela, donde se vincula hombre, flora y fauna para darnos esa triple dimensión mágica-esotérica que está en los jazmines, en la piedra, en un clavo o en los alcaravanes. En la obra, muchos de estos fenómenos son comprensibles, y no están relegados, porque se practican por el deseo de dominar lo fantástico y lo maravilloso. Las ideas del periespíritu, de los fenómenos físicos, síquicos-sensitivos y síquicos intelectuales, están presentes en la obra. Todos ellos pueden ser objetivados como criptestesia, telequinesia y ectoplasma. La criptestesia admite la revelación por parte del médium de conocimientos que están más allá de lo sensorial y son suministrados por los espíritus con los que se comunica. Hay un caso de evidente ectoplasma, en este caso burlona e irónica, en referencia al probable embarazo espiritual de la hija del peluquero por un espíritu. La ectoplasma supone la materialización del espíritu evocado ante los ojos de los espectadores, pero en este caso sería en presencia de ella y la madre. Se supone que en esos instantes la persona en *trance*, exige unas condiciones especiales para poder vincularse con seres del más allá. Independientemente de nuestro ideario religioso, la obra de Gabriel García Márquez recoge todos estos hechos extraños, válidos para él, porque como ha advertido varias veces, lo extrasensorial, lo mágico, lo mítico y lo fantástico es otra forma de nutrirse del ser humano. Unida a estas corrientes esotéricas está la presencia del diablo, más que en sus ribetes religiosos, en su carácter humano.

El elemento mágico-esotérico proviene desde los orígenes de Macondo; Isabel piensa y recuerda: «Macondo fue para mis padres la tierra prometida, la paz y el Vellocino».

Ese sentido del culto a los antepasados y a los muertos, se sintetiza también en *La hojarasca* y en las señeras palabras de Isabel:

> «A todas partes llevaron su extravagante y engorroso cargamento, los baúles llenos con la ropa de los muertos anteriores al naci-

miento de ellos mismos, de los antepasados que no podrían encontrarse a veinte brazos bajo la tierra.»[290]

El sentido de la muerte que prevalece en casi toda la novela se inicia con la madre de Isabel y la desesperación del coronel, quien:

«Como había leído en un libro que cuando muere una persona amada debe sembrarse un jazminero para recordarla todas las noches, sembró la enredadera contra el muro del patio y un año después se casó en segundas nupcias con Adelaida, mi madrastra.»[291]

La naturaleza sigue operando como recordadora de muertos y preservadora de maleficios:

«La mujer construyó una enramada para protegerse del sol .. sembró una mata de parra junto a la enramada y colgó un atadillo de sábila y un pan en la puerta de la calle, para preservarse contra los maleficios.»[292]

El sentido del espiritismo sugerido por la naturaleza se manifiesta en el niño que, asido a esa percepción intuitiva, le reconoce olores en una manera especial:

«Esa noche, cuando empezaba a dormirme, sentí un olor que no existe en ninguno de los cuartos de la casa. Era un olor fuerte y tibio como si hubieran puesto a remecer un jazminero. Abrí los ojos, olfateando el aire grueso y cargado. Dije: «¿Lo sientes?»[293]

Ada le dice que esos jazmines estuvieron hace nueve años en el muro, pero que ya no los hay. El niño quiere conocer el misterio de esos olores, donde no hay jazmines, y ella le dice:

«Cuando estés grande, sabrás que el jazmín es una flor que *sale*.' Yo no entendí, pero sentí un extraño estremecimiento, como si me hubiera tocado una persona. Dije: "Bueno"; y ella me dijo: "Con los jazmines sucede lo mismo que con las personas, que salen a vagar de noche después de muertas"... Yo sabía desde entonces que en la cocina hay un muerto que todas las noches se sienta, sin quitarse el sombrero, a contemplar las cenizas del fogón apagado. Al cabo de un instante, dije: "Eso debe ser como el muerto que se sienta en la cocina". Ada me miró, abrió los ojos y dijo: "¿Cuál muerto?" Y yo le dije: "El que todas las noches está en el asiento donde mi abuelo pone a secar los zapatos".»[294]

---

290. *Ibid.*, p. 40.
291. *Ibid.*, p. 41.
292. *Ibid.*, p. 43.
293. *Ibid.*, p. 45.
294. *Ibid.*, pp. 65-67.

Ese mundo de vivos y muertos, mezclado al olor de jazmines, es el mismo que se asocia a las mimosas y a los muertos en Inglaterra, o al tomillo en algunas partes de España, como una manera de advertir la presencia de los muertos. La acción se traslada luego, a otra escena de muerte, ocurrida en febrero, en el velorio del niño de paloquemado, donde Isabel conoce a su futuro esposo Martín. La llegada de Martín a ese velorio, está elaborada dentro de un plano de magia-esotérica. Al salir del velorio Martín, había movido una taza vacía frente a Isabel y le había dicho:

> «"He leído su suerte en el café"... "Cuente siete estrellas y soñará conmigo"... Al pasar junto a la puerta vimos al niño de Paloquemado en la cajita, la cara cubierta con polvos de arroz, una rosa en la boca y los ojos abiertos con palillos... Febrero nos mandaba tibias bocanadas de su muerte y en el cuarto flotaba el vaho de los jazmines y las violetas tostadas por el calor. Pero en el silencio, del muerto, la otra voz era constante y única: "Recuérdelo bien. Nada más que siete estrellas".» [295]

Martín es como una abstracción para Isabel, quien recuerda que nunca le miraba los ojos, como si no quisiese darse. En esa atmósfera de imprecisión y lejanía, se insiste en la brujería «guajira», de Martín que Genoveva, la amiga de Isabel, captó muy bien y por eso le llamaba «brujo».

> «La voy a poner a pensar en mí a toda hora. Coloqué un retrato suyo detrás de la puerta y le clavé afileres en los ojos. Y Genoveva García, muerta de risa: "Son tonterías que aprenden los hombres con los guajiros"... Ahora pensará en mí toda la vida porque ya el retrato dejó caer los alfileres... "Son porquerías de los guajiros".» [296]

Esa misma lejanía misteriosa que parece consolidar Martín, para lograr sus fines inmediatos, se produce en el doctor, cuando aparentemente se enamora de la hija del peluquero, hecho que motiva otra clase de esoteria:

> «en el pueblo no ignoraba nadie que la hija del peluquero permanecería soltera después de haber sufrido durante un año entero la persecución de un *espíritu*, un amante invisible que echaba puñados de tierra en sus alimentos y enturbiaba el agua de la tinaja y nublaba los espejos de la peluquería y la golpeaba hasta ponerle el rostro verde y desfigurado. Fueron inútiles los esfuerzos de El Cachorro, los estolazos, la compleja terapéutica del agua bendita, las reliquias sagradas y los ensalmos administrados con dra-

---

295. *Ibid.*, p. 75.
296. *Ibid.*, pp. 76-77.

mática solicitud. Como recurso extremo, la mujer del peluquero encerró a la hija hechizada en el cuarto, regó puñados de arroz en la sala y la entregó al amador invisible en una luna de miel solitaria y muerta.» [297]

La socarronería del pueblo, achaca este hecho, aparentemente a los espíritus y se dilucida luego cuando Isabel dice:

«si se hubiera casado con la hija del peluquero, con la mosquita muerta que le hizo creer al pueblo esa gran mentira de que había concebido después de una turbia luna de miel con los espíritus, es posible que nada de esto hubiera sucedido.» [298]

Ella alude al hecho de que si el doctor se hubiese casado con la hija del peluquero, quizá no hubiese terminado suicidándose. Frente a este mundo de magia y fantasía se discute también la presencia de Dios, entre los personajes de la obra, el doctor y el coronel.

«Dígame una cosa, doctor: ¿Usted cree en los...? Es la primera vez que alguien me hace esa pregunta... ¿No tiene usted la sensación de que hay un hombre más grande que todos caminando por las plantaciones, mientras nada se mueve y todas las cosas parecen perplejas ante el paso del hombre?
Ahora guardó silencio... más allá del tibio olor vivo y casi humano que se levantaba del jazminero sembrado a la memoria de mi primera esposa. Un hombre sin medidas estaba caminando, solo, a través de la noche... No creo que me desconcierte nada de eso, coronel... Lo que me desconcierta es que existe una persona como usted capaz de decir con seguridad que se da cuenta de ese hombre que camina en la noche... "Usted no lo oye porque es ateo"... Créame que no soy ateo, coronel. Lo que sucede es que me desconcierta tanto pensar que Dios existe, como pensar que no existe. Entonces prefiero no pensar en eso.» [300]

El sentido de la fatalidad que se halla en el jazminero como prolongación de muerte, persistió en la relación de Martín e Isabel, hecho que el coronel recuerda:

«Si ambos nos equivocamos al confiar en Martín, corre como error compartido. No hay triunfo ni derrota para ninguno de los dos. Sin embargo, lo que venía después estaba más allá de nuestras fuerzas, era como los fenómenos atmosféricos anunciados en el almanaque, que han de cumplirse fatalmente... algo me indicaba que era impotente ante el curso que iban tomando los acontecimientos. No era yo quien disponía las cosas en mi hogar, sino otra fuerza

297. *Ibíd.*, p. 80.
298. *Ibíd.*, pp. 83-84.
300. *Ibíd.*, pp. 93-94.

misteriosa, que ordenaba el curso de nuestra existencia y de la cual no éramos otra cosa que un dócil e insignificante instrumento. Todo parecía obedecer entonces al natural y eslabonado cumplimiento de una profecía.» [301]

Los sucesos se han difuminado, entre los recuerdos simultáneos iniciados, mientras estos tres personajes, están velando este cadáver dentro de un módulo cronológico exacto: son las dos y media, del 12 de septiembre de 1928, que a la misma vez se convierte en un tiempo vivencial, pasado-presente sin futuro. Macondo y los futuros personajes de *Cien años de soledad* se levantan en futura eclosión: padre Angel, padre Antonio, Isabel, El Cachorro. Igualmente se revelan los variados temas de la obra citada: la soledad, la incomunicación, la injusticia, sobre todo, el sentido de predestinación y fatalismo a que parece estar sujeto el hombre, en la obra de Gabriel García Márquez. En esta obra se repiten vertiginosamente los planos y los superplanos de la realidad e irrealidad, vertida siempre en el pasado de los muertos y en un presente de los vivos sin futuro. Hay un deliberado deseo de alejarse de este mundo opaco y rutinario, hecho que revelan los tres personajes, casi abstractos o mejor dicho: poco concretos, como el doctor, Martín y Meme. Los tres se diluyen dentro de una irrealidad intemporal, que en el caso del doctor radica en el desconocimiento de su origen, en el de Martín, su aparición y desaparición súbita y Meme en el recuerdo del misterio y la incógnita. La caracterización del hijo de Isabel, hereda la inestabilidad e identidad abstracta que le legó su padre, y que su madre Isabel ve como un «maleficio de identidad».[301bis]

En toda la obra se siente una opresión producida por esa premonición de muerte que es otra manera de sentir la esoteria del rencor y la amargura. El asunto de la obra, claramente lo esboza:

«la compañía bananera había acabado de exprimirnos, y se había ido de Macondo con los desperdicios de los desperdicios que nos había traído. Y con ellos se había ido la hojarasca, los últimos rastros de lo que fue el próspero Macondo de 1915. Aquí quedaba una aldea arruinada, con cuatro almacenes pobres y oscuros; ocupada por gente cesante y rencorosa, a quien atormentaban el recuerdo de un pasado próspero y la amargura de un presente agobiado y estático.» [302]

Toda esta tragedia inspirada en el drama *Antígona* culmina con la aparición de los alcaravanes, que anuncian el último movimiento

301. *Ibíd.*, p. 99.
301 bis. *Ibíd.*, p. 116.
302. *Ibíd.*, p. 110.

de la sintonía del odio. El niño percibe a los alcaravanes, que cantan cuando sienten el olor a muerte:

> «Yo pienso: Ahora sentirán el olor. Ahora todos los alcaravanes se pondrán a cantar.» [303]

En esta obra la descriptiva del odio vincula el hombre y los pájaros, la hojarasca y la vida, y la vida en el rencor y el odio que destruye a los hombres. Nada hay que esperar, todo ha sido culminado, sólo el coronel ha cumplido con una misión que está escrita, en lo humano y en lo divino: enterrar a los muertos es obra de caridad y misericordia. El coronel no es hojarasca ni alcaraván, y recordando al doctor reflexiona:

> «No hay hombre que pueda vivir media vida en el encierro, alejado de Dios, sin salir intempestivamente a rendirle al primer hombre que encuentre en la esquina, sin el menor esfuerzo, las cuentas que ni los grillos y el cepo; ni el martirio del fuego y el agua; ni la tortura de la cruz y el torno; ni la madera y los hierros candentes en los ojos y la sal eterna en la lengua y el potro de los tormentos; ni los azotes y las parrillas y el amor, le habrían hecho rendir a sus inquisidores. Y esa hora vendría para él, pocos años antes de su muerte.» [304]

En estas palabras parece cifrar Márquez toda la urdimbre de la lucha del hombre en un mundo de estructuras cerradas, mágicas y esotéricas, que lo alejan de Dios. Macondo simboliza esos mundos inhóspitos y crueles, que marginan y humillan, hasta hacer a los hombres víctimas y victimarios de los otros hombres.

---

303. *Ibíd.*, p. 133.
304. *Ibíd.*, pp. 100-101.

f. ELLA NO CREIA EN BILONGOS

Gerardo del Valle

He señalado varias veces, la participación creativa de un gran grupo de narradores cubanos, cuyos temas emanan de la vida de los negros y mulatos cubanos. Muchos encararon su problemática, desde un punto de vista social, etnológico y antropológico y casi siempre dentro de los movimientos realistas o naturalistas. Hemos hecho hincapié, sin embargo, a lo largo de nuestra tesis, en escritores puramente imaginativos e intuitivos que supieron captar en toda su belleza el mundo mítico, legendario, lleno de infinitas supersticiones afrocubanas. Entre ellos hemos destacado sucesivamente a Lydia Cabrera (1900); Ramón Guirao (1908); Rómulo Lachatañere (1910). Cada uno de ellos revela el mundo mágico-esotérico africano puro, rico y exuberantemente espontáneo y poético. Otro autor representativo de esta modalidad es Alejo Carpentier, a quien también hemos incluido en nuestra selección, por los evidentes valores esotéricos de su obra.

Enrique Labrador Ruiz, Lino Novas Calvo, Félix Pita Rodríguez, José Lezama Lima, suponen otras valiosas fabulaciones en el mundo mágico, esperpéntico, hermético y espiritualista, que nos hemos visto obligados a eliminar para delimitar el tema. Gerardo del Valle, es nuestro representante del cuento esotérico: *Ella no creía en bilongos*, incorporado a la colección de sus cuentos *Retazos*. Esta obra recoge las variadas supersticiones de negros y mestizos, que asidos a los bajos fondos urbanos, mantienen culto a la Santería como símbolo de unidad, convivencia y permanencia. Sus leyendas y sus mitos ancestrales arrancan de sus realidades mentales proyectadas dentro de una órbita totalmente mágica.

Gerardo del Valle, nació en Maracaibo, Venezuela, el 8 de octubre de 1898. Sus padres son cubanos y le trajeron a Cuba a la edad de cuatro años. Sus inicios en la literatura comenzaron por la colaboración periodística que está desparramada en distintos periódicos. Ha publicado cuentos, crónicas, artículos, reportajes y ensayos diseminados en publicaciones cubanas y extranjeras. Su cuento *Un hombre gordo y un hombre flaco* ganó el premio donado por la *Revista de La Habana.* Gerardo Valle fue uno de los primeros experimentadores y cultivadores de la tendencia negrista, iniciada desde el «Fauvismo» originado en Francia y continuado luego por los surrealistas Tristán Tzara, Paul Eluard, André Breton, Louis Aragon, Paul Morand, que tanto influyeron en Hispanoamérica. Sus crónicas y sus artículos han merecido diversos premios periodísticos. Su colección de cuentos *Retazos* resultó triunfadora en el concurso «Bachiller y Morales» de 1950, convocado por la Dirección de Cultura como acto anual para conmemorar el «Día del Libro Cubano».

Gerardo del Valle ha logrado profundizar en la búsqueda de esos elementos misteriosos y esotéricos que se mantienen vivos en el alma del negro y del mestizo cubano. Sobre todo, en el elemento supersticioso revelador de lo anímico-esotérico. El cuento, eje para nuestra tesis, *Ella no creía en bilongos,* arranca de esta inquisitiva búsqueda en donde el autor establece un deslinde entre esa esoteria mágica y el elemento humano supeditado a la pasión amorosa y a la fuerza avasalladora del erotismo cuyas raíces no consolida lo sobrenatural ni lo extrasensorial ni lo brujeril. Hay una gran variedad de todos estos matices en sus *Cuentos del Cuarto Fambá* y en *Retazos* (1951). Su obra es precursora de todas esas nuevas actitudes literarias que se iniciaron a principios del siglo XIX en América. Su vasta obra no sólo se queda en la expresión de la negritud misteriosa y mágica, sino que sus cuentos de raíz popular, también recogen, la crítica social hacia la vida mísera, degradante yhumillante de estos negros marginados totalmente. Esta nota de miseria y abandono social la recoge también el cuentista puertorriqueño José González con su excelente cuento *En el fondo del caño hay un negrito.* También cultiva Gerardo del Valle el cuento de carácter mitológico sarcástico, donde caricaturiza hechos y figuras bíblicas; igualmente significativos son sus cuentos de total carácter espiritualista. El cuento *Ella no creía en bilongos,* opera en las corrientes satíricas del realismo criollista que permea la obra, reflejando un carácter irónico en la concepción esóterica de la obra en una vertiente de sorprendente sentido humano.

El *bilongo* en Cuba tiene diversas interpretaciones, pero en general la más común es la que deriva de ciertas prácticas femeninas para amarrar a un hombre. Como dice Lydia Cabrera en *El monte*:

> «La mayoría de nuestros negros negros, la masa de nuestro pueblo pasa la vida amedrentada por la amenaza continua de alguna kimbamba, sintiéndose juguete de tantas fuerzas oscuras que insospechadamente intervienen para alterar o torcer fatalmente su destino... contra toda la calamidad el negro no duda en recurrir a la misma magia que puede provocarla, a las prácticas inmemoriales

que el mundo y la credulidad mantienen tan vivas y firmes en nuestro pueblo, y sin duda en todos los pueblos del mundo.»[306]

En el capítulo II de *El monte* escribe sobre el *bilongo:*

«La enfermedad (oigú, aro; yari-yari, fwa) la enemiga más temible de la felicidad del hombre, y sobre todo del pobre, es por lo regular, como confirma invariablemente la experiencia obra de algún "bilongo" de una "uemba" o "moruba", "wanga" o "ndambo"; de un "daño", "ika" o "madyáfara", que se introduce en el cuerpo: y hay que rendirse a la evidencia de que es el resultado de los manejos de un enemigo solapado que se ha valido, para alcanzarle, de una energía malévola a impalpable.»[307]

Estas ideas recogen algunos de los conceptos que corren en la mentalidad afrocubana. En el caso de nuestro cuento, *bilongo* se refiere al acto mediante el cual una mujer amarra a un hombre. Según Rómulo Lachatañere:

«*Bilongo* es una voz Bantú, que parece derivarse de Nganga-Bilongo, nombre de una línea sacerdotal de Mayumba en la actual Africa Ecuatorial Francesa y estudiada por Dennett en los finales del siglo pasado. En Cuba *bilongo* designa un *trabajo de brujería fuerte.*»[308]

Añade que en Santiago de Cuba:

«... el vocablo es muy usado y por las frágiles paredes traspasan las conversaciones y murmuraciones sobre el *bilongo* a veces en tono subido. La madre dice a la hija que tiene un amante que solventa los gastos de la familia: "acábate de lavar (los genitales) para que le eches el bilongo al desgraciao *ese*". El "desgraciao" que no participa del lecho de la muchacha por amor, sino por un imperativo económico ha de tomar su café mañanero confeccionado con tal técnica, que asqueó al profesor F. Ortiz, descrita en Madrid y precisamente en una tribu de Gabón, en la mencionada posesión francesa, por el misionero americano Nassau.»[309]

Esta práctica se suele usar en muchas partes del área del Caribe y se conoce en varias partes de América. Los antecedentes inmediatos se encuentran en *La Celestina* de Rojas y específicamente, en la obra de Cervantes *El Licenciado Vidriera.* No olvidemos que la locura del pobre licenciado fue motivada por aquel bebedizo hecho con líquido menstrual que es otra forma del *bilongo* y que por ello

306. Cabrera Lydia, *El monte,* Colección del Chicherekú, La Habana (5. a.), p. 21.
307. *Ibid.,* p. 21.
308 Lachatañere, Rómulo, *Manual de santería,* Edit. Caribe, La Habana, 1942, p. 69.
309. *Ibid.,* p. 70.

enloqueció. Su retorno a la cordura fue logrado por el exorcismo a que se sometió. En América a veces hay recelos en beber café o té, temerosos quizá de que haya un *bilongo;* porque en estas prácticas nadie sabe quién es *bilonguero.*

Añade que el *bilongo:*

> «En la ciudad de La Habana que también es usado el término *bilongo,* "el tecnicismo" aplicado en los trabajos prácticos de la santería, ha catalogado todos estos procedimientos bajo el nombre de *trabajos* entre los cuales se pueden mencionar la acción de amarrar, la cual unas veces actúa como encantamiento amoroso, otras como elemento inmunizante. Un amante en virtud de un *trabajo* puede *amarrar* al objeto de su amor o puede amarrarse él mismo, para inmunizarse contra la acción de sus enemigos.» [310]

Este cuento repite la misma acción lineal de *El payé.* Tanto Pasión como Candita se han enamorado apasionadamente de una persona que ya está vinculada a otra. En *El payé,* Cielo y Perico era sólo novios. En este cuento, Paulo está casado con Chela hace dos años y viven felices. Candita, una mulatita guapetona que no hace más que verle y mirarle, se siente arrebatada por él. En este caso ella es incrédula, no acepta la santería ni nada que signifique un freno a sus deseos. Ella sólo va a recurrir al sortilegio producido por su bello cuerpo y sus artes femeninas. Chela la esposa de Paulo, intuye la artimaña de Candita y se prepara para la lucha con los medios que conoce: la santería. El cuento opera dentro de dos direcciones: la aceptación de ese mundo dirigido por el babalao Casimiro y sus fieles de la «Casa Lola» y la negatividad de Candita, quien se burlaba de esas prácticas. El ambiente, está rigurosamente emplazado en un pobre barrio situado en las afueras del cerro. La «Casa Lola» es un solar pequeño, integrado por siete habitaciones, y todos los inquilinos son negros. El ambiente que prevalece es de miseria. Candita regresa al solar porque su tía Na Soledad está enferma. Como no cree en la santería, cuando llega con dos médicos a ayudar a sutía, bota a empujones al «babalau» que la curaba, apaga las velas que ardían junto a Santa Bárbara y arroja a la basura todas las yerbas y reguardos. La gente en aquel solar sabía que en él:

> «Predominaba el Africa, y se vivían con pasión las creencias yorubas y lucumíes en todo su apogeo, con altares a Changó, a Obatalá y Ocnún en cada habitación; se celebran los velorios a todo cabildo, y acudían los mejores "tatas" y "babalaus" de La Habana, Regla y Guanabacoa.» [311]

310. *Ibid.,* p. 70.
311. Valle, Gerardo del, *Retazos* (Cuentos), La Habana, 1951, p. 101. (Edición consultada).

Le perdonaban las «profanaciones» a Candita por respeto a su difunto tío Rutilio, que además de *tata*, había sido glorioso en el ñañinguismo, como «insue» de renombre en «fambas» de atarés y de Jesús María.

En el cuento se entremezcla la santería yoruba lucumí, con los rituales ñáñigos del Cuarto Fambá, el gallo negro y el Ekue; todos estos rituales van a ser movidos por Chela, quien los usa como un resorte de continua protección y defensa contra lo que presiente por intuición femenina. Las líneas de la acción corren por dos direcciones opuestas, Chela y su fe y Papa Casimiro, el babalau, frente a Candita y su indiferencia religiosa y Paulo con su nueva tentación. La lucha se entabla desde dos vertientes: credulidad e incredulidad.

Chela recurre a todos los recursos: a los «caracoles», a los «elifas» que a través del babalau Casimiro le han comunicado que:

> «Tuviera mucho cuidado con la canela clara porque iba a oscurecer lo más grande de su vida»[312]

Chela es guapa y ha rechazado buenos partidos, prefiriendo la miseria de Paulo porque lo ama. La lucha de Chela, es como la de Ana en *Retrato de una bruja*. Ella recurre a sus creencias y en ese momento, Gerardo del Valle, no sólo ofrece una extensa variedad de toda esa mezcla de rituales yorubas y lucumíes que ofrecen la más bella vertiente de la lucha humana dentro de la fe y la esperanza del sistema religioso, sino que destaca el valor humano de una mujer que antepone lo religioso como medio de consolidar su posible fracaso como mujer. En este sentido, la santería, es un caudal de la esperanza y un retorno a la felicidad. ¿Triunfará? No lo sabemos. Asida a esta esperanza sigue los consejos de Papa Casimiro, quien le había recomendado que no abandonase ni un momento sus fervores religiosos porque éstos «no fallan cuando tiene fe y creencia en Changó, en Babayú». Por eso Chela:

> «... ponía debajo de la almohada de Paulo las tijeritas tocadas de la piedra imán, en forma de cruz y con un pedazo de sus calzoncillos había amarrado los siete nudos, pronunciado siete veces sus nombres, enterrándolo después en una maceta con ruda; mientras la matica no se marchitaba no había peligro de que el negro quisiera correrse. Y tampoco se quitaba de arriba copias de oraciones milagrosas como la de la Piedra Imán, la de Justo Juez y la del Ánima Sola, rezándolas junto a su altar, con velas encendidas y los bonitos collares que tanto gusto dan a Santa Bárbara.»[313]

312. *Ibid.*, p. 102.
313. *Ibid.*, p. 102.

El sincretismo apuntado tantas veces, se manifiesta con toda su policromía multifacética. Mientras tanto Chela también vela a su marido noche y día, no le deja un resquicio a la astucia y artimañas de Candita, quien a su vez no desaprovecha un sólo momento para acorralar a su presa. Chela pierde su buena suerte en la charada, en los juegos, tan populares en Cuba y casi dudosa de sus poderes como mujer vuelve a recurrir al babalau Casimiro quien le dice que necesita una *limpieza* completa, en su mismo cuarto y en presencia de todos los vecinos de la «Casa Lola» a excepción de Candita porque:

> «ella, con su falta de creencia estaba quitada, atrayendo a los malos seres y alejando a Olorum, Obatalá, Changó, Yemayá y a Eleguá.» [314]

Casimiro también cree en la conjunción de los poderes cristianos con los africanos y le encarga a Chela:

> «... que buscara las flores de sacramento en la iglesia del Salvador, pues en esa semana estaba el Santísimo de jubileo circular y se podía aprovechar... porque cuando se une la religión de los blancos con la de los negros se obtienen mejores resultados en los trabajos.» [315]

Cada inquilino cooperó con sus óbolos matinales y sus fervores particulares. Chela quería que aquel trabajo de limpieza, no sólo la despojara a ella de posibles daños, sino que el acto tuviera el carácter de una verdadera fiesta. «La Casa de Lola» se llena con las distintas ofrendas a los santos orishas de la santería:

> «A Ochún le agradaba mucho el sacrificio de chivos: a Obatalá, de las palomas, y a Changó el de los gallos negros... Cada una llevó también su imagen preferida que acompañaría a Changó en el altar; *Elegguá, Ogún, Ochosi, Ozacú, Bacoyo, Llansá, Ollá, Yemaya, Ochún, Ebelli, Cascó, Nana, Buracá, Obatalá...* En un rincón, con la cara vuelta a la pared, pusieron a *Echó,* el mismo diablo, que tantas molestias y salaciones vertía sobre las personas decentes y debía sufrir cuando se le probaba que eran una basura sus poderes maléficos, cuando se tenía el aprecio de las fuerzas mayores.» [316]

Paradójicamente visten a la Virgen de la Candelaria, Llansá, dentro del ritual santero, con sus mejores galas, por ser patrona de la rival de Chela, Candita:

---

314. *Ibíd.,* p. 103.
315. *Ibíd.,* p. 103.
316. *Ibíd.,* p. 103.

> «... para que ejerciera sus buenos oficios sobre el alma de la mulatita y le borrara de la cabeza los malos pensamientos, esos que se prenden como macaos, llevando a las muchachas a encapricharse en quitarle los maridos a los que se han ganado en juego limpio y lo tienen bien amarrado con cariño.» [317]

Se rezó a todas las deidades, se le frotó el cuerpo con sangre de gallo negro, se le bañó con coco rallado, maíz seco, y un preparado con agua limpia y albahaca, yerbabuena y algunas flores del Sacramento jubilar. Se recogieron todos los materiales usados en un mantel blanco. Luego, el babalao le frotó su cuerpo desnudo con pollo negro y manteca de corojo. Luego de esta limpieza se acostó a Chela en el catre y se le tapó con una sábana blanca. Sólo faltaba rellenar el pollo negro para llevarlo a cuatro esquinas y arrojarlo —sin que nadie lo viera para que se llevara algún resto de daño que quedara. Chela aguarda feliz y en medio de esa tranquilidad, Candita irrumpe en el cuarto, pues enterada de todo, ha estado fingiendo toda la noche. El autor, ha consolidado, dentro de la estructura externa e interna del cuento, las dos líneas aparentemente paralelas que en este momento se consolidan. La fe y la esperanza se enfrentan al egoísmo y el ateísmo. Candita no cree en las fuerzas del bilongo ni en las creencias de la *santería.* Candita está exasperada porque no ha conseguido su finalidad por la vía que ella ha escogido por su astucia y su sabiduría femenina de atracción. No hay alternativas; o gana con sus armas o acepta su derrota, pero sin recurrir a una brujería o a un bilongo que sería la negación de su femineidad. Sus sentimientos han cambiado, nunca había sentido así:

> «ni por el catalán ni por ninguno, blanco, pardo, o mulato y hasta se burlaba de esas cosas. Esperaba pacientemente la ocasión de atraer al negro sin lograrlo, porque su mujer le pasmaba todos los momentos propicios. Ya estaba cansada y su pasión le impedía realizar algo soñado, sin *bilongos* y sin brujerías, porque ella no creía en cuentos chinos de manilas.» [318]

Candita es victimaria de sus deseos y par eso dice:

> «...aunque yo me siento más negra que blanca estoy quitada de toda la santería; soy moderna y no creo en nada que no sea lo efectivo, que se vea... y como tengo que solucionar también mi problema ahora mismo voy a usar mi sistema...» [319]

317. *Ibid.*, p. 103.
318. *Ibid.*, p. 105.
319. *Ibid.*, p. 105.

Abre su voluptuoso traje, deja visible su cuerpo de bronce en todo su apogeo:

> «Triunfal y provocativo, trémulo de deseo y ansiedad, clavando sus ojos ofídicos en los de Paulo, que la contemplaba extático, tembloroso, anhelante también. Los demás hombres la miraban también embelesados y embrujados por el perfume genésico, impregnado a los ricos perfumes franceses que exacerbaban todos los instintos, que paralizaban todas las disciplinas, ahuyentando todos los temores supersticiosos y religiosos para sentirse como de rodillas ante la realidad pagana de la vida en erupción y en invitación a fundirse en sus estremecimientos voluptuosos.» [320]

Envueltos en el erotismo producido por la pasión simultánea que se produce en Paulo y Candita, cunde el estupor y el asombro como en *El payé.* Todo llega a su culminación cuando Candita, dueña ya de la situación se acerca a Paulo y lo besa. Enardecido ya, perdida la voluntad, Paulo la sigue ante su imperativo amoroso. Todos quisieron detenerle, pero Casimiro, el babalao, lo impide porque sabe que una fuerza más poderosa que la prudencia les guía, ausentes ya de todo principio ético y religioso: «Déjenles que se vayan. Nada ni nadie puede evitarlo».[321] El sabe que Changó nada tiene que decir, igualmente sabe que no son víctimas de Echo (el diablo); sino víctimas de ellos mismos. El cuento, no tiene un fin ético, porque el autor confronta estos dos mundos: al religioso popular frente al irreligioso, para destacar las humanas pasiones. Chela utilizó todos los resortes de la santería y del fervor católico, pero como Ana en *Retrato de una bruja* y Doña Bárbara, no contó con la finitud humana.

Las fuerzas operantes de esta esoteria falla cuando el ser humano se enfrenta al egoísmo y a la ausencia de amor. Candita no le ha quitado nada a Chela, porque Chela en realidad nunca tuvo a Paulo. Por eso Casimiro dijo: «Nada ni nadie puede evitarlo». Esa es otra manera de decir que ellos así lo quisieron, desde el primer momento; por eso el título del cuento: Ella no creía en bilongos ni brujerías; porque supo buscar como hembra los resortes que mueven y conmueven al macho, no al hombre. El drama lo resuelve el macho y la hembra, como tantos que han dejado de ser hombre y mujer, para satisfacer a ellos mismos. No son prisioneros ni de Changó ni de Echó, sólo son prisioneros de ellos mismos. Tiene razón el babalau cuando finalmente dice:

320. *Ibíd.*, p. 105.
321. *Ibíd.*, p. 106.

> «Vamos a invocar a los seres poderosos para que los salven y entonces vuelva la paz para este hogar dolorido.»[322]

El cuento, elaborado dentro de todos los elementos esotéricos que incorpora la santería y el «Famba» ñañigo, no puede contrarrestar las fuerzas de la pasión de Candita. El «babalawo» ante su impotencia invoca a los seres poderosos que nada pueden contra el egoísmo humano. En este cuento opera también un hecho significativo, la brujería sólo opera cuando el sujeto otorga los poderes al «brujo». Candita no creía en «bilongos», sólo creía en ella y sus poderes.

322. *Ibid.*, p. 106.

g. LA VIRTUD DEL ÁRBOL DAGAME

Lydia Cabrera

Lydia Cabrera nació en La Habana el 20 de mayo de 1900. Pertenece a la clásica familia criolla acomodada de principios de siglo. Realizó sus estudios en su ciudad natal. Realizó viajes a París, entre ellos, uno, en compañía de su hermana Emma, para comprar antigüedades; pero a partir de 1922 y hasta 1939 permanece en Francia y regresa sólo breves temporadas a Cuba. Para perfeccionar su arte y ampliar conocimientos, se matricula como alumna de L'Ecole du Louvre, asiste a las conferencias de René Grousset y se interesa vivamente por los estudios orientalistas dirigidos por Contenau y otros en el Musée Guimet.

Es allí en el ambiente intelectual y literario de París, y a partir de su interés por las civilizaciones orientales —punto que Lydia recalca, siempre que renace su interés por lo negro.

Afanosa de redescubrir con nueva perspectiva el mundo negro de su infancia y dándose cuenta que yacía inexplorada en la propia Cuba, regresa a La Habana en 1930. Durante los tres meses que duró su estancia en la Isla buscó el apoyo de sus negras viejas y, en especial, de Teresa M. (Omí Tomí), costurera de la familia, quien la presentó a Oddedei, Calixta Morales, su gran amiga, una negra delgada y elegante, muy digna, de puro linaje orilé, lucumí.

Cuentos negros fueron escritos para complacer a su amiga Teresa de la Parra y fueron leídos en pequeñas tertulias literarias, publicados en *Cahiers du Sud*, *Revue de Paris* y *Les Nouvelles Littéraires* y por fin traducidos por Francis de Miomandre y publicados en 1936 por la prestigiosa empresa editorial Gallimard.

De 1939 a 1961, y posteriormente en el exilio, Lydia Cabrera continúa su labor infatigable de localizar y entrevistar a viejos negros para luego recopilar sus relatos en su famoso libro *El monte, Igbo Finda; Anaforuana, ¿Por qué?, La virtud del árbol dagame, La jicotea endemoniada, Ochún y Yemayá, La laguna de San José.*

El sincretismo de la obra literaria de Lydia Cabrera está profundamente ligado al sincretismo vital, de su temprano contacto familiar con los negros.

El valor fundamental de su obra radica en la veracidad y en la conservación de toda la tradición lucumí-yoruba, conga-bantú y ñáñiga-carabalí, documentación histórica que ha traducido poética y artísticamente en nuestra literatura hispanoamericana.

Las dos colecciones de cuentos de Lydia Cabrera, *Cuentos negros de Cuba* (1940) y *¿Por qué?* (1948) son sumamente importantes por la evidente raíz esotérica que manifiestan, las corrientes surrealistas que destacan y el interesante sincretismo que hemos apuntado reiteradamente en nuestra tesis. Los elementos afrocubanos de la santería y las influencias cristianas están unidos a los elementos básicos del realismo mágico y las técnicas vanguardistas del surrealismo francés. La estancia de trece años en París (1926-1939) le dieron una rica visión panorámica de la maravilla de ese mundo afrocubano que se desparramaba por toda la manigua cubana, con candor, espontaneidad y riquísima variedad. En estos cuentos predominantemente afrocubanos, se afirma la ambivalencia lingüística cultural de dos y tres mundos: América, Europa y Africa. Su cuentística se apoya en la santería yoruba-lucumí, en las cosmogonías yoruba, conga y carabalíes, y en todos esos rituales que ella aclara desde un principio en su obra *El monte* y que son los fundamentos básicos de toda su obra:

> «...He cuidado siempre de deslindar en el mapa místico de las influencias continentales heredadas, las dos áreas más importantes y persistentes: la lucumí y la conga (yoruba y bantú) confundidas largo tiempo por los profanos y que se suelen catalogar bajo un título erróneo e impreciso: ñañiguismo. Llamaremos *lucumios* o *congos,* ya por sus prácticas o por su ascendencia, a los que pertenecen a uno de estos dos grupos, como aún actualmente suelen llamarse a sí mismos al referirse sobre todo a su filiación religiosa» [323]

Luego aclara reiteradamente:

> «...ni escribo ni empleo el nombre de negro en el sentido peyorativo que pretende darle una corriente demagógica e interesada, empeñada en borrarle del lenguaje y de la estadística, como humillación para los hombres de color.» [324]

Estos cuentos en general, se apoyan en los sistemas religiosos que ya he señalado como *santería* y los rituales ñáñigos abakuá. En la edición de *Cuentos negros* de 1940, aparecen notas aclaratorias

323. Cabrera Lydia, *El monte,* Colección del Chicherekú, La Habana, pp. 8-9.
324. *Ibíd.,* p. 10.

en español sobre términos yoruba o bantú. Igualmente se recogen variadas terminologías en *¿Por qué?*, *Anaforuana, El monte,* etc. Varias veces y a lo largo de los capítulos he citado diversos cuentos de las citadas obras como ejemplo de la santería u otro sistema afrocubano; por ende, me remito sólo a uno como ejemplo del cuento-fabulación apoyado ya dentro de la cosmogonía sincrética afrocubana. El cuento aparece en la colección de cuentos *¿Por qué?* y en esta edición de 1972, regalada por la autora, quien actualmente reside en Madrid. Aparece titulado *Las mujeres se encomiendan al árbol dagame.* En la *Antología del cuento en Cuba,* recopilada por Salvador Bueno, aparece titulado *La virtud del árbol dagame.* En *El monte* y en la parte que ella dedica al recetario medicinal yoruba bantú, ella refiere las siguientes características del árbol conocido como *dagame,* que cito como nota al calce.[325]

Estas dos colecciones de cuentos, recogen en general un temario que se puede clasificar en fabulaciones de tipo cosmogónico, parábolas y relatos que emanando de los contextos afrocubanos, interrelacionan el mundo humano con el animal y el afrocubano con el cristiano, todo dentro de un ámbito totalmente mágico real e irreal realista. Los más bellos y fundamentales son los que se refieren a los dioses orishas y a los seres humanos, vinculados ya por la fe y la esperanza. Dentro de ellos hay cuentos predominantemente cubanos-africanos, otros se entremezclan sincréticamente, y varios son puras reinterpretaciones artístico-poéticas de Lydia Cabrera. Hay fábulas apoyadas en animales sagrados afrocubanos, como la jicotea, el venado y la aura tiñosa. En otros se le da vida a animales que quizás nada tienen que ver con la liturgia cubana, pero que Lydia los recrea, como es el caso de la «Lombriz». En general, en todos sus cuentos prevalece la tradición viva, unida al profundo amor con que trata todos los temas y los asuntos de la negritud cubana, siempre dentro de una gran calidad artística. Otros de sus cuentos son abiertas críticas a la hipocresía, la envidia, los celos y la malignidad humana, y en donde la autora a veces es irónica, sarcástica y hasta socarrona. Lo mejor de esta vena literaria-humorística, es irónica, sobre todo en su colección *Cuentos de jicotea,* especialmente el titulado *Jicotea dorado*; y en *Cuentos negros,* el titulado *El caballo de hicotea.* En *Los mudos, El sapo guardiero, La carta de libertad,* Lydia mezcla el elemento humano con el animal en una densa confabulación de características en donde no se sabe quién sale mejor

325. El árbol conocido como el Dagame, en lucumú llamado lionse y en bantú *bondó,* sirve de base a la nganga (amuleto). Es muy poderoso y tiene virtud para fecundar a las mujeres. Véase *El monte* de Lydia Cabrera, p. 418.

parado, si el hombre o el animal. En éste sigue la línea de cuentistas como Horacio Quiroga, Abelardo Díaz Alfaro y Rafael Arévalo Martínez.

El mundo sobrenatural, mágico y esotérico, en los cuentos de Lydia Cabrera se revela en los dioses, los seres humanos y sobrenaturales, asidos siempre a la simbología flora-objeto, en proyección a la ecuación vida-amor-muerte. Todo está sujeto a un orden premeditorio y evocatorio simultáneo. Todo ocurre dentro de esa mentalidad poderosamente asida a la naturaleza viviente representada por árboles, plantas, piedras, caracoles, agua, mar. En estas cosmogonías son elemento vital dentro de la liturgia religiosa. Sus festividades, sus creencias, sus mitos, son criollistas y sobrenaturales, lo telúrico es símbolo de lo mágico y lo mágico es símbolo del eterno sueño y ensueño del hombre.

La esperanza camina entre las imperfecciones humanas, pero la naturaleza flora y fauna, limpia y despeja al hombre de sus limitaciones y de sus impurezas. Todo tiene una solución; el monte es fuente de vida y de esperanza continua. En el monte se halla todo; lo malo y lo bueno. En todos estos cuentos se hace una verdadera síntesis entre paisaje y paisanaje. Todas las correspondencias humanas son vistas desde un mundo dominado por orishas que son los intermediarios entre lo sobrenatural y lo humano. El hombre no está sólo, y sin embargo, a veces prevalece la malignidad humana, pero ella es ahogada por los poderosos orishas que anidan en toda la naturaleza. La fabulación sobre *La virtud del árbol del dagame*, gira precisamente dentro de una interpretación que matiza e interpolariza la envidia y la malignidad humana, cuyos resultados finales son maravillosamente buenos; el mal se convierte en bien, la muerte de Bondó-nené, el bien querido, el bien amado desde pequeño por su encanto, por todas las mujeres del pueblo, redunda en un bien para todas ellas, porque al cortar el árbol que le había dado vida a Bondó, fecunda, al morir, a todas las mujeres que se acercaban a él y recibían una astilla fecundante del madero precioso. Veamos pues, la estructura maravillosa en que se apoya el cuento-fabulación. La interpretación hay que verla desde tres perspectivas: primero, la creación del personaje mítico-real de Bondó-nené, quien desde que nació, está rodeado de un «aché», de una simpatía, de una empatía, en fin, del «carisma» que emana de toda su persona. Ya lo dice la autora:

> «A los cuarenta días de nacido Bondó no paraba en el regazo de su madre. El fuego del amor maternal se reavivaba o se encendía de momento, abrasador, en cada mujer al contemplarle. Aquella

criaturita se les metía dentro, muy dentro del corazón y todas se lo ahijaban con ternura entrañable.»[326]

La segunda perspectiva es la que se apoya en la malignidad humana. El privilegio de Bondó-nené había sido ya oscurecido porque:

«Ah Bondó era el hijo que se desea. Y era —el Cielo lo había dispuesto— ese que viene al mundo para ser preferido. Así debieron adivinarlo oscuramente los hombres desde muy temprano, desde que Bondó comenzó a dar solo sus primeros pasos... predilección tan marcada sacaba a los hombres de quicio. Aborrecían en secreto al pequeñuelo adorado de todas, como si éste les robase algo que no sabían explicarse claramente. Tenían envidia de Bondó.»[327]

La tercera y última perspectiva es la que elabora la envidia y el rencor y la concluye la malignidad. Todos se han confabulado para acabar con él. Este hecho recuerda los salmos bíblicos y las persecuciones a David. Sobre todo el salmo tres:

«Oh Yavé, como se han multiplicado mis enemigos. Muchos son los que se alzan contra mí.
Muchos son los que de mi vida dicen. No tiene ya en Dios salvación.»[328]

Lo que los hombres le envidiaban a Bondó no era la gallardía ni la radiante belleza, lo que no le perdonaban, era su fuerza irresistible de atracción, aquel don que tenía de hacerse amar y encantar. Por eso se decidió su muerte en el mismo lugar del bosque donde fue engendrado, al pie del árbol dagame:

«No podía extrañar a nadie que quienes lo habían odiado con más ensañamiento —saines, enclenques, deformes, menguados— fuesen lejos, muchas leguas andando a visitar a un adivino, un brujo de los que vuelan de un territorio a otro dejando su esqueleto desnudo, y se alimentan royendo la oscuridad y las almas extraviadas que en sus vuelos nocturnos persiguen o caen engañadas en sus lazos.
Bondó no morirá de ningún hechizo. Ni Kolofo podría desviar sus pasos ni yo cazarlo. No entraría Uemba en su cuerpo a pararle el corazón.»[329]

En este acto de brujería el Kolofo, animal fantástico a quien se encomienda la muerte de un ser odiado, no tiene eficacia alguna, como tampoco la brujería mayombera conocida como Uemba. Por-

326. Cabrera Lydia, *¿Por qué?* Colección del Chicherekú, Madrid, 1972, p. 55.
327. *Ibid.*, pp. 55-56.
328. La Biblia, Salmo III.

que la brujería aquí parte de la vida que el árbol dagame le había otorgado a Bondó, y que él adivina:

> «Quizá conoció en aquel mismo instante que era su propia carne la que se le forzaba a herir y que al morir el árbol, moriría... Derribaré otro... todos menos éste.»[330]

La «sangrimanía», símbolo del odio, la malignidad y la envidia humana es escuchada por los dioses. El dagame le ha salvado y le ha inmortalizado a través de la fertilidad de las astillas del árbol que al caer en las mujeres que amaron a Bondó, las fecunda:

> «Bondó cantaba... a cada tajo saltaban del árbol millares de astillas, y cada astilla volaba hasta hincarse en el vientre de una mujer. Y cuanta mujer joven y sana había en la comarca... sin exceptuar una sola, recibía en el vientre una astilla del árbol precioso de su vida que abatía Bondó, el Deseado.»[331]

Por eso, cuando se desplomó el árbol y cayó muerto a los ojos de Bondó, venció a la muerte y:

> «Bondó, el bienquerido, venciendo a la muerte verdadera..., en todas había penetrado y prendido una astilla fecundante del madero precioso y por obra suya todas concibieron. Hoy van las estériles a pedirle al Arbol Dagame que las fecunde. Se asegura que Bondó siempre las complace.»[332]

Esta fabulación recuerda las leyendas indias, recogidas en el libro de la selva del *Mahabaratha*, el libro venerable de la India que hace más de dos mil años cantó a los hombres el poeta Vyasa. Esta fabulación, mezcla de lo mítico, lo humano y lo mágico maravilloso es símbolo de uno de los más bellos matices del realismo mágico americano. Esta fábula, igual que toda la obra de Lydia Cabrera, revela la fuerza misteriosa del animismo, de la magia y la brujería hechicera de mundos autónomos y autóctonos. El panteón de Cuba, yoruba, congo y carabalí, recoge, como el panteón grecorromano, todo el animismo típico de los pueblos ancestrales. El valor de su obra radica en su personalísima manera de manifestar todas estas creaciones dentro de un mundo concreto y real que ella traslada con suma potencia artística y poética.

Sus cuentos están elaborados dentro de una unidad externa-interna que supone la maestría de la palabra dentro del tinglado es-

329. *Ibid.*, pp. 59-60.
330. *Ibid.*, p. 60.
331. *Ibid.*, p. 61.
332. *Ibid.*, p. 62.

tructural vanguardista surrealista en fondo y forma. Esta tónica de veracidad que permea su obra, la describe en *El monte*:

> «He querido que sin cambiar sus graciosos y peculiares modos de expresión, estos viejos que he conocido, hijos de africanos... enterados y respetuosos continuadores de su tradición... hablen sin intermediarios, exactamente como me hablaron, por los que estudian la huella profunda y viva que dejaron en esta isla los conceptos mágicos y religiosos, las creencias y prácticas de los negros importados de Africa.» [333]

Esta nota de fidelidad, unida al profundo amor que matiza el tratamiento del negro en la obra de Lydia Cabrera, anticipa en literatura lo que los etnólogos Fernando Ortiz, Bastide, Bastien, Herskovits, Bascon, etc. han estudiado científicamente. Lo religioso afrocubano en la obra de Lydia Cabrera, se plasma dentro de novedosos contenidos lírico-literario y poético-artístico. Sobre todo, lo valioso de ello, es la veracidad que produce el haber participado en el mundo mágico de estos negros. Por eso su obra tiene una plenitud arquitectónica y vivencial que quizás no tienen otras. Esa barulla mágica fue vista por Federico García Lorca durante su visita a Cuba. Recordando ese elemento mágico de estas procesiones litúrgicas ñáñigas-abakuá:

> «Es un espectáculo, increíble, desconcertante para muchos que estiman el ñañiguismo como una vergüenza nacional, estos desfiles de descamisados blancos y negros en los que aparece junto a un tambor africano el Cristo que agoniza en la Cruz, la cabeza pagana de un chivo decapitado y una arcaica tinaja de barro. Para el observador precisamente por el carácter tan primitivo y bárbaro que ofrecen, es de un interés extraordinario que sería inútil subrayar. El andar, los gestos, rigurosamente estilizados... Ocobios vestidos de diablitos que representan a los iniciados muertos en tiempos lejanos, la máscara inmemorial en función religiosa y en todo su valor que les transforma en abstracciones, en seres irreales y sagrados; su mímica y su danza contemplada a la luz de la mágica noche de Cuba, es un espectáculo de una belleza extraña, tan fuera del tiempo, tan remota y misteriosa, que no puede dejar de impresionar fuertemente a quien lo contemple.» [334]

Dice luego:

> «No olvido el terror que los Iremes con sus blancos ojos de cíclopes, infundieron a Federico García Lorca, ni la descripción deli-

---

333. Cabrera Lydia, *El monte,* Colección Chicherekú, La Habana, en Prólogo.
334. *Ibíd.,* pp. 216-217.

rante de poesía que me hizo al día siguiente de haber presenciado un plante.»[335]

El sortilegio mágico y la magia del realismo de Lydia Cabrera, es evidente en su obra y ella con Rómulo Gallegos, Alejo Carpentier, María Luisa Bombal, Gerardo del Valle, Jorge Luis Borges, Julio Cortázar, Fernán Silva Valdés, ofrecen un bello panorama esotérico, tema de nuestra tesis, que como una entrelínea, una emoción, una lágrima, ofrecen otra vertiente de la literatura hispanoamericana hecha encanto, belleza, poesía, arte y fantasía.

335. *Ibíd.*, p. 217.

h. EL PAYÉ

Fernán Silva Valdés

La literatura uruguaya dio sus mejores frutos entre 1895 y 1910 con Rodó; Carlos y María Eugenia Vaz Ferreira, Herrera Reissig, Florencio Sánchez, Horacio Quiroga, Javier Viana y Carlos Reyles.

Todos conforman una generación extraordinaria, que supone novedosas y originales vertientes literarias. Sobre todo, la representada por Horacio Quiroga y Herrera Reissig con su magia extraña, sobrenatural, intuitiva y evidentemente esotérica. A partir de 1885, surgen otras grandes figuras como Delmira Agustini y Juana de Ibarbourou, pero ellas suponen otro tipo de magia: la erótica poética. Fernán Silva Valdés, supuso otro ideario poético, afincado ya en el criollismo. Sus obras *Agua del tiempo* (1921) y *Romancero del sur* reflejan las vertientes del nativismo ultraísta, que como continuación del criollismo, representa Fernán Silva Valdés en el siglo XX. Porque Silva Valdés fue un verdadero explorador de lo criollo y de sus vetas supersticiosas, populares y agoreras, hemos creído oportuno seleccionarle sobre todo por su magistral cuento *El payé.* Como en él se mezclan el poeta y el cuentista, sus cuentos alcanzan una verdadera plenitud artística. Sus obras, *Cuentos y leyendas del Río de la Plata* (1941) y *Cuentos del Uruguay* (1945) se afincan y se afirman en la fuerza folklórica viva y latente que él capta y proyecta en sus personajes de honda raíz popular.

En estos cuentos no sólo se advierte el elemento realista del campesino uruguayo, sino que el tratamiento que se le imparte a sus historias y a sus personajes, aunque parten de un sustrato real, se matiza fundamentalmente con los mitos, las creencias, las supersticiones de la ruralía; con su carácter imaginativo y poderosamente asido a estas fuentes misteriosas y esotéricas que constituyen otra manifestación del poder humano.

Ya he hablado anteriormente de la *Payesería* (*) paraguaya como otra forma de hechicería o brujería. La raíz de este cuento es *el*

---

* Véase la trayectoria de la *Payesería* en el capítulo III de la tesis.

payé, cuya finalidad es romper la mala suerte de este criollo español, y lograr a la misma vez el amor de una mujer que está vinculada a otro. Este criollo está «salado», tiene «mala suerte» en amores y recurre al brujo, para que le «trabaje» la mujer. La brujería está hecha por un indio. El contenido esotérico del «payé», como veremos no es suficiente para lograr la consecución del deseo, porque el criollo y el brujo han olvidado un detalle muy significativo en el acto de la «brujería». Fernán Silva Valdés incorpora con maestría y arte, los contextos brujeriles de la *Payesería* paraguaya que he descrito en el capítulo IV de la tesis. La influencia de esta esoteria se siente en Corrientes, Uruguay y la zona brasilera Punta Porá. Este cuento recoge parte del ideario de Fernán Silva Valdés que destaca entre otras cosas el hecho de que sus cuentos salen: «del ya conocido camino naturalista para penetrar en las zonas del misterio y la *aguería,* que no han sido aún tratadas en nuestro cuento sino muy de soslayo».

El cuento *El «payé»,* revela al poeta criollista y al nativista ultraísta de sus poemarios *Agua del tiempo* (1921) y *Romancero del Sur.* La raíz de su obra, no sólo arranca de esa minuciosa búsqueda y encuentro con el mundo criollo; sino de la eclosión poética de la palabra, que asida a la tierra, resplandece como un manojo de flores cubiertas por esa transparencia que da al rocío; cuando al mezclarse con el sol, se hace arco iris de todas esas vetas humanas, mágicas y esotéricas.

Así queda *El «payé»* en nuestras retinas, porque es un compendio de sortilegio telúrico y hechizo esotérico. En este cuento se cumplen varias de las metas del cuento: concreción, brevedad, calidad expresiva, técnica narrativa y descriptiva dentro de una gran calidad artística.

«Payé» en guaraní, es el acto de hacer mal a una persona, utilizando para ello ciertas oraciones o elementos materiales. Por medio de un *payé,* se puede evitar el mal producido por otro *payé* realizado con malas intenciones, curarse de sus efectos, o suspender su mal.

Igualmente sirve para conseguir un bien, y aún curarse de ciertos males desconocidos. Así que los efectos de esta *payesería* que equivale a otra forma de «hechicería», operan de acuerdo a la intención del sujeto. *Payé* describe también al *objeto* con el cual se efectúa el *acto.* El payé protectivo puede ser una pluma o cabeza del *Kavure i,* tierra del cementerio o un *itakarú.* El *itakarú,* como explicamos antes, es una piedrecita negra, que se alimenta de hierro o acero y que sirve como *amuleto* o talismán y se lleva en una bolsita de piel, para que no haga daño, pues es corrosiva. El *payasero* es la persona que elabora el *payé* por sus poderes mágicos y esotéricos. El *payesero* es sinónimo del *bokor* haitiano, del *mayombero* cubano, de la *mei-*

ga gallega, del *curandeiro* brasileño, y del común *brujo, bruja o dañera.*

La estructura interna de este cuento, la constituye pues, esta concepción mágica-guaraní, que como he dicho, satura desde el Paraguay, a todas las regiones vecinas y limítrofes. La segunda raíz estructural del cuento la constituye la concreta presentación y recreación del «gaucho», personaje que fundamentaliza para siempre a toda la región del Río de la Plata y que en esta historia tiene gran fuerza, vitalidad y sumo carácter humano. En este personaje prevalece la pasión, el erotismo y la malignidad humana, víctima del deseo.

Como la acción del cuento se desarrolla en una fiesta puramente criolla, el tiempo y el espacio, se mezclan dentro de la policromía de una acción, que se realiza en tres evidentes dimensiones: primero, el elemento humano, en plan festivo; segundo, el elemento musical, en su doble vertiente de baile y canto popular; y tercero, el elemento humano amoroso caracterizado por el amor puro, por un lado y el amor pasional por el otro lado. El baile criollo está dirigido por un *bastonero* y las correspondientes parejas en medio del baile ofrecen un vital cuadro costumbrista donde se realiza la *relación.*

La *relación* es como la copla o la décima, que revela y comunica diferentes sentimientos humanos. En este ambiente de guitarras y bailes populares tales como el pericón, el gato y otros, se desarrolla la acción humana que va desplegándose dentro de la interpolaridad del tiempo y la realidad del ambiente.

> «La primera pareja adentro —ordenó el bastonero con voz engolada y mandona. A esta orden, la rueda de hombres y mujeres ataviados de fiesta abrió un portillo para cerrarse en cuanto la pareja criolla se colocó en el centro del corral... y vino la relación:
> —«Desde que la ví la amé:
> ¿Qué dice usted?
> a lo que contestó ella... como cosa que se sabe de memoria, ya que tanto pregunta como respuesta, son de dominio popular.
> —«Desde que lo ví, lo quise.
> ¿y usté, qué dice?» [336]

La concurrencia advierte que esta pareja se quiere y dentro de ese momento de aplausos y sugerencias, aparece nuestro protagonista Pasión Benítez.

> «Era un hombre joven y arrogante, *cortado* como para conquistar chinas con dueño. Vestía al modo del país, pero conservando aún

336. Anderson Imbert, Enrique, *Veinte cuentos hispanoamericanos Siglo XX*, New York, Appleton Century Crafts, 1956, p. 42.

el pantalón ajustado del español, prendido con dos o tres botones abajo de la rodilla, ciñendo el calzoncillo cribado, que iba a caer airoso sobre la bota de potro ornada de grandes espuelas nazarenas de cincelada plata. Completaba esta indumentaria, propia del gaucho del siglo XVIII, la chaqueta de solapas sobre camisa blanca, cuello y corbata. Después, gran cinto y facón a la izquierda, a manera de espadín, sombrero *panza burro* y rebenque con virolas lucientes... El hombre aparecido así, de improviso en la puerta... pidió permiso al bastonero *para entrar* al baile. Se llamaba Pasión Benítez, y era español de nacimiento, y gaucho, pero gauchazo de crianza.»[337]

El argumento es éste: la pareja que acaba de decir la relación, formada por Perico Pérez, criollo de aquel pago y su novia Cielo Suárez, van a ser víctimas de la «payesería» de Pasión. Cielo se asusta al verle, porque ya ha sido víctima de sus requiebros que ha rechazado sucesivamente. Perico está ajeno a esta situación. Ella sí lo conocía, pues sabía que Pasión era «*el enamorao sin suerte*». Dentro de este momento de la acción, empezaron a tocar un gato, baile típico popular, y Pasión antes de que Perico sacara a bailar a Cielo, se adelanta y la invita, ella enrojece pero dominada por la atracción del forastero, acepta sin el consentimiento de su novio Perico. Pasión se sintió contento, pues locamente enamorado de la morocha, veía que el brujo le había «quebrado la cola» a su mala suerte. A partir de ese momento se describen los resortes brujeriles de que se valió Pasión para conseguir este momentáneo sortilegio.

«...había ido a consultar a un brujo curandero, el cual daba amuletos para la suerte, sobre todo para el juego y el amor, amuletos que se llamaban *payés*. El brujo era mestizo de indio, y dadas las prácticas a las cuales se dedicaba, pasaba por tener relaciones secretas con el demonio.»[338]

Ese elemento de respeto que se destaca entre el sujeto y el brujo se evidencia en el encuentro entre el *payesero* y Pasión:

«—Ave María —gritó el enamorado.
—Sin pecar —contestó el brujo, sin caer en la cuenta que este saludo, aludiendo a la Virgen María, estaba... en contradicción con las prácticas diablescas... que realizaba.
—Te esperaba —dijo el indio.
—¿A mí?
—A vos, que andás revirado contra el amor de una china lindaza que se llama *Cielo*.»[339]

337. *Ibíd.*, pp. 42-43.
338. *Ibíd.*, p. 44.
339. *Ibíd.*, p. 44.

Pasión se entregó. Para eso iba, para caer en el poder del «brujo» o «payesero» y conseguir algún «amuleto» invencible que le diese a Cielito. La brujería opera cuando después de realizado el convenio entre el indio payesero y el criollo Pasión, éste le dice:

«Te lo doy que no faya —le había dicho al entregarle el *payé;* añadiendo mientras recibía la paga:— te los doy *compuesto* con una pluma de ala de caburei. Está tranquilo, que no hay cristiana que se te resista.»[340]

El brujo le advierte que el *payé* que le ha dado está compuesto, porque en él se consolidan la fuerza de la «pluma mágica», conocida en Paraguay como *cabure í, cavure í, o kavure í* excelente para atraer al sexo opuesto, y las poderosas fuerzas del itakurú que dan simpatía y buena suerte también. Por eso el *payé* en este cuento consiste en una piedrecita negra con una plumita, que Pasión lleva en la mano. Pasión está seguro, la criolla al impacto de la payesería, es otra. Bailaba como entregada a fuerzas sobrenaturales, obedeciendo a un designio fatal. En la órbita del cuento, se abren tres fuerzas: primero la encarnada por el sortilegio de Pasión y Cielo; la segunda, la sustentada por el asombro y el escándalo de la concurrencia; y la tercera, la encarnada por el estupor y la rabia de Perico, quien alterado ya mira a su rival y suspende el baile entre Pasión y Cielo:

«Un soplo de tragedia abanicó las sienes de las mujeres y apretó los labios de las bocas varonas del gauchaje.»[341]

Perico, altanero y enfurecido, le lanza una *relación* a Pasión, que también es una petición de duelo inmediato:

«Aunque me la dejes muda, y aunque me la dejes tuerta: Vas a quedar tironeando... como perro en vaca muerta.»[342]

Se entabla la lucha entre los dos y Pasión hiere a Perico, mientras Cielo permanece imperturbable ante los hechos. La brujería del payé ha empezado a surtir efectos:

«...en la psicología de ella, en ese momento, se operaba algo misterioso. El *payé* del forastero le había cambiado de tal manera el corazón, que lo que al principio fue indiferencia de espectador ajena al drama, en seguida se tornó en parcialidad decidida en favor del amor nuevo que ella sentía ahora ocuparle el corazón. El español

340. *Ibíd.*, p. 45.
341. *Ibíd.*, p. 46.
342. *Ibíd.*, p. 46.

gaucho era un *faconero* con toda la barba, y había arrinconado a Perico Pérez, que se defendía valientemente detrás de una silla. Ella seguía la lucha con ansiedad, tomando franco partido a favor del forastero.» [343]

Pasión mató a Perico, y Cielo con frialdad inesperada y ante el asombro de la gente, abrazó y besó a Pasión, en tanto que su novio moribundo ya, la miraba con estupor y asombro.

«... Ante el horror de las mujeres y la sorpresa de los hombres, la pareja salió afuera abrazada. El *payé* del brujo seguía tallando bien en el carteo de los corazones.» [344]

Hasta este momento, Pasión es dueño de la situación porque Perico no ha muerto todavía. Sin embargo, en el momento de la huida y en el mismo instante en que Perico muere, se opera algo inesperado en el alma de Cielo que:

«... apareció en la puerta, desmelenada. Las ropas arrugadas denunciaban la lucha. El lazo de la trenza se le había zafado desparramándole el pelo... por la espalda. Al morir su novio, el *payé* había perdido su fuerza misteriosa, ya que, si tenía *a favor de quién obrar,* no tenía *contra quién,* faltándole así un punto de apoyo y perdiendo en consecuencia su maléfico poder... con esta situación psicológica, la criolla había vuelto *a ser ella misma,* amando al hombre que en realidad amaba...» [345]

Por eso regresa, y se echa sobre su cuerpo y le besa desesperadamente, muerto ya. Mientras tanto:

«... afuera, en la noche oscura, un jinete huía a gran galope apretando dentro del puño una piedrita negra adornada con plumas, como asustado de sí mismo.» [346]

Las fuerzas de la *payesería* y del *payé* mezcla en este cuento del *cavure'í* con el *itakarú,* no pueden contra el amor verdadero, que trasciende después de la muerte. El maleficio brujeril que opera en contra de la voluntad del ser humano no es válido, y por lo tanto es efímero y etéreo. Sólo el hombre es dueño todavía de esa fuerza misteriosa y avasalladora que llamamos amor que salva, redime y enaltece al hombre, cuando es espontánea y sincera. El amor como tal sigue siendo una fuerza poderosa que vincula lo noble y lo interno del ser humano.

343. *Ibíd.,* p. 46.
344. *Ibíd.,* p. 47.
345. *Ibíd.,* p. 47.
346. *Ibíd.,* p. 48.

i. EL MILAGRO SECRETO

Jorge Luis Borges

Jorge Luis Borges, nacido en Buenos Aires el 24 de agosto de 1899, y criado en el barrio de Palermo lleva siempre la vivencia de lo argentino en el trasfondo de su obra. Jorge Luis Borges resume toda una generación y una época y como Sor Juana Inés de la Cruz, Rubén Darío y Alfonso Reyes, es catador de la cultura y síntesis de ella, pero vertida siempre dentro de nuevos contextos originales y evocadoras del devenir del tiempo. De Borges se ha dicho todo, porque él es para muchos el escritor más original e inteligente de la literatura contemporánea y logró desde un principio su universalidad por la minuciosa vinculación que estableció entre la palabra, la realidad y la fantasía, envueltas siempre dentro de la gran densidad filosófica de sus creaciones. Por primera vez Borges apartaba nuestra literatura de los trillados caminos del naturalismo y del realismo, que generalmente tocaba las más oscuras raíces del primitivismo. Sus vivencias en Suiza y España, le vincularon con las nuevas corrientes vanguardistas literarias, que reaccionaron contra el modernismo y la generación del 98. La renovación vinculaba los «ismos» conocidos como futurismo, expresionismo, cubismo, dadaísmo con las novedosímas modalidades literarias de Ramón Gómez de la Serna y sus «Greguerías» y de Vicente Huidobro, quien llegado a España en 1918, traía el «creacionismo» invertebrado de origen francés.

Como es sabido, Borges formó parte del círculo ultraísta de Cansinos Assens, Eugenio Montes y Guillermo de Torre y cuando regresó a Buenos Aires en 1921, se constituyó en el líder del movimiento vanguardista argentino.

Luego se separa del ultraísmo español, iniciando nuevos derroteros en el cuento, que es el género que le universaliza.

Su poesía ha sido opacada en parte por su maravillosa cuentística; sin embargo, en su poesía hay algo inefable, que en mi opinión radica, en ese canto humilde, callado y sereno que descubre las más íntimas vetas de la vida argentina con todo su candor, vitalidad y sinceridad. Por eso, quizá, sus ensayos y sus cuentos, revelan esa calidad poética que emana de la palabra honda y pura, llena siempre de esa doble vertiente que en Borges es núcleo y vida, la mezcla de la realidad y la fantasía, la verdad y la mentira, envuelta siempre dentro de una densa entelequia abstracta-intelectual. En Borges la angustia metafísica, se hace poética y artística, predominando siempre el elemento intelectual inquisitivo en todos los órdenes; humanos y divinos. Su obra es la frenética hija de su inquietante vocación literaria que le ha hecho un auténtico artífice de la ficción ribeteada de todos los matices humanos. Su ideario literario quizá lo resuma en la afirmación que emite sobre la literatura en el ensayo *El tamaño de mi esperanza.*

> «Este es mi postulado: Toda la literatura es autobiográfica; finalmente. Todo es pórtico en cuanto no confiesa un destino, en cuanto nos da una vislumbre de él.»[347]

Su obra resume parte de ese ideario que muy bien revela en sus poemas y cuentos. Borges es un cultivador de lo culto y de lo popular, de lo misterioso y lo fantástico, de lo irreal y lo real. Aparentemente escéptico, su obra la permea siempre la búsqueda de la belleza que es otra manera de admitir a Dios en la forma polifacética que él lo hace porque su obra también recoge todas las vertientes religiosas occidentales y orientales en una maravillosa simbiosis filosófica-cultural. Se ha dicho que su obra es notablemente aristocrática y de minorías; sin embargo, por difícil que sea su juego técnico-narrativo o poético, siempre hay un mensaje humano, que en mi opinión, proviene de esa inquietud interior que a partir de 1955, con la pérdida de su vista, le abrió otras brechas, otras perspectivas, que como a Beethoven, le movieron a intuir y a captar la pura esencialidad, a través del silencio producido por esa oscuridad luminosa. Su prosa es profunda, clara, transparente y eminentemente intuitiva. El vierte la problemática humana dentro de nuevas órbitas espaciales y temporales donde el hombre inexorablemente corre en busca de un destino y una trascendencia que a veces no se halla en este mundo. Borges parece tomar algunos de estos problemas metafísicos dentro de un humor rayano a veces en la ironía y el sarcasmo, sin embargo, porque crea estos mundos con autonomía y con inteligencia creemos que hay mucha magia y esoteria no solamente producida por su vasta cultura sino por una profunda admisión de estos elementos que se repiten constantemente en su obra. La palabra para Borges es el escalpelo con que

---

347. Borges, Jorge Luis, *El tamaño de mi esperanza,* Buenos Aires, Proa, 1963, p. 153.

descubre todas las ranuras del misterio humano e insondable, magistralmente recogidas en mi opinión en sus dos obras mágicas y significativas: *El Aleph* y *Otras inquisiciones*, en ambas dice:

> «Todo individuo es único e insondable.»[348]
>
> «Un número indefinido y casi infinito de biografía de un hombre no agotarían su destino.»[349]

Su obra desglosa la magia en todos sus matices, ya sean poéticos, ensayísticos. En poesía nos deja además de *Fervor de Buenos Aires, Luna de enfrente* (1925), *Cuaderno San Martín.* Sus ensayos: *Inquisiciones* (1925), *El tamaño de mi esperanza* (1926), *El idioma de los argentinos* (1928) *Evaristo Carriego* (1930), *Discusión* (1932), *Historia de la eternidad* (1936), *Otras inquisiciones* (1926), etc.

La parte de su obra que mejor revela su excelencia como escritor es su cuentística, que inició tardíamente y que le produjo insospechados logros desde los comienzos con el cuento «Hombre de la esquina rosada» incluido en *Historia universal de la infamia* (1935). A partir de ese momento sus creaciones son continuados éxitos: *El jardín de senderos que se bifurcan* (1941), *Ficciones* (1944) y *El Aleph.* Su edición *Obras completas* agrega nuevos cuentos y los hay en *El hacedor* (1960) y en *Antología personal* (1961).

Su contribución a la literatura hispanoamericana es decisiva y fundamental. *La antología de la literatura fantástica* (1940), hecha en colaboración con Silvina Ocampo y Bioy Casares es otra valiosa y primera aportación a la historia de la literatura fantástica en América y Europa.

Sus sucesivas aportaciones a este elemento mágico-fantástico ha continuado en obras como: «*Manual de zoología fantástica*» y *El libro de los seres imaginarios* en colaboración con Margarita Guerrero y Bioy Casares. *Los orilleros, El paraíso de los creyentes.* En general, la obra de Borges es rara, y como la de Alfonso Reyes, parece tener una extraña vinculación, con un elemento que yo llamo intuitivo-extra-sensorial, que producido quizá, por la extraordinaria inteligencia, unida a una vasta cultura vivida y sentida a través de viajes e incursiones; en todas las áreas del saber humano, dan una rica y misteriosa contextura intuitiva-artística, a toda su creación literaria. Los temas fundamentales de la vida aparecen constantemente rejuvenecidos y vestidos, con nuevos ropajes, pero en general el mundo es como un eterno caos, donde el tiempo es una falacia. El eterno retorno humano se busca en la transmigración de las almas y en el elemento

348. Borges, Jorge Luis; *El Aleph,* Emecé, 1961, p. 48.
349. ———, *Otras inquisiciones, Emecé,* 1964, p. 187.

cíclico hinduista con sus eternas repeticiones y coincidencias. Las irrealidades de la memoria y de las cosas reales a veces vinculan el destino infaliblemente humano. Sus influencias literarias son notablemente diluidas por su originalidad. Sus cuentos son obras maestras dentro de nuestra historia literaria y algunos como: *La muerte y la brújula; El Aleph, Las ruinas circulares, Funes el memorioso, El muerto* y el cuento objeto de nuestro estudio: *El milagro secreto,* no podrán ser equiparados, artística y poéticamente.

El milagro secreto

Y Dios lo hizo morir durante cien años y luego lo animó y le dijo:
—¿Cuánto tiempo has estado aquí?
—Un día o parte de un día —respondió.
(*Alcorán* II 261).»[350]

Este cuento, cierra nuestro ciclo de cuentos esotéricos, que Borges forja como un desafío al intelecto. Lo hemos escogido, porque supone un peculiar sincretismo religioso, que mezcla el cristianismo, el judaísmo y el islamismo, todo dentro de una curiosa casualidad panteísta. Los planteamientos provienen, de la eterna lucha de los judíos frente a un enemigo eterno y que con diferentes caras e ideologías, es el enemigo constante y forjador de una crisis universal. La cruenta lucha se simboliza desde un tablero de ajedrez donde todavía no se ha dado el «jaque mate». Las tensiones dramáticas de los judíos tienen una sola solución: la muerte revestida con los ropajes de la injusticia, porque Jaromir Hladik, no ha cometido otro delito que nacer judío. A partir de su encarcelamiento, la solución es implacable: la muerte es perentoria e inexcusable. El cuento se hilvana en estructuras yuxtapuestas, en donde el hombre se deshace entre el tiempo inexorable y la muerte impostergable. ¿Cuántas veces se muere, cuándo nos sentencian a morir? ¿Qué es el tiempo cuando nuestro destino está supeditado a razones humanas más que divinas? La aventura de Hladick no tiene igual, Borges, nos la ha sugerido dentro de la angustia aterradora de un momento humano que desgraciadamente se produce en la vida diaria más a menudo de lo que la frivolidad de algunos seres humanos pueda prever.

La estructura del cuento se advierte en tres partes claras, connotadas primero, por el epígrafe del Corán que nos da el tema principal: el tiempo es una falacia dentro de la realidad vivencial; en segundo lugar, el drama interno y externo de Jaromir, víctima

---

350. Borges, Jorge Luis, *Ficciones*, Edit. Emecé, Buenos Aires, 1956, pp. 159-177. (Edición consultada).

ya, del tiempo y la muerte; y en tercer lugar, la súplica y la concreción del milagro.

El argumento de la narración descansa en Jaromir Hladick, quien va a ser fusilado. El sabe que va a morir, pero antes de morir, quiere justificar su vida culminando un drama que ha comenzado: *Los enemigos,* hecho que lo realizará y lo culminará, como ser humano. Pide a Dios un año para concluir su obra:

> «... Habló con Dios en la oscuridad. Si de algún modo existió, si no soy una de tus repeticiones y erratas, existo como autor de *los enemigos,* para llevar a término ese drama, que puede justificarme y justificarte, requiero un año más. Otórgame esos días. Tú, de quien son los siglos y el tiempo.» [351]

Dios se lo concede, cuando el piquete ya estaba formado, y él espera de pie contra la pared:

> «... el universo físico se detuvo»

Jaromir Hladick, realiza su misión existencial, en ese instante que se prolonga entre el fuego y la bala. Dios ha detenido el tiempo, para que en esos etéreos y fugaces segundos, Hladick pueda justificarlo y justificarse, Hladick terminó su drama.

> «Un año entero había solicitado de Dios para terminar su labor: un año le otorgaba su omnipotencia. Dios operaba para él un milagro secreto: lo mataría el plomo germánico, en la hora determinada, pero en su mente un año transcurría entre la orden y la ejecución de la orden. De la perplejidad pasó al estupor, del estupor a la resignación, de la resignación a la súbita gratitud.» [352]

El sentido de este momento magistral, en la creación borgiana, se logra como en una escena mezcla de Kafka, Buñuel y Hitchcock, en ese leve e incorpóreo instante que tarda una gota de lluvia en resbalar por la mejilla de Hladick y que para Dios es un año:

> Dio término a su drama; no le faltaba ya resolver sino un solo epíteto. Lo encontró; la gota de agua resbaló en su mejilla, inició un grito enloquecido, movió la cara, la cuádruple descarga lo derribó. [353]

Jeromir Hladick murió el 29 de marzo a las 9 y 2 minutos de la mañana, víctima de las blindadas vanguardias del Tercer Reich que entraban en Praga, en el amanecer del 14 de marzo de 1939.

351. *Ibid.,* p. 161.
352. *Ibid.,* p. 166.
353. *Ibid.,* p. 167.

j. UNA FLOR AMARILLA

Julio Cortázar

Julio Cortázar nació en 1914, en Bruselas, de padres argentinos. Fue profesor de literatura y ha publicado los siguientes libros: *Los reyes* (1949), *Bestiario* (1951), *Final del juego* (1956), *Las armas secretas* (1959), *Los premios* (1960), *Historias de cronopios y de famas* (1962), *Rayuela* (1963), *Todos los fuegos el fuego* (1966), *La vuelta al día en ochenta mundos* (1967). Sus últimas obras son *62 modelos para armar*, *Ultimo round* y el libro de poemas *Pameos y meopas* (1971).

La literatura del absurdo, fantástica y mágica ya la había anticipado Rafael Arévalo Martínez con sus relatos «psico-zoológicos», el primero de los cuales, *El hombre que parecía un caballo*, fue escrito desde 1914. Los antecedentes europeos emanan de cuatro grandes escritores cuya influencia fue fundamental y decisiva en nuestros creadores hispanoamericanos contemporáneos: Franz Kafka, Eugene Ionesco, René Crevel y Henri Michaux. Como he repetido varias veces la literatura fantástica ha sido cultivada con excelencia en América sobre todo en Argentina con Leopoldo Lugones, Jorge Luis Borges, Macedonio Fernández, Adolfo Bioy Casares, Roberto Arlt y otros; no podemos prescindir de Rubén Darío y Horacio Quiroga, que abrieron verdaderas y elocuentes brechas a este mundo fantástico y también absurdo a veces.

Uno de los más destacados cultivadores de esta literatura es el cosmopolita Julio Cortázar, autor controversial en quien lo fantástico y lo irracional son expresión de la ambigüedad mental conflictiva y angustiosa, característica del distorsionado mundo contemporáneo.

Julio Cortázar es uno de los escritores más relevantes de la literatura hispanoamericana contemporánea. Su primera obra, *Los reyes* (1949), destaca con caracteres propios el tema favorito de Cortázar: lo misterioso, lo monstruoso, lo pavoroso, todo dentro de la realidad irreal del ser humano. *Bestiario* (1951) continuó su camino dentro de la literatura fantástica y en *Final de juego* (1956), reaparece el tema de lo monstruoso en una doble vertiente: actor y contemplado. El hombre espectador es también otra faceta del monstruo que actúa. Como en Arévalo Martínez, hay ciertos atisbos del hombre que se comporta dentro de un marco casi bestial. Esa realidad se repite en él porque su creación emana de la búsqueda de ese elemento oscuro y pesadillesco que es la vida humana y en donde el hombre es bueno, malo, lujurioso, cruel, puro y claro. La pintura de la vida rutinaria y cotidiana en Cortázar no es más que una máscara donde se ocultan las más macabras realizaciones del hombre. Hay unos elementos misteriosos que están dentro del hombre que a veces no conoce sus propias sinuosidades que pueden ser sumamente crueles. Muchas veces sus personajes están urdidos dentro de una visión imprecisa producida por la indecisión y la inseguridad del hombre dentro del nihilismo de la vida. En él hay sobre todo una crítica al poder político que anula y aniquila al hombre en sus más fuerte vertiente, aquella que por miedo trunca a la integridad y al valor humano. Esa convicción de la nulidad del hombre frente al poder político le alejó de su patria. La realidad vista así es falsa, hueca, y sobre todo tierra perdida a la esperanza de la plenitud del hombre realizada en verdad y principio. Su estilo, pues, es aparentemente inconexo pero su ideario es valiente y significativo. *Las armas secretas* (1959), *Los premios* (1961), *Rayuela* (1963), todas estas obras revelan las sinuosidades sexuales, la promiscuidad social política e intelectual. El hombre para Cortázar ha perdido su esencialidad porque se ha comprometido con la infamia cuando la infamia produce poder y fama. Como Borges, aunque aparentemente no siga su línea, contiene los temas constantes en la vida del ser humano: sexo, vida, violencia y muerte, todo dentro de un mundo ausente del Dios de los cristianos, aunque se busque a ese otro Dios que reina dentro de las doctrinas hinduístas, budistas o puramente esotérica-ocultista. De vez en cuando retroceden del Oriente o vuelven a buscar la verdad imprecisa en el cristianismo intelectualizado.

El valor de Julio Cortázar se manifiesta por su carácter innovador, que lo alejó deliberadamente de la evidente influencia de Jorge Luis Borges. Su obra es arquitectónica, porque recoge la órbita humana dentro de todos sus módulos, partiendo siempre de lo común de la vida humana. Según Luis Haars,[354] por eso, es tal vez el primer hispanoamericano en crear una total metafísica de la ficción con raíces en la vida diaria. Desde 1951 vive con regularidad en París, viajando constantemente por Europa.

354. Véase la trayectoria de esta idea en: Luis Haars, *Los nuestros*, Edit. Sudamericana, Buenos Aires, 1966, pp. 252-300.

Julio Cortázar todavía sigue siendo una incógnita literaria. No sabemos qué nuevas trayectorias seguirá su excelente estilo artístico unido siempre al rigor y a la sinceridad ideológica que permea su obra. La densidad de las influencias de Poe, Hawthorne, Bierce, Wills, Kipling, Lugones, Quiroga, son evidentes presagios de nuevas creaciones artístico-poéticas. Influencia que revela magistralmente en su inconexa e imprecisa obra *Historias de cronocopios y famas* (1962) obra que en mi opinión destaca magistralmente esa dimensión misteriosa y oculta que vincula la fantasía con una aparente improvisación que es ordenada e intelectualizante.

Una flor amarilla, publicado en la edición de 1964 de *Final del juego,* e incluído en *Ceremonias,* que reúne los textos contenidos en *Final del juego* y *Las armas secretas,* libro que se ha editado sucesivamente desde 1968 hasta 1972, es un cuento de encontrados idearios orientales. El tema principal es la inmortalidad del hombre simbolizada en la doctrina cíclica hinduista que sustenta el criterio de que el destino del hombre, sin que él se percate, está unido en el tiempo y en el espacio al destino de otros hombres, en una infinita y trascendente serie de repeticiones. El cuento se inicia con una frase fundamental para la tónica del cuento:

> «Parece una broma; pero
> somos inmortales. Lo sé
> por la negativa, lo sé
> porque conozco al único mortal» [355]

Parte de un mundo real, que aunque en el transcurso del argumento se funde con lo irreal-real que supone la fusión de lo objetivo con lo subjetivo, descansa siempre en lo cotidiano, en lo rutinario de una vida que puede ser la de cualquier hombre. El ambiente se fija en París; sin embargo por la problemática que plantea, es universal. Los lugares en donde se desarrolla la acción son prosaicos y comunes: la taberna y varios lugares de la ciudad. Lo importante es el uso de la palabra, de sus significados que determinan el paulatino paso del tiempo y la movilidad de los personajes dentro de la realidad que va trazando el sueño y «el doble» en su doble vertiente del presente-futuro. El argumento radica en la historia de un hombre fracasado que descubre por casualidad a su «doble» Luc; inmediatamente percibe que ambos son entes de un orden estructural, cíclicamente determinado. ¿Por qué lo sabe?

El está contando su encuentro con la inmortalidad-mortalidad, a un desconocido que se ha encontrado en un «bistro». La historia se proyecta en tres planos: el mortal, el inmortal-mortal y el futuro

355. Cortázar Julio: *Ceremonias,* Barral, Madrid, 1972, p. 70.

inmortal. Este hombre mortal «nada viejo y nada ignorante, de cara reseca y ojos de tuberculoso, realmente bebía para olvidar» y así le cuenta su extraña historia al futuro inmortal.

> «Contó que en un autobús de la línea 95 había visto a un chico de unos trece años, y que al rato de mirarlo descubrió que el chico se parecía mucho a él... Poco a poco fue admitiendo que se le parecía en todo... Empezó a ir todas las semanas a casa de Luc... Lo que había empezado como una revelación se organizaba geométricamente, iba tomando ese perfil demostrativo que a la gente le gusta llamar fatalidad. Incluso era posible formularlo con las palabras de todos los días: Luc era otra vez él, no había mortalidad, éramos todos inmortales.» [356]

La inmortalidad está cifrada en que todos tenemos un doble; que como las nubes al repetirse se hacen eternas, así el hombre al tener su doble, se inmortaliza. El hombre funde en cierto sentido, su identidad esencial individual, porque su inmortalidad se concreta en la repetición cíclica de hechos humanos reproducidos como en módulos. Por ende, a través del tiempo terminaremos siendo una multitud de personas. Según este ideario, la existencia, la vida del hombre, y su finalidad humana, se extiende en el más allá de la mortalidad. El, que ha encontrado a su sucesor, piensa que su vida fracasada no merece cambiarse ni mucho menos inmortalizarse. Por eso, valiéndose del efecto conseguido a través de sus sucesivas visitas al hogar de Luc y aprovechándose de que Luc enferma decide matar a su continuador, a su inmortalizador.

Esta lucha entre la mortalidad y la inmortalidad, decidida por un hombre que en ese momento se erige en Dios, porque se hace dueño del destino, de la vida del otro, se devela entre la palabra imprecisa que contiene la duda y la realidad del hecho, que Cortázar va sugiriendo a través de fragmentos como estos:

> «Ahora que ríen de mí cuando les digo que Luc murió unos meses después, son demasiado estúpidos para entender que...» [357]

Luego cuando Luc enferma de una especie de bronquitis:

> «Había tanta miseria en esa casa que mis visitas eran un consuelo en todo sentido... Terminaron por admitirme como enfermero de Luc, y ya se imagina que en una casa como esa, donde el médico entra y sale sin mayor interés, nadie se fija mucho si los síntomas finales coinciden del todo con el primer diagnóstico... ¿Por qué me mira así? He dicho algo que no está bien.» [358]

---

356. *Ibid.*, pp. 70-71
357. *Ibid.*, p. 75.
358. *Ibid.*, pp. 75-76.

El protagonista, siente después del entierro algo que podía parecerse a la felicidad porque:

«... estaba como anegado por la certidumbre maravillosa de ser el primer mortal, de sentir que mi vida se seguía desgastando día tras día vino tras vino, y que al final se acabaría en cualquier parte y a cualquier hora, repitiendo hasta lo último el destino de alguien desconocido muerto.» [359]

Sin embargo, esa felicidad de sentirse el único mortal, es efímera, porque de pronto y entre rápidos atisbos a su vida pasada, donde recuerda: su fracaso matrimonial, su mediocridad, su ruina a los cincuenta años, toda su vida vacía y fracasada, cruzando por el Luxemburgo, vio una flor:

«Estaba al borde de un cantero, una flor amarilla cualquiera. Me había detenido a encender un cigarrillo y me distraje mirándola. Fue un poco como si también la flor me mirara, esos contactos, a veces... Usted sabe, cualquiera los siente eso que llaman la belleza. Justamente eso, la flor era bella, era una lindísima flor. Y yo estaba condenado, yo me iba a morir un día para siempre. La flor era hermosa, siempre había flores para los hombres futuros. De golpe comprendí la nada, eso que había creído la paz, el término de la cadena. Yo me iba a morir y Luc ya estaba muerto, no habría nunca más una flor para alguien como nosotros, no habría nada, no habría absolutamente nada, y la nada era eso, que no hubiera nunca más una flor.» [360]

En ese momento, toma conciencia de su identidad humana que ha permitido el asesinato de su doble y a la vez ha culminado su propio suicidio; comprende que no importa que nuestras vidas sean mediocres, rutinarias y hasta absoluto fracaso, porque mientras exista una flor, esa flor que es cualquiera, porque todas en mayor o menor grado son símbolos de la belleza, de esa belleza que es humana, porque radica en la contemplación que vincula el objeto con el sujeto, habrá vivencias espirituales que nada tienen que ver con la fama, el poder, o la riqueza. La flor amarilla, es la rosa de *El principito* de Saint Exupery, es el manojo de flores de El *jardinero* de Rabindranath Tagore y es *El Quijote universal*. La belleza trasciende, cuando el hombre se posesiona de ella con la mirada; que significa también detenernos en el camino. Comprende, pues, que vivir es contemplar y meditar.

359. *Ibíd.*, p. 76.
360. *Ibíd.*, p. 76.

> «Me había detenido a encender un cigarrillo y me distraje mirándola. Fue un poco como si también me mirara, esos contactos a veces... cualquiera los siente, eso que llaman la belleza...» [361]

Pienso que Cortázar insinúa en la entrelínea, que también nosotros somos responsables de nuestros propios fracasos y de nuestra propia mediocridad; porque a veces vemos, pero no miramos, oímos pero no escuchamos, tocamos pero no palpamos, caminamos sin detenernos, asidos a esa constante prisa egolátrica que sólo circunscribe lo bello a lo puramente transitorio. Por eso busca, busca desesperadamente a Luc, o a alguien que se le pareciera.

> «Toda la tarde, hasta entrada la noche, subí y bajé de los autobuses pensando en la flor y en Luc, buscando entre los pasajeros a alguien que se nos pareciera a mí o a Luc, a alguien que pudiera ser yo otra vez.» [362]

La flor amarilla es símbolo de la belleza ajena al fracaso humano. En la filosofía vedántica, la muerte es una metamorfosis, no un fin. La muerte es una figuración en el tiempo y en el espacio hacia la inmortalidad. ¿Qué somos? ¿Qué es lo peor que nos puede suceder dentro de esta filosofía?

> «...lo peor de todo no era el destino de Luc, lo peor era que Luc moriría a su vez y otro hombre repetiría la figura de Luc y su propia figura hasta morir para que otro hombre entrara a su vez en la rueda.» [339]

¿Somos una ilusión o una esperanza? ¿Somos figuras ajenas a este destino que conocemos y que es nuestra vida? ¿Cómo podemos ser parte de figuras que desconocemos? En este intrincado ideario, se resume esa filosofía esotérica, que presupone una continua ligazón con personas, figuras, que lejos o cerca, nos repiten y nos interrelacionan dentro de un contexto; que va más allá de lo racional, para internarse en lo sobrenatural y lo ultrahumano. El hombre parece vivir dentro de una falsificación temporal y espacial. Todo lo humano ocurre dentro de un mismo plano, la multiplicidad humana es una. Las estructuras y las superestructuras escapan a la circunstancialidad de un momento. Esos conceptos del doble y de la figura, no están sujetos al tiempo cronológico y en eso estriba uno de los signos más importantes de la obra de Cortázar que revela sobre todo, en su colección de cuentos: *Todos los fuegos el fuego, Historias de cro-*

---

361. *Ibíd.*, p. 76.
362. *Ibíd.*, p. 76.
363. *Ibíd.*, p. 74.

nopios y famas, Ultimo round. En todo ello hay un anhelo de reordenación, de reconstrucción del mundo dentro del caos. Su obra recoge todos los idearios y las esoterias de las filosofías orientales, que ya han rebasado la búsqueda de la esencialidad humana en lo mental y en lo astral. En *Una flor amarilla* prevalece todavía el ideario occidental que afinca el hombre en una realidad trascendente por humana: la percepción de la belleza como un acto de amor y voluntad.

Una flor amarilla, Axolotl, La banda, El ídolo de las cícladas son cuentos, donde Cortázar, destaca la acción dentro de un velo donde mentira y verdad se entrecruzan constantemente. Hay un sentido enigmático en toda su obra, que quizá procede de esa insaciable búsqueda del hombre, ante las sucesivas falacias creadas por la hipocresía. En la revista *Realités,* él afirma ese sentido intuitivo extrasensorial que permea su obra y que le hace penetrar en lo más densamente humano del hombre; en esa entrevista dice:

> «I ve always had these strange intuitions... Since the age of ten I have had the feeling that I am somehow living outside myself. When I saw these grown-up people, comfortably, settled in the reality, I felt abnormal, but I was glad at the same time.» [364]

Quizá su originalidad proviene de esas «extrañas intuiciones», que él dice que sentía desde la edad de diez años y en donde le parecía vivir fuera de «sí». Por esto, sus relatos se mueven dentro de una yuxtaposición de planos reales e irreales, movidos siempre por su inteligencia, la fantasía, la premonición, el mundo lógico y real vertido dentro de cauces intuidos a veces fuera de este mundo. Algunas de sus obras son puras fabulaciones fantasmagóricas, sobre todo por el aire alucinado, incoherente, extraño y ausente que revelan las zonas oscuras del ser humano, absurdo como la vida misma.

3. CONCLUSIONES

La búsqueda de la presencia de los elementos esotéricos en la narrativa hispanoamericana, objeto y tema de nuestra tesis, ha llegado a su culminación, con el análisis de las obras, que a nuestro juicio mejor han sintetizado toda esa variada esoteria evidentemente presente en Hispanoamérica. La existencia de estos elementos nos permite llegar a las siguientes conclusiones.

El carácter más bello de esta esoteria emana de la fusión, y del sincretismo social, religioso y cultural, que se ha producido entre

364. *Realités:* Cortázar, New York, April 1969, number 221, p. 84.

las influencias indígenas, europeas y africanas, consecuencia sobre todo del mestizaje; que en Hispanoamérica es una vital y elocuente realidad. Los prejuicios raciales indudablemente existen en nuestras tierras, pero la acción humana prevalece sobre ellos. Por este hecho, podemos admitir que la fusión racial-cultural es la que verdaderamente ha permitido las presencias de las religiones populares y de todas las esoterias estudiadas a lo largo de la tesis: santería, candomblé, vodú, brujería, payesería...

La aceptación de estas religiones y estas esoterias es un hecho comprobado en América. Los elementos mágicos y brujeriles son aceptados por blancos, indios y negros, sin distinciones sociales porque la existencia de esos elementos mágicos quedó trazada quizá para siempre en todo el caudal mítico-real que el hombre manifestó, al conjuro del descubrimiento de unas tierras nuevas y misteriosas, vistas desde un contenido totalmente mágico, fantástico y esotérico.

Hemos descubierto, además, que los elementos mágicos que emergieron desde nuestros orígenes americanos han prevalecido casi todos a través de un pasado-presente, que mezcló las fabulaciones indígenas con las viejas fabulaciones míticas europeas. Por esto, lo fantástico y lo romántico todavía persiste en América. En el fondo de las obras estudiadas hay unas aspiraciones mágicas y oníricas. El hombre parece soñar las cosas antes de conseguirlas, a través del sortilegio o las fuerzas del más allá. Y la realidad se hace insólita y pesadillesca. Otras veces manifiesta su atracción por lo tétrico, lo maldito y lo sepulcral producido por el elemento sobrenatural y un carácter premonitorio de fatalidad. El terror es creado por situaciones extrasensoriales excepcionales o inexplicables a veces.

En la literatura esotérica, sus planteamientos, sus consecuencias y sus soluciones podrán ser insólitas, pero no son irreales. Serán mágicas, pero emanan de la realidad, de la simbología mítica-telúrica y del poder mágico real que el hombre acepta consciente o inconscientemente y que a su vez, le ha otorgado al otro hombre, a los objetos y las cosas. Por esto, en el mundo de la esoteria americana no se usa el término *mago* para designar esta esoteria, sino que sus poderosos rituales mágicos están hechos por «babalawos», «iyalochas», «santeros», «mayomberos», «feticeiros», «curandeiros». La multitud de términos que designan a «brujos» buenos o malos, va desde «la dañera», «el bokor», «el mayombero», pero elimina el término «mago».

En esa distinción lingüística se advierte que la magia esotérica es magia, sí, pero de otro tipo, sujeta a otras consideraciones, que nada tienen que ver con lo extraordinario. La esoteria americana se mueve dentro de lo cotidiano y lo extraordinariamente rutinario por humano. Todo, la brujería, la premonición, lo adivinatorio, se opera en residuos de té, de café o las barajas. Los poderes adivinatorios, indígenas y africanos se desprenden también del rigor del coco, de los caracoles, de las piedras. Algunas veces el pasado, el presente y el futuro se ven a través de una copa o de un vaso blanco lleno de agua o delante de un espejo con una vela.

El valor de esta literatura no sólo radica en la revelación de estos mundos creados por la superstición o los sistemas religiosos culturales; sino porque suponen nuevas interpretaciones ante la vida. La búsqueda de la fe y de la esperanza en un mundo agitado por la falsedad y la hipocresía, altera a veces los sistemas tradicionales cuando éstos fallan en prodigar o en realizar las aspiraciones del hombre. A través de la esoteria la percepción del hombre se agudiza y el mundo fantástico tiene una fuerza que emana de la riqueza de sus metáforas, del lenguaje, del tratamiento de los temas y la exposición de la problemática humana dentro de nuevos moldes originales y novedosos.

En todas estas obras nos parece ver una constante fusión entre el pasado y el presente, la vida y la muerte, la realidad y la irrealidad. El hombre se retrata dentro de contextos transparentes y trágicos. La prosa es una mezcla de lengua dialectal y refinamiento estilístico. La creación de ambientes extraños y raros se crea a través de la técnica del realismo mágico. La narrativa esotérica es nueva y original en su estructura, porque sus relatos se mueven en varios planos de la realidad, sustentados por la intuición, la premonición y la vinculación con el mundo de los muertos.

Estos elementos permean nuestra narrativa hispanoamericana, y han adquirido una existencia y un valor propios, porque revelan y sintetizan esa dimensión mágica que desgrana el hombre en contacto con toda la gama humana misteriosa y que a lo largo de la tesis hemos descrito como: espiritismo, santería, vodú, macumba, payesería y cultos a los muertos. Ahí quedan para siempre sus presencias, en la obra de Gallegos, Carpentier, Lydia Cabrera, Gerardo del Valle, Fernán Silva Valdés, Julio Cortázar, Gabriel García Márquez, María Luisa Bombal y Borges. En ellos se funde lo maravilloso, lo fantástico y lo mágico dentro de rigurosas expresiones artísticas, poéticas y estilísticas. Las aportaciones mágicas de Arévalo Martínez, Alfonso Reyes, Quiroga y Rulfo no tienen comparación en nuestra literatura, porque todos han reinterpretado la realidad, en maravillosas concreciones fabulosas, hijas de una auténtica comprensión de la problemática humana, que a veces no puede ser entendida dentro de los planos de la realidad escueta.

La naturaleza, el hombre y su problemática, alcanzan en esta literatura un extraordinario valor testimonial, imprescindible para conocer nuestra realidad. El universalismo supedita al realismo y al regionalismo. La narrativa está estructurada dentro de unas bases ideológicas, técnicas y filosóficas evidentes en *El reino de este mundo* y *Cien años de soledad.* Al calor de las obras estudiadas, hemos observado como elemento esencial de esta literatura, una honda preocupación social, afincada en el amor a las raíces hispánicas de nuestra cultura y la devoción a nuestra identidad americana. En general, el lirismo prevalece en un realismo mágico, que interrelaciona lo humano y lo histórico, lo moral y lo social, dentro de gran belleza y maestría.

La aportación más valiosa de esta literatura radica en que recoge la realidad del hombre a través de sus sentimientos, sus sensaciones, sus sufrimientos y sus creencias, todo dentro de una captación real que se manifiesta literariamente, en la recreación de estos mundos autónomos y auténticos como en *Doña Bárbara* y *Ecue-Yamba-O.*

En esta literatura palpita lo humano dentro de lo pintoresco y lo folklórico en abierta denuncia y protesta contra la discriminación y la injusticia humana.

La multiplicidad étnica y cultural de América se recoge dentro de un profundo sentimiento de solidaridad humana. No toda la narrativa es igual; puede ser satírica, social, fantástica, mágica o real; pero lo que importa de ella, es que revela el alma americana, dentro del crisol de razas característico de la América hispana. Sus valores estéticos son realmente extraordinarios y representativos de ellos son sus cultivadores que así están considerados en América y Europa. Sus manifestaciones literarias son valiosas no solamente por el goce estético que producen, sino por la sensibilidad social y humana que retrata al hombre en términos del otro hombre.

La influencia de los elementos esotéricos en la narrativa hispanoamericana es regeneradora y vivificante. Su influencia seguirá siendo un sortilegio a través del genio creador de hombres que todavía tienen mucho que decir y en ellos está la esperanza: Gabriel García Márquez, Juan Rulfo, Alejo Carpentier, Severo Sarduy, Lydia Cabrera y otros...

BIBLIOGRAFIA

1 *Ediciones*

Alegría, Ciro: *El mundo es ancho y ajeno,* Lima, (s.a)
————: *La serpiente de oro,* Santiago, Edit. Nascimento, 1946
————: *Los perros hambrientos,* Lima, 1957

Alegría, Fernando: *El poeta que se volvió gusano y otras historias verídicas,* México, Cuadernos Americanos, 1956
————: *Lautaro, joven libertador de Arauco,* New York, 1946
Amado, Jorge: *Jubiaba,* Versión castellana de Raúl Navarro, Buenos Aires, Edit. Futuro, 1955
Anderson Imbert, Enrique: *Crítica interna,* Madrid, 1961
————: *Estudios sobre escritores de América,* Buenos Aires, 1954
————: *Historia de la literatura hispanoamericana,* Fondo de Cultura Económica, México, 1970
————: *Método de crítica literaria,* Madrid Ed. Revista de Occidente, 1969
————: *Tres novelas de Payró,* Tucumán, 1942
————: *Veinte cuentos españoles del Siglo* XX, New York, Appieton Century Crafts, 1961
Arévalo Martínez, Rafael: *Concepción del cosmos,* Guatemala, Edit. Landívar, 1954
————: *Cratilo y otros cuentos,* Guatemala, Edit. Universidad de San Carlos, 1968
————: *El hombre que parecía un caballo y otros cuentos,* Guatemala. Edit. Universitaria, 1951
————: *El señor de Bonitot,* Guatemala, 1922
————: *La signatura de la esfinge,* Guatemala, 133
————: *Maya,* Guatemala, 1911
————: *Obras escogidas,* Guatemala, 1933
Arreola, Juan José: *Confabulario,* Fondo de Cultura Económica, 1952
————: *La Feria,* México, 1964
————: *Cuentos,* La Habana, Casa de las Américas, 1969
————: *Varia invención,* México, 1949
Asturias, Miguel Angel: *El espejo de Lida,* México, 1967
————: *El papa verde,* Edit. Losada, Buenos Aires, 1954

———: *El Señor Presidente,* Edit. Losada, Buenos Aires, 1948
———: *Hombres de maíz,* Edit. Losada, Buenos Aires, 1949
———: *Mulata de Tal,* Edit. Losada, Buenos Aires, 1963
———: *Leyendas de Guatemala,* Edit. C. López, Buenos Aires, 1948
———: *Los ojos de los enterrados,* Edit. Losada, Buenos Aires, 1961
———: *Obras escogidas, Edit. Aguilar,* Madrid, 1955
———: *Soluna,* Ediciones Losange, Buenos Aires, 1955
———: *Viento Fuerte,* Edit. Losada, Buenos Aires, 1962
Bioy Casares, Adolfo: *Historias de amor,* Edit. Emecé, Buenos Aires, 1972
———: *Historias fantásticas,* Edit. Emecé, Buenos Aires, 1972
———: *Historia prodigiosa,* México, 1956
———: *La invención de Morel,* Edit. Emecé, Buenos Aires, 1953
Borges, Jorge Luis: *El Aleph,* Edit. Losada, Buenos Aires, 1952
———: *El libro de los seres imaginarios,* Edit. Kier, Buenos Aires, 1967
———: *El informe de Brodie,* Edit. Emecé, Buenos Aires, 1970
———: *Elogio de la sombra,* Edit. Emecé, Buenos Aires (?)
———: *Ficciones,* Edit. Emecé, Buenos Aires, 1956
———: *Historia universal de la infamia,* Edit. Emecé 1958
———: *La muerte y la brújula,* Edit. Emecé, 1951
———: *Los orilleros,* Edit. Losada, Buenos Aires, 1955
———: *Manual de zoología fantástica,* Fondo Cult. Económica, México, 1957
———: *Un modelo para la muerte,* Buenos Aires, 1970
Borgía, Anthory: *Life in the world unseen,* Odhams Press Ltd., London, 1957
Bueno, Salvador: *Aproximaciones a la literatura hispanoamericana,* Ediciones Unión, La Habana, 1967
———: *Breves biografías de grandes cubanos del Siglo* XIX, La Habana, 1964
———: *Introducción a las literaturas indígenas,* La Habana, 1970
Cabrera, Lydia: *Anagó,* Vocabulario Lucumí, Edición Chicherekú Miami, 1970
———: *Ayapá,* cuentos de jicotea, Ediciones Universal, Miami, 1971
———: *Cuentos negros de Cuba,* La Habana, 1940
———: *Cundió brujería mala,* En Selección de Cuentos Cubanos, La Habana, 1962
———: *El monte:* igbo finda, ewe orisha, vititi nfinda: notas sobre las religiones, la magia, las superticiones y el folklore de los negros criollos y del pueblo de Cuba. Ediciones Colección del Chicherekee, La Habana (S.A.)

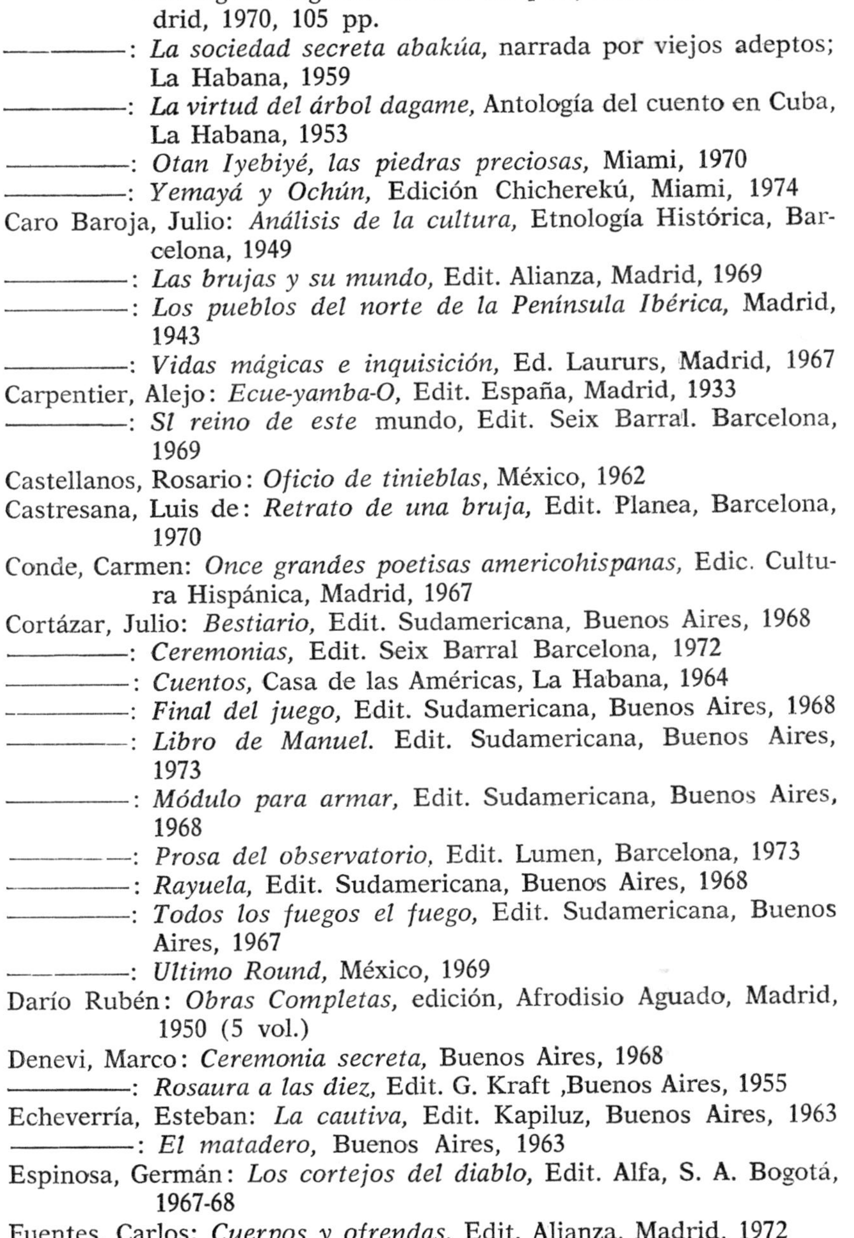

————: *La laguna sagrada de San Joaquín,* Ediciones Erre, Madrid, 1970, 105 pp.
————: *La sociedad secreta abakúa,* narrada por viejos adeptos; La Habana, 1959
————: *La virtud del árbol dagame,* Antología del cuento en Cuba, La Habana, 1953
————: *Otan Iyebiyé, las piedras preciosas,* Miami, 1970
————: *Yemayá y Ochún,* Edición Chicherekú, Miami, 1974
Caro Baroja, Julio: *Análisis de la cultura,* Etnología Histórica, Barcelona, 1949
————: *Las brujas y su mundo,* Edit. Alianza, Madrid, 1969
————: *Los pueblos del norte de la Península Ibérica,* Madrid, 1943
————: *Vidas mágicas e inquisición,* Ed. Laururs, Madrid, 1967
Carpentier, Alejo: *Ecue-yamba-O,* Edit. España, Madrid, 1933
————: *Sl reino de este* mundo, Edit. Seix Barral. Barcelona, 1969
Castellanos, Rosario: *Oficio de tinieblas,* México, 1962
Castresana, Luis de: *Retrato de una bruja,* Edit. Planea, Barcelona, 1970
Conde, Carmen: *Once grandes poetisas americohispanas,* Edic. Cultura Hispánica, Madrid, 1967
Cortázar, Julio: *Bestiario,* Edit. Sudamericana, Buenos Aires, 1968
————: *Ceremonias,* Edit. Seix Barral Barcelona, 1972
————: *Cuentos,* Casa de las Américas, La Habana, 1964
————: *Final del juego,* Edit. Sudamericana, Buenos Aires, 1968
————: *Libro de Manuel.* Edit. Sudamericana, Buenos Aires, 1973
————: *Módulo para armar,* Edit. Sudamericana, Buenos Aires, 1968
————: *Prosa del observatorio,* Edit. Lumen, Barcelona, 1973
————: *Rayuela,* Edit. Sudamericana, Buenos Aires, 1968
————: *Todos los fuegos el fuego,* Edit. Sudamericana, Buenos Aires, 1967
————: *Ultimo Round,* México, 1969
Darío Rubén: *Obras Completas,* edición, Afrodisio Aguado, Madrid, 1950 (5 vol.)
Denevi, Marco: *Ceremonia secreta,* Buenos Aires, 1968
————: *Rosaura a las diez,* Edit. G. Kraft ,Buenos Aires, 1955
Echeverría, Esteban: *La cautiva,* Edit. Kapiluz, Buenos Aires, 1963
————: *El matadero,* Buenos Aires, 1963
Espinosa, Germán: *Los cortejos del diablo,* Edit. Alfa, S. A. Bogotá, 1967-68
Fuentes, Carlos: *Cuerpos y ofrendas,* Edit. Alianza, Madrid, 1972
Gallegos, Rómulo: *Canaima,* Edit. Araluce, Barcelona, s/a

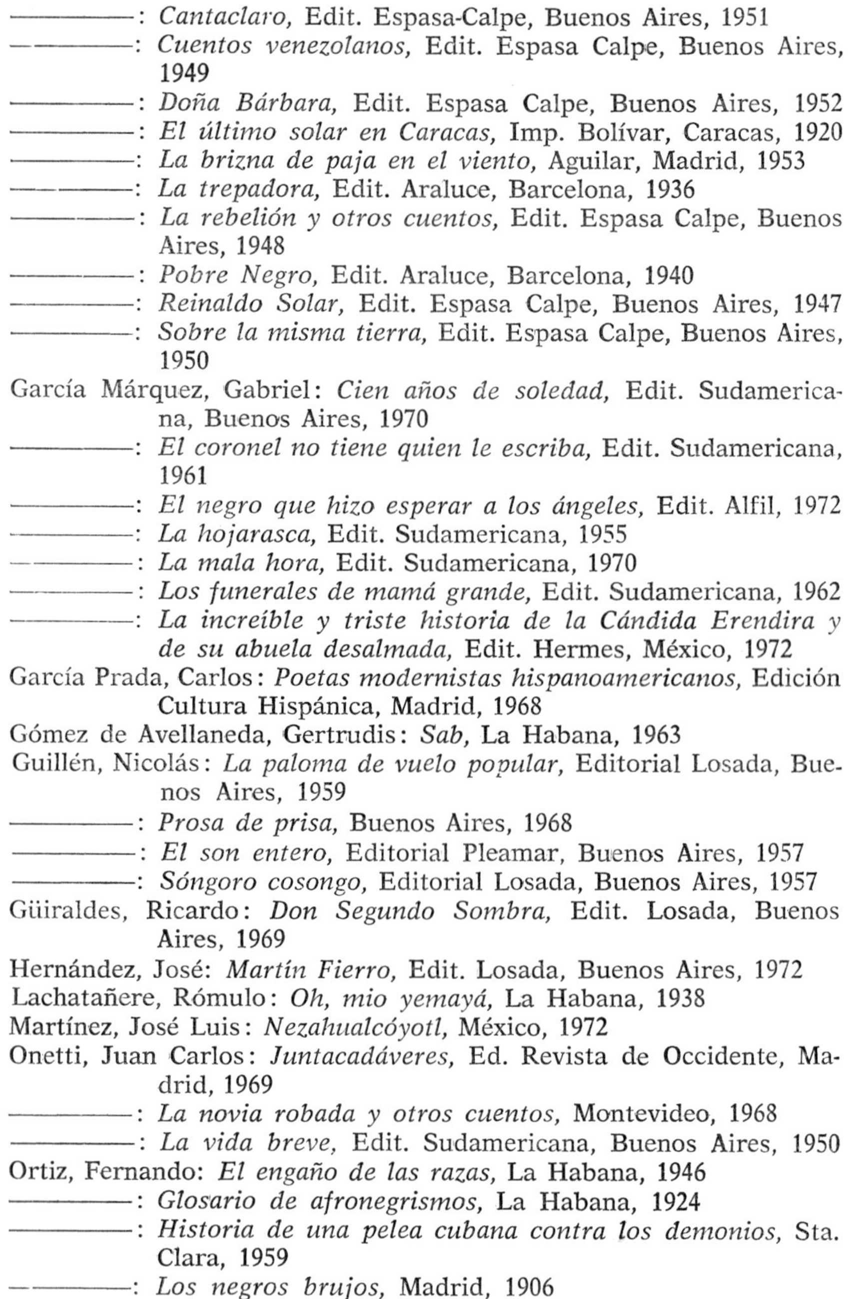

——————: *Cantaclaro,* Edit. Espasa-Calpe, Buenos Aires, 1951

——————: *Cuentos venezolanos,* Edit. Espasa Calpe, Buenos Aires, 1949

——————: *Doña Bárbara,* Edit. Espasa Calpe, Buenos Aires, 1952

——————: *El último solar en Caracas,* Imp. Bolívar, Caracas, 1920

——————: *La brizna de paja en el viento,* Aguilar, Madrid, 1953

——————: *La trepadora,* Edit. Araluce, Barcelona, 1936

——————: *La rebelión y otros cuentos,* Edit. Espasa Calpe, Buenos Aires, 1948

——————: *Pobre Negro,* Edit. Araluce, Barcelona, 1940

——————: *Reinaldo Solar,* Edit. Espasa Calpe, Buenos Aires, 1947

——————: *Sobre la misma tierra,* Edit. Espasa Calpe, Buenos Aires, 1950

García Márquez, Gabriel: *Cien años de soledad,* Edit. Sudamericana, Buenos Aires, 1970

——————: *El coronel no tiene quien le escriba,* Edit. Sudamericana, 1961

——————: *El negro que hizo esperar a los ángeles,* Edit. Alfil, 1972

——————: *La hojarasca,* Edit. Sudamericana, 1955

——————: *La mala hora,* Edit. Sudamericana, 1970

——————: *Los funerales de mamá grande,* Edit. Sudamericana, 1962

——————: *La increíble y triste historia de la Cándida Erendira y de su abuela desalmada,* Edit. Hermes, México, 1972

García Prada, Carlos: *Poetas modernistas hispanoamericanos,* Edición Cultura Hispánica, Madrid, 1968

Gómez de Avellaneda, Gertrudis: *Sab,* La Habana, 1963

Guillén, Nicolás: *La paloma de vuelo popular,* Editorial Losada, Buenos Aires, 1959

——————: *Prosa de prisa,* Buenos Aires, 1968

——————: *El son entero,* Editorial Pleamar, Buenos Aires, 1957

——————: *Sóngoro cosongo,* Editorial Losada, Buenos Aires, 1957

Güiraldes, Ricardo: *Don Segundo Sombra,* Edit. Losada, Buenos Aires, 1969

Hernández, José: *Martín Fierro,* Edit. Losada, Buenos Aires, 1972

Lachatañere, Rómulo: *Oh, mio yemayá,* La Habana, 1938

Martínez, José Luis: *Nezahualcóyotl,* México, 1972

Onetti, Juan Carlos: *Juntacadáveres,* Ed. Revista de Occidente, Madrid, 1969

——————: *La novia robada y otros cuentos,* Montevideo, 1968

——————: *La vida breve,* Edit. Sudamericana, Buenos Aires, 1950

Ortiz, Fernando: *El engaño de las razas,* La Habana, 1946

——————: *Glosario de afronegrismos,* La Habana, 1924

——————: *Historia de una pelea cubana contra los demonios,* Sta. Clara, 1959

——————: *Los negros brujos,* Madrid, 1906

———: *Los negros esclavos,* La Habana, 1916
———: *Origen de los afrocubanos, Cuba contemporánea,* 1916
———: *Origen geográfico de los afrocubanos,* Revista Bimestre Cubana, 1957
———: *Por la integración cubana de blancos y negros,* Revista Bimestre Cubana, 1943
———: *Ricardo E. Alegría. La Fiesta de Santiago Apóstol en Loíza Aldea,* Artes Gráficas, Madrid, 1954
Palés Matos, Luis: *Poesía 1915-1956,* Universidad de Puerto Rico, Editorial Universitaria, 1957
———: *Tuntún de pasa y grifería,* Imp. Venezuela, San Juan, 1950
Reyes, Alfonso: *Visión de Anahuac,* Imp. Nuevo Mundo, México, 1953
———: *Antología, Prosa, Teatro, Poesía,* Fondo de Cultura Económica, México, 1963
Rojas, Fernando de: *La Celestina,* 3.ª edic., Edición y notas de Julio Cejador, Madrid, 1931
Rulfo, Juan: *El llano en llamas y otros cuentos,* México, 1955
———: *Pedro Páramo,* México, 1955
———: *Recopilación de textos,* Casa de las Américas, La Habana, 1969
Tió, Salvador: *A fuego lento. Cien columnas de humor y una cornisa,* Puerto Rico, 1954
Sarduy, Severo: *Gestos,* Edit. Seix Barral, Barcelona, 1963
Seda Bonilla, Eduardo: *Interacción social y personalidad en una comunidad de Puerto Rico,* Ediciones Juan Ponce de León, San Juan, 1969, segunda ed. revisada.
Sourvirón, José María: *El Príncipe de este siglo. La literatura mona y el demonio,* Edit. Cultura Hispánica, Madrid, 1968
Vega, Garcilaso de la: *Comentarios reales,* Buenos Aires, 1943
Villaverde, Cirilo: *Cecilia Valdés,* New York, 1964
Yáñez, Agustín: *Las tierras flacas,* México, 1962
———: *El contenido social de la literatura iberoamericana,* Acapulco, 1967
Zambrana, Mario: *El negro,* Francisco, Cuba, 1873

2. *Temas de América*

Alcázar Molina, Cayetano: *Los virreinatos en el siglo* XVIII, Salvat, Barcelona, 1945
Alcina Frank, José: *Floresta literaria de la América indígena,* Aguilar, Madrid, 1957
Ballesteros Gaibrois, Manuel: *Escritores de indias,* Zaragoza, 1961
———: *Historia de América,* Madrid, 1946

Barbagán, Julián: *La inquisición y los libros de 1629*, Madrid, 1942
Bastide, Roger: *Las Américas negras*, Madrid, 1967
Bernal, Ignacio: *Evolución y alcance de las culturas mesoamericanas*, México, 1959
Casas, Bartolomé de las :*Brevísima relación de la destrucción de las Indias*, México, 1945
Chaves, Julio César: *Unamuno y América*, Madrid, 1970
Esteve Barba, Francisco: *Cultura virreinal*, Salvat, Barcelona, 1965
Fernández de Oviedo y Valdés, Gonzalo: *Historia general y natural de Indias, Islas y tierra firme del mar*, Madrid, 1951-52
Hernández Sánchez-Barba, Mario: *Historia universal de América*, Madrid, 1962
Ibáñez, Primitivo: *La masonería y la pérdida de las colonias*, Madrid, 1938
Junco, Alfonso: *Inquisición sobre inquisición*, México, 1959
Henríquez Ureña, Max: *Las corrientes literarias en la América Hispánica*, México, 1969
Lambert, Jacques: *América Latina. Estructuras sociales e instituciones políticas*, Barcelona, 1970
Lewin, Basleslao: *La religión de Tupac Amarú y los orígenes de la independencia Hispanoamericana*, Buenos Aires, 1967
Madariaga, Salvador: *Bolívar*, Edit. Hermes, México, 1951
————: *Cuadro histórico de las Indias*, Buenos Aires, 1950
Medina, José Toribio: *Historia del Tribunal del Santo Oficio de la Inquisición de Cartagena de las Indias*, Santiago de Chile, 1899
————: *Historia del Tribunal del Santo Oficio de la Inquisición en Chile*, Santiago, 1952
————: *Historia del Tribunal de la Inquisición de Lima*, Santiago, 1956
————: *Historia del Tribunal de la Inquisición en las provincias de Plata*, Buenos Aires, 1945
Mendieta, Gerónimo, Fray: *Historia eclesiástica indiana*, México, 1971
Onís, Federico de: *España en América*, San Juan, Universidad de Puerto Rico, 1968
Pierson, Donald: *O candomblé da Baia Curitiva*, 1942
Pérez-Marchand, Monelisa: *Dos etapas ideológicas del siglo* XVIII *en México, a través de los papeles de la Inquisición*, México, 1945
Pericot y García, Luis: *América indígena*, Barcelona, 1962
Picón Salas, Mariano: *De la conquista a la independencia*, México, 1945
Pierre Chauni, Pierre Vilai, y Eric J. Hobsboun: *La independencia de América Latina*, Buenos Aires, 1973

Portal, Marta: *El maíz: grano sagrado de América*, Edic. Cultura Hispánica, Madrid, 1970

Revillo Torres, José: *La imprenta, el libro y el periodismo en América durante la dominación española*, Buenos Aires, 1940

Riera, Federico: *Recuerdos musicales del Paraguay*, Edit. Perrot, Buenos Aires

Sánchez, Luis Alberto: *Historia general de América*, Madrid, 1972, III Vol.

Torres Rioseco, Arturo: *Ensayo sobre la literatura latinoamericana*, México, 1953

Ycaza Tigerino, Julio: *Perfil político y cultural de Hispanoamérica*, Edit. Cultura Hispánica, Madrid, 1971

3. *Temas aztecas*

Caso, Alfonso: *El pueblo del sol*, Fondo de Cultura Económica, México, 1953

Códice Borgia: Edición del Fondo de Cultura Económica, México, 1963

Códice Chimalpopoca: *Anales de Cuanhtitlán y Leyenda de los soles*, Traducción de Primo F. Velázquez, Imprenta Universitaria, México, 1945

Cortés, Hernán: *Cartas y documentos*, Editorial Porrúa. México, 1963, tomo 1

Díaz del Castillo, Bernal: *La conquista de Méjico*, Editorial Atlas, Madrid, 1943

Garibay, Angel M.: *La literatura de los aztecas*, México, 1964

————: *Epica náhuatl*, Biblioteca del Estudiante Universitario, México, 1945

————: *Historia de la literatura náhuatl*, México, 1954

————: *Poesía náhuatl*, México, 1964

León Portilla, Miguel: *Trece poetas del mundo azteca*, México, 1972

Olmos, Andrés de: *Historia de los mexicanos por sus pinturas*, Nueva Colección de Documentos para Historia de México, 1891

Pomar, Juan Bautista de: «Relación», apéndice al tomo I de *Poesía náhuatl*, de Angel Garibay, México, 1964

Sahagún, Bernardino de: *Historia general de las cosas de Nueva España*, Biblioteca Porrúa, México, 1956

Sejourné, Laurette: *El Universo de Quetzalcóatl*, Fondo de Cultura Económica, México, 1962

————: *Pensamiento y religión en el México antiguo*, Fondo de Cultura Económica, México, 1962

Vaillant, Jorge: *La civilización azteca*, Fondo Cultural Económica, México, 1944

Westheim, Paul: *Ideas fundamentales del arte prehispánico en México,* Fondo Cultura Económica, 1957

————: *Arte Antiguo de México,* 1950

4. Temas Mayas

Barrera Vázquez, Alfredo, y Rendón, Silvia: *El libro de los libros de Chilam Balam,* México, 1948

Morley, Silvanus: *La civilización maya,* México, 1946

Recinos, Adrián: *Popol Vuh,* traducido del texto original, México, 1953

————: *Memorial de Sololá Anales de los cakchiqueles,* México, 1950

Villacorta, Antonio: *El Popol Vuh en crestomatía quiché,* Guatemala, 1962

5. Temas Negros

Aimes, Hubert Hillary: *A History of Slavery in Cuba,* New York, London, 1907

Arredondo, Alberto: *El negro en Cuba,* La Habana, 1939

Bascom, William R.: «The relationship of yoruba folklore to divining», Journal of American Folklore, 1943

————: *Continuity and change in African Cultures,* 1958

Betancourt, Juan René: *El negro: ciudadano del futuro,* La Habana, 1959

Brotz, Howard: *Negro Social and Political Thought,* New York, 1966

Bustamante, José Ángel: *El sacrificio totémico en el Baroko ñáñigo,* Revista Bimestre Cubana, 1957

Corwin, Arthur F.: *Spain and the Abolition of Slavery in Cuba,* University of Texas Press, 1967

Coulthard, G. H.: *Raza y color en la literatura antillana,* Sevilla, 1958

Drachler, Jacob: *African Heritage,* New York, 1964

Du Bois Burghardt, W. E.:*Black Folk: Then and Now,* New York, 1940

Feldmann, Susan: *African Myths and Tales,* New York, 1963

Fernández de Castro, J. A.: *Aporte negro en las letras de Cuba en el siglo* XIX, Revista Bimestre Cubana, 1936

Fishel, Leslie and Benjamin Quarles: *The Negro American,* New York, 1967

Franklin, John Hope: *Color and Race,* Boston, 1966

García Agüero, Salvador: «Lorenzo Menéndez (o Meléndez). El negro en la educación cubana», Revista Bimestre Cubana, 1937

Gay Calbó, Enrique «Sobre Glosario de Afronegrismo por Fernando Ortiz», Cuba Contemporánea, 1925

Guirao, Ramón: *Cuentos y leyendas negras de Cuba* (s.l.n.f.)

Herskovits, Melville J. and Herskovits, Francés S.: *Dahomean Narrative,* Evanston, 1958

————: *The New World Negro, Bloomington,* London, (?)

————: *The Myth of the Negro Past* Boston, 1958

————: *Surname Folklore,* New York, 1936

Hughes, Langston: *The American Negro and his Roots,* New York, 1960

Ijimere, Obotunde: *The imprisonment of Obatala,* London, 1968

Karon, Betram: *The Negro Personality,* New York, 1958

Klein, Herbert: *Slavery in the Americas,* Chicago, 1967

León, Argelier: *Ensayo sobre la influencia africana en la música de Cuba,* La Habana, 1959

Madden, Richard R.: *La isla de Cuba,* La Habana, 1954

Malinowski, Bronislaw: «Educación y transculturación de los negros», Revista Bimestre Cubana, 1944

Mungió, Luis: «El negro en algunos poetas, españoles y americanos anteriores a 1800», Revista Iberoamericana, 1957

Noble, Enrique: «Aspectos étnicos y sociales de la poesía mulata latinoamericana», Revista Bimestre Cubana, 1958

Ortiz, Fernando: *La africanía de la música folklórica de Cuba,* La Habana, 1965

————: La *antigua fiesta afrocubana del «Día de Reyes»,* La Habana, 1960

————: *Los bailes y el teatro de los negros en el folklore de Cuba,* La Habana, 1951

————: *Los cabildos afrocubanos,* La Habana, 1921

————: *El engaño de las razas,* La Habana, 1946

————: *Glosario de afronegrismo,* La Habana, 1924

————: *Historia de una pelea cubana contra los demonios,* Santa Clara, 1959

————: *Los instrumentos de la música afrocubana,* La Habana, 1952

————: «Martí y las razas», Revista Bimestre Cubana, 1941

————: *Los negros brujos,* Madrid, 1906

————: *Los negros esclavos,* La Habana, 1916

————: «Origen de los afrocubanos», Cuba Contemporánea, 1916

————: Origen geográfico de los afrocubanos», Revista Bimestre, Cuba, 1957

————: Por la integración cubana de blancos y negros», Revista Bimestre, Cuba, 1943

————: «Preludios étnicos de la música afrocubana», Revista Bimestre Cubana, 1947

————: «Vocablos de la economía cubana», Cuba Contemporánea, 1924

————: *Wilfredo Lam y su obra vista a través de significados críticos,* La Habana, 1950

Pereda Valdés, Ildefonso: *Antología de la poesía negra americana,* Santiago de Chile, 1936

Róheim, Géza: *Animism, Magic and the Divine King,* New York, 1930

Saco, José Antonio: *Historia de la esclavitud de la raza africana en el nuevo mundo y en especial en los países Américo-Hispanos,* Colección de Libros Cubanos, ed. Fernando Ortiz, La Habana, 1938

Williams, Eric: *The Negro in the Caribbean,* Washington, D.C., 1942

Woodson, Carter G.: *The African Background Outlined,* New York, 2 ed., 1968

6. *Esoteria*

Bastiem, Remy: *El vodú en Haití,* Cuadernos Americanos, febrero, 1952

Bejarano, Ramón C: *Caraí Vosá. Elementos para el estudio del folklore paraguayo,* Asunción, 1970

Besant, Annie: *Las siete grandes religiones,* Edit. Orión, México, 1964

————: *Pláticas sobre el sendero del ocultismo,* Edit. Orión, México, 1970

Blavatsky, Helena: *Al país de las montañas azules,* Edit. Kier, Buenos Aires 1968

————: *La voz del silencio,* Edit. Kier, Buenos Aires, 1970

Bruton, Paul: *El sendero secreto,* Edit. Kier. Buenos Aires, 1972

Busher, Gustav: *El libro de los misterios,* Edit. Mateu, Barcelona, 1971

Calle, Ramiro: *Magia negra y ocultismo,* Edic. Cedel, Barcelona, 1968

Caro Baroja, Julio: *Inquisición, Brujería y Cripto-judaísmo,* Edit. Ariel, Barcelona 1970

Castellan, Ivonne: *El espiritismo,* Barcelona, 1971

Cavendesh, Richard: *The Black Arts,* New York, 1967

Ceram G. W.: *Goods, Graves and Scholars,* New York, 1968

Denis, León: *En lo invisible, espiritismo y mediumnidad,* Edit. Orión, México, 1970

Domingo Soler, Amalia: *Memorias de la insigne poetisa del espiritismo,* Buenos Aires, 1966.

————: *Memorias del Padre Germain,* Edit. Kier, Buenos Aires, 1970

Echanove, Carlos A.: «*La santería*» *cubana,* Habana, 1950 (Univ. de La Habana)

El gran libro de San Cipriano, Recali, S. A., Buenos Aires, 1970

El akoni (La guía espiritual), Great Northern Offset Printing, Corp New York, 1969

El libro del poder oculto, México, 1968
Enchiridiones, grimorios y pantáculos, Doctor Moorne, Edic. La Campaña, México
Garrido, Pablo: *Esoteria y fervor populares de Puerto Rico,* Edic. Cultura Hispánica, Madrid, 1952
Grossvater, David: *Investigaciones sobre la psicología del espíritu,* México, 1956
Izquierdo Gallo, Mariano: *Mitología americana,* Madrid, 1955
Kardec, Allan: *Nuevo devocionario espiritista,* Crusaders Enterprises, Río Piedras, 1969
Lachatañere, Rómulo: *Manual de santería. El sistema de cultos «Lucumís»,* Edit. Caribe, La Habana, 1942
Lahourcade, Alicia: *La creación del hombre en las grandes religiones de América precolombina,* Madrid, 1970
Levi, Eliphas: *El libro de los esplendores,* Edit. Kier, Buenos Aires, 1961
Metraux, Alfred: *Religión y magias indígenas de América del Sur,* Madrid, 1973
Nostradamus: *Profecías,* Edit. Orión, México, 1967
Osborn, Arthur: *El futuro es ahora,* Edit. Troquel, Buenos Aires, 1961
Palou, Jean: *La brujería,* Edit. Oikes Tau, Barcelona, 1973
Pawles, Louis y Bergier, Jacques: *El retorno de los brujos,* Edit. Plaza & Janes, Barcelona, 1970
Pérez de Barradas, José: *Los médicos brujos de los pueblos aborígenes americanos,* Madrid, 1950
Quevedo González, Oscar: *El rostro oculto de la mente,* Edit. «Sol Tarrae», Santander, 1972
————: *Las fuerzas físicas de la mente,* Edit. Sal Terrae, Santander, 1971
Rhine, J. B. y Pratt J. G.: *Parapsicología,* Edit. Troquel, Buenos Aires, 1965
Robbens Rossell, Hope: *Encyclopedia of Witchcraft and Demoniology,* Crown Publishers, New York, 1959
Sánchez, Julio: *El ñañiguismo,* Edit. Guerrero, La Habana, 1951
Sudre, René: *Tratado de parapsicología,* Edic. Siglo Veinte, Buenos Aires, 1972
Unamuno, Miguel de: *La agonía del cristianismo,* Edit. Losada, Buenos Aires, 1968
Virekananga, Shanti: *La magia de las velas y de los colores,* Edit. Caymi, Buenos Aires, 1964

7 *Estudios*

Alazraki, Jaime: *La prosa narrativa de Jorge Luis Borges,* Edit. Gredos, Madrid, 1968

Araujo, Orlando: *Lengua y creación en la obra de Rómulo Gallegos,* Caracas, Edit. Arte, 1962

Arnau, Carmen: *El mundo mítico de Gabriel García Márquez,* Edit. Península, Barcelona, 1971

Berrenechea, Ana M.ª: *La expresión de la irrealidad en la obra de Borges,* Buenos Aires, 1967

Blengio Brito, Raúl: *Aproximación a Kafka,* Montevideo, 1969

Dorfman Ariel: *Imaginación y violencia en América,* Edit. Anagrama, Barcelona, 1972

Fernández Bravo, Miguel: *La soledad de Gabriel García Márquez,* Edit. Planeta, Barcelona, 1972

Flores, Julio: *El realismo mágico de Alejo Carpentier,* Valparaíso, Edit. Orellana, 1971

Fuentes, Carlos: *La nueva novela hispanoamericana,* México, 1969

Giacoman, Helmy: *Homenaje a Miguel Angel Asturias,* Long Island, Edit. Las Américas, 1971

————: *Homenaje a Julio Cortázar,* New York, Edit. Las Américas, 1972

Gullón, Ricardo: *García Márquez o El olvidado arte de contar,* Madrid, Edit. Taurus, 1970

Gutiérrez Girardot, Rafael: *La imagen de América en Alfonso Reyes,* Madrid, Insula, 1955

Haars, Luis: *Los nuestros,* Buenos Aires, Edit. Indoamericana, 1968

Liscano, Juan: *Ciclo y constantes galleguianas,* México, 1954

————: *Rómulo Gallegos y su tiempo,* Caracas, 1961

Marbán Hilda: *Rómulo Gallegos: El hombre y su obra,* Madrid, Colección Plaza Mayor Scholar, 1973

Martín, José Luis: *Análisis estilístico de La Sataniada,* México, 1958

Massiani Felipe: *El hombre y la naturaleza. Venezuela en Rómulo Gallegos,* Caracas, 1964

Maturo, Gracula: *Claves simbólicas de Gabriel García Márquez,* Buenos Aires, 1972

Mejía Duque, Jaime: *Mito y realidad en Gabriel García Márquez,* Medellín, 1970

Miró Quesada, Aurelio: *El Inca Garcilaso y otros estudios garcilacistas,* Edit. Cultura Hispánica, Madrid, 1971

Perera Hilda, Idapo: *El sincretismo en los cuentos negros de Lydia Cabrera,* Miami, Edit. Universal, 1971

Rodríguez López, Jesús: *Supersticiones de Galicia,* Ediciones Celta, Lugo, 1974

Rodríguez Monegal, Emir: *El boom de la novela latinoamericana,* Editorial Tiempo Nuevo, Caracas, 1972

Sánchez-Boudy, José: *La nueva novela hispanoamericana y tres tristes tigres,* Ediciones Universal, Miami, 1971

————: *La temática novelísta de Alejo Carpentier,* Miami, 1969
Ulrich, Leo: *Rómulo Gallegos. Estudios sobre el arte de novelar,* Caracas, 1967
Venturi, Leonello: *History of art criticism,* E. P. Dutton, New York, 1964

8. *Obras generales*

Arciniegas, Germán: *América mágica,* Edit. Sudamericana, Buenos Aires, 1972
Barreiro, Bernardo: *Brujos y astrólogos de Galicia,* AKAL, Madrid, 1973
Bretón, Andre: *Manifeste du Surrealism,* Montreuil, 1962
Brooks, Jr., Cleanth: *Aproach to literature,* New York, 1944
Casalduero, Joaquín: *Estudios de literatura española,* Madrid, Edit. Gredos, 1962
Díaz-Plaja, Guillermo: *Historia general de las literaturas hispánicas,* Barcelona, Edit. Barna, 1949
Díez-Echarri, Emiliano y José M.ª Roca Franquesa: *Historia de la literatura española e hispanoamericana,* Madrid, Aguilar, 1960
Eco, Umberto: *La estructura ausente,* Edit. Lumen, Barcelona, 1972
García López, José: *Historia de la literatura española,* Barcelona, Vicens-Vives, 1961
Gayol Fernández, Manuel: *Teoría literaria. Un curso elemental sistemático,* La Habana, Cultural, 1939
Gombrich, E. H.: *Art and illussion,* Bollingen Foundation, New York, 1972
Gómez-Gil, Orlando: *Historia crítica de la literatura hispanoamericana,* Holt & Winston, New York, 1968
Heydrick, Benjamin A.: *Types of the Short Story,* Chicago, New York, Scott Foresman Co., 1913
Holperin Donghi, Tulio: *Historia de América Latina,* Alianza Editorial, Madrid, 1970
Kayser, Wolfang: *Interpretación y análisis de la obra literaria,* Madrid, Edit. Gredos, 1961
Meléndez, Concha: *Cuentos hispanoamericanos,* México, Edit. Orión, 1953
Menéndez y Pelayo, Marcelino: *Historia de las ideas estéticas en España,* Madrid, Viuda e Hijos de M. Tello, 3.ª edic.
Nora, Eugenio G. de: *La novela española contemporánea,* Madrid, Edit. Gredos, 1963.
Onís, Federico de: *Antología de la poesía española e hispanoamericana,* Madrid, 1934
Risco, Alberto: *Literatura española y universal,* Madrid, Edit. Razón y Fe, 1930

Valbuena Briones, Ángel: *Literatura hispanoamericana,* Edit. Gustavo Gili, Barcelona, 1967

Valbuena Prat, Ángel: *Historia de la literatura española,* Barcelona, Edit. Gustavo Gili, 1946

Vossler, Karl: *Introducción a la literatura española del Siglo de Oro,* Madrid, Cruz y Raya, 1934

Welleck, René: *Historia de la crítica moderna,* Madrid, Edit. Gredos, 1959

Welleck, René, y Austin Warren: *Teoría literaria,* Madrid, Edit. Gredos, 1959